# LA COMUNIDAD DEL DISCIPULO
## AMADO

BIBLIOTECA DE ESTUDIOS BÍBLICOS

43

# LA COMUNIDAD DEL DISCIPULO AMADO

## Estudio de la eclesiología juánica

RAYMOND E. BROWN

EDICIONES SÍGUEME
SALAMANCA
1983

Este estudio acerca de la eclesiología
juánica reconstruye la historia de esta comunidad cristiana, cuya vida, desde «el
principio» hasta la «última hora», se
refleja en el evangelio y en las Cartas de
Juan.

*«Lo que era desde el principio... os lo
anunciamos a vosotros».*

(1 Jn 1, 1)

*«Esta es la hora postrera... os digo ahora
que muchos se han hecho anticristos,
por lo cual conocemos que ésta es la hora
postrera».*

(1 Jn 2, 18)

Tradujo: Faustino Martínez Goñi
Sobre el original: *The community of the beloved disciple*
© Paulist Press, New York, 1979

© EDICIONES SÍGUEME, S.A., 1983
  Apartado 332 - Salamanca (España)

I S B N 84 - 301 - 0898 - X
Depósito legal: S. 879 - 1982
Printed in Spain
EUROPA Artes Gráficas, S.A. Sánchez Llevot, 1. Salamanca, 1983

# CONTENIDO

# PREFACIO

En el año 1955, mi primer trabajo académico como candidato al doctorado en la universidad Johns Hopkins en Baltimore estaba dedicado al evangelio de Juan y a las cartas [1]. Entonces no podía yo imaginar que estaba comenzando una apasionante labor de un cuarto de siglo en la obra literaria más audaz del nuevo testamento. Si se cuentan mis artículos sobre Juan desde 1955, supongo que equivaldrían, como término medio, a uno al año, a lo que habría que añadir un opúsculo (1960) y el comentario en dos volúmenes de la Anchor Bible (1966, 1970) sobre ese mismo evangelio. (El estudio realizado para la elaboración del presente libro ha exigido una revisión de la literatura escrita sobre Juan desde que se publicó el comentario; supone, pues, una ayuda complementaria para la puesta al día de los estudiosos de dicho comentario). Actualmente estoy preparando el comentario para la Anchor Bible sobre las cartas que espero publicar en 1981. En medio de ese torrente de palabras, existe el peligro de perder la perspectiva del bosque a causa de los árboles; y por eso he decidido preparar un breve libro que recoja mi visión sobre el cristianismo de Juan. En este libro espero comunicar tanto el amor hacia Juan como el entusiasmo por lo sugestivo de su pensamiento. Es un pensamiento que señala un punto muy alto en la cristología y la eclesiología primitivas y que, sin embargo, ofrece terribles peligros, incluso hoy día.

Los orígenes inmediatos del libro arrancan del estudio realizado en dos ocasiones especiales [2]. En diciembre de 1977, acabé mi pe-

1. Publicado como The Qumran schrolls and the johannine gospel and epistles: CBQ 17 (1955) 403-419.559-574.
2. Los temas juánicos de estas dos ocasiones, véanse infra, notas 3 y 4; pero con anterioridad a ambos, se hallaba el artículo Johannine ecclesiology. The community's origins: Interpretation 31 (1977) 379-393. Este artículo trata del período preevangélico del relato juánico; el artículo al que hace referencia la nota 3, trata

ríodo como presidente de la «Society of Biblical Literature» cumpliendo con el requisito del discurso presidencial a la asamblea de esta sociedad en San Francisco[3]. En febrero de 1978, pronuncié las Shaffer Lectures en la universidad de Yale[4], en una serie que se había honrado antes con conferenciantes tales como R. Bultmann, C. H. Dodd y E. Käsemann, distinguidos especialistas en temas juánicos. El material presentado en esas dos ocasiones ha sido redactado ahora de nuevo y ampliado para presentar una historia consecuente de la comunidad juánica. Deseo ofrecer este libro como mi expresión de gratitud a la «Society of Biblical Literature» y a la «Diviny School Faculty» de Yale por haberme estimulado a presentar mi visión de la comunidad cristiana de Juan en un cuadro coherente.

Se ha alegado frecuentemente que los escritos de Juan[5] pueden ser la pieza más importante para recomponer el puzzle o rompecabezas de los orígenes cristianos y que viene a ser como la piedra clave del arco de la primitiva iglesia. Modelos de la historia de la iglesia del primer siglo han sido reconstruidos a partir del corpus de la literatura paulina, a partir de Lucas/Hechos y de Mateo; pero no ha sido fácil ajustar a Juan dentro del cuadro de conjunto. El cuarto evangelio es diferente de los demás evangelios en su presentación de Jesús y asombrosamente diferente de las cartas pastorales y de los Hechos de los apóstoles en su visión de las realidades eclesiales, de manera que los estudiosos han elaborado la teoría de que la comunidad cristiana de Juan podía haber sido un fenómeno sectario «marginal». Espero demostrar que no fue algo «marginal», si-

del período del evangelio; las Shaffer lectures, de la nota 4, tratan del período postevangélico. La Paul Wattson lecture que tuvo lugar en la Universidad católica de Washington D.C. en octubre de 1977 (*That they all be one: unity and diversity in John's view of christianity at the end of the first century*), fue una miscelánea del material últimamente publicado en *Interpretation* y JBL.

3. *Other sheep not of this fold: the johannine perspective on christian diversity in the late first century:* JBL 97 (1978) 5-22.

4. El título de estas tres conferencias sobre las cartas de Juan era: *The importance of Jesus for the johannine community in its «last hour».* Las conferencias fueron dictadas a base de apuntes; ahora han sido mucho más elaboradas.

5. Por «escritos juánicos» entiendo el cuarto evangelio y las tres cartas de Juan. Algo más se podría determinar la eclesiología juánica recurriendo al Apocalipsis con sus siete cartas a las iglesias, pero la relación del Apocalipsis respecto al *corpus* principal juánico sigue siendo oscura. E.S. Fiorenza en *The quest for the johannine school: the Apocalypse and the fourth gospel:* NTS 23 (1976-77) 402-427 afirma que el autor del Apocalipsis «parece haber estado más familiarizado con las tradiciones paulinas que con las de la escuela juánica». Yo acepto la tesis de que el autor del Apocalipsis es un profeta cristiano desconocido llamado Juan (no el hijo del Zebedeo), pero considero exagerada la tesis de Fiorenza, tanto en lo que se refiere a las semejanzas paulinas, como en las desemejanzas juánicas.

*no más bien algo inserto en la corriente de confrontación aguda con las sinagogas y con otras iglesias y que, a pesar de las tendencias sectarias, todavía rezaba por la unidad con los demás cristianos. Pero fue un grupo cristiano retadoramente diferente y fugaz, tan pasajero, que estaba destinado a ser absorbido en los movimientos cristianos más amplios (a la derecha o a la izquierda) que surgieron a partir del siglo I.*

*Advierto al lector que mi reconstrucción reivindica, todo lo más, probabilidad; de tal forma que, si se acepta un sesenta por ciento de mis investigaciones, me daré por satisfecho. Por otra parte, en la reconstrucción de la historia de la comunidad, pienso centrarme en las relaciones con otros grupos y en una situación vital que refleja tanto amores como odios, y, por eso, este libro no es una teología juánica de conjunto con sus pros y sus contras netamente equilibrados. (Pero eso puede ser mucho más interesante porque muestra un cuadro de la vida de la iglesia más abierto y franco, con sus «arrugas y todo lo demás»). Según eso, espero que para la mayor parte de los lectores éste no constituirá su primer viaje por las turbulentas aguas juánicas. Pienso que el libro es inteligible para cualquier persona de cierta cultura, aunque preferiría que el que empiece ahora a estudiar el evangelio diera prioridad a algún comentario sobre Juan, aunque fuera breve, con el fin de lograr una visión de conjunto de la belleza y de la profundidad de la teología juánica. Por mi parte trataré de leer el evangelio como clave para entender la vida de la iglesia de los años treinta a sesenta, después de la vida de Jesús; y ciertamente me sentiré más a gusto si el lector conoce ya lo que el evangelio dice acerca del mismo Jesús. Asimismo utilizaré aquí las Cartas para interpretar algunas dificultades que pueden derivarse del contenido del evangelio; y también me sentiré más tranquilo si el lector aprecia ya la dirección pastoral positiva de las Cartas. Con todas estas cautelas, permítaseme confesar que, por mi parte, encuentro el material que presento en este libro muy sugerente e invito de todo corazón al lector para que comparta la satisfacción de ver este material ya conocido, junto y de una manera nueva.*

# INTRODUCCION:

## PROBLEMA Y METODO
## PARA DISCERNIR
## LA ECLESIOLOGIA DE JUAN

La palabra «iglesia» *(ekklesía)* nunca aparece en el cuarto evangelio ni en I y II Juan. Cuando aparece en III Juan, dos de las tres veces en que la utiliza (v. 9-10) se halla asociada con Diotrefes, un jefe eclesiástico al que el escritor juánico desaprueba. Mientras que los evangelios sinópticos se hallan llenos de referencias al «reino de Dios» (el cielo), esta terminología se halla curiosamente ausente en Juan (solamente 3, 3.5; cf. 18, 36). El concepto de pueblo de Dios asimismo parece estar ausente de la teología de Juan [1], como está ausente el término «apóstol» en su sentido propio. Según eso, ¿se puede hablar de una eclesiología juánica? ¿O es la comunidad juánica una asociación de individuos cristianos unidos cada uno de ellos a Jesús como un sarmiento a la vid (Jn 15), pero no muy interesado por el aspecto salvífico comunitario?

Otro desafío a la eclesiología de Juan proviene de la marcada oposición a los que están fuera, ya se trate del «mundo», de «los judíos» o de otros cristianos. ¿Se convirtió la asociación juánica de cristianos en una secta? Esta es una cuestión candente con implicaciones tanto para el estudio del cuarto evangelio como para nuestra comprensión de los orígenes cristianos [2]. Hasta cierto punto, la res-

---

1. E. Schweizer, *Church order in the new testament*, London 1961, 119 (11b), en una estimación minimalista de la eclesiología juánica, comenta: «sin embargo, en contraste con los escritos paulinos, el nombre de 'Israel', y por supuesto 'santos' o 'pueblo de Dios' no se hallan asociados ya con la iglesia de Jesús». Corrigen a Schweizer, S. Pancaro, *People of God in saint John's gospel:* NTS 16 (1967-68) 114-129 y F. A. Pastor, *Comunidad y ministerio en las epístolas joaneas:* Estudios Eclesiásticos 52 (1977) 39-71.

2. Eso tendría asimismo implicaciones para la naturaleza de la Escritura, desde el momento en que una concepción sectaria de la comunidad juánica podría implicar que, dentro del NT, la iglesia admitió en el canon escritos de grupos que no se habrían reconocido mutuamente como verdaderos cristianos.

puesta a la pregunta depende de la definición de «secta». ¿Se define la «secta» en términos de una postura contra otro cuerpo religioso (en este caso, o bien contra el judaísmo o bien contra otros cristianos) o como una postura contra la sociedad en su sentido más amplio (contra el «mundo»)? [3].

Operando en el contexto del concepto último de «secta», R. Scroggs [4] deduce que todo el primitivo movimiento cristiano fue sectario, puesto que tenía las siguientes características básicas de una secta: 1) emergió de un movimiento agrario de protesta; 2) rechazaba muchas de las realidades exigidas por el *establishment* (exigencias de familia, de institución religiosa, de economía, de intelectuales teológicos); 3) era igualitario; 4) ofrecía un amor y una aceptación especiales a los que estaban dentro de la comunidad; 5) era una organización voluntaria; 6) exigía un compromiso total de sus miembros; 7) era apocalíptico. Obviamente, entendiendo de esa manera la «secta», la comunidad cristiana que conocemos a través del cuarto evangelio y a través de las cartas juánicas era una secta, como parte de un movimiento sectario cristiano más amplio [5].

Incluso si uno toma la palabra «secta» en un marco puramente religioso, todo el movimiento cristiano primitivo puede ser considerado como una secta o al menos la rama judeo-cristiana del mismo. En Hech 24, 5-14, los judíos que no creen en Jesús describen a los demás judíos que creen en él como personas que constituyen una *haíresis*. Esa es la misma palabra que utiliza Josefo (*Vida*, 10) cuando habla de las tres «sectas» de los judíos: los fariseos, los saduceos

3. W. Meeks, en JBL 95 (1976) 304, distingue entre los americanos que están acostumbrados a utilizar la palabra «secta» como término sociológico y muchos expertos europeos que utilizan el término solamente en un sentido teológico e histórico-eclesial. Su propia solución a la cuestión se desprende claramente del título de su artículo: *The man from heaven in johannine sectarianism:* JBL 91 (1972) 44-72. D. M. Smith recomienda precaución y prudencia en *Johannine christianity: some reflections on its character and delineation:* NTS 21 (1974-75) 224: «si esta autoconciencia (juánica) sectaria o cuasi-sectaria no es una cuestión polémica, sus raíces, causas y su matriz social, sin embargo, lo son. Pero, ¿qué se trata de expresar con ello? ¿Un sentido cristiano de alienación o de separación del mundo en general? ¿De la sinagoga? ¿De la ortodoxia cristiana que se estaba desarrollando?

4. *The earliest christian communities as sectarian movement,* en J. Neusner (ed.), *Christianity, judaism and other greco-roman cults (Studies for M. Smith at sixty)* II, Leiden 1975, 1-23. Presenta una bibliografía sobre la sociología de «secta» tal como lo hace R. A. Culpepper, *The johannine school,* Missoula 1975, 259, n. 10.

5. A la comunidad juánica pueden caerle bien algunas de esas características mejor que a otros grupos cristianos, por ejemplo la 4, sin embargo, le caerían peor otras como por ejemplo la 7.

y los esenios. Pero mi interés aquí es la aplicabilidad del término religioso «secta» a la comunidad juánica en su relación con otras comunidades cristianas de finales del siglo I. ¿Era esta comunidad una iglesia aceptada entre las demás iglesias, o un conciliábulo alienado y exclusivista? En esta dialéctica, la comunidad juánica sería *de facto* una secta, tal como nosotros entendemos el término: si explícita o implícitamente hubiera roto la comunión *(koinonía)* con la mayor parte de los demás cristianos [6], o si debido a sus tendencias teológicas o eclesiológicas, la mayor parte de los demás cristianos hubieran roto la *koinonía* con la comunidad juánica.

Algunos han argumentado en favor del sectarismo juánico basándose en la aceptación relativamente rápida del evangelio por los gnósticos del siglo II [7]. Lo cierto es que esos «herejes» habrían reconocido correctamente las tendencias innatas del pensamiento juánico. D. M. Smith [8], sin embargo, observa acertadamente que Ireneo aceptó el evangelio como ortodoxo de forma que el uso que se le dio en el siglo II no es un criterio claro del *status* sectario del pensamiento juánico en el siglo I. Todavía se ha aducido otro argumento en favor del sectarismo juánico a partir de interpretaciones radicales de la teología y de la eclesiología del cuarto evangelio. La probabilidad de que la comunidad juánica fuera una secta profundamente diferente de la mayor parte de las otras sectas cristianas se acrecentaría si el cuarto evangelio fuera antisacramental o decididamente no-sacramental [9]; o si el evangelio fuera anti-petrino (teniendo en cuenta que Pedro es el símbolo que mejor expresa para la iglesia el fundamento apostólico) [10]; o si el evangelio fuera anti-institucional rechazando la estructura

6. Cf. S. Brown, *Koinonia as the basis of the new testament ecclesiology?*: One in Christ 12 (1976) 157-167.

7. Que el cuarto evangelio fue primeramente aceptado por grupos que podrían ser clasificados como heterodoxos lo propusieran J. N. Sanders y M. R. Hillmer; la tesis opuesta ha sido defendida por F. M. Braun. Cf. mi comentario *El evangelio según san Juan* I-II, Madrid 1979; asimismo E. H. Pagels, *The johannine gospel in gnostic exegesis*, Nashville 1973.

8. *Johannine christianity* (nota 3), 225.

9. En mi comentario a san Juan citado anteriormente, estudio varias teorías acerca de los sacramentos en Juan, incluyendo la tesis de R. Bultmann de que un editor final (el redactor eclesiástico) y no el principal evangelista fue el responsable de los pasajes sacramentales tales como 3, 5 («agua» = bautismo) y 6, 51-58 («carne y sangre» = eucaristía).

10. Cf. G. F. Snyder, *John 13, 16 and the anti-petrinism of the johannine tradition*: BR 16 (1971) 5-15.

presbítero-obispo que iba surgiendo a finales de siglo [11]; o si su cristología consistiera en un ingenuo docetismo, de manera que la iglesia hubiera cometido un error al admitir este evangelio como ortodoxo [12]. Mientras que siempre hay alguna base en los escritos juánicos para interpretaciones tan radicales, existe demasiada evidencia, por otra parte, para demostrar que no son convincentes y para apuntar a una interpretación más matizada de la cristología y eclesiología juánicas. De todos modos, algo se conseguirá discutiendo una vez más tales puntos.

Me agradaría estudiar la historia de la comunidad juánica (que, en último término, supone cuestiones de iglesia y secta) sirviéndome de la investigación fructífera que se ha iniciado en los estudios juánicos de los últimos años. Esta parte del hecho de que el evangelio debe ser leído en varios niveles, de manera que nos cuenta la historia tanto de Jesús como de la comunidad que creía en él [13]. Permítaseme reflexionar sobre esta sugerencia general y luego sobre algunas de las precauciones que hay que tener en cuenta cuando se acepta tal enfoque. Wellhausen y Bultmann fueron los pioneros al insistir que los evangelios nos hablan primariamente acerca de la situación de la iglesia en la que fueron escritos y sólo secundariamente acerca de la situación de Jesús que ellos describen *prima facie*. Por mi parte, preferiría parafrasear esta manera de ver las cosas como sigue. *Primeramente,* los evangelios nos dicen cómo un evangelista concebía y presentaba a Jesús a una comunidad cristiana en el último tercio del siglo I, una presentación que indirectamente nos ofrece una visión de la vida de la comunidad en la época en la que se escribió ese evangelio.

*En segundo lugar,* a través del análisis de las fuentes, el evangelio revela algo acerca de la historia pre-evangélica de las concepciones cristológicas del evangelista; indirectamente, ellas revelan asimismo algo acerca de la historia de la comunidad a principios de siglo, especialmente si las fuentes que utilizó el evangelista formaban ya parte del patrimonio de la comunidad. *En tercer lugar,* los

---

11. E. Schweizer, *o. c.,* 127 (12c): «aquí (en las cartas juánicas en continuidad con el evangelio) no existe un tipo de ministerio especial, sino solamente la unión directa con Dios a través del Espíritu que viene a cada individuo; no existen ni oficios ni siquiera diferentes carismas».

12. Esta es la tesis de E. Käsemann, *El testamento de Jesús,* Salamanca 1983. Un serio reto a la tesis de Käsemann lo ha presentado G. Bornkamm, *Zur Interpretation des Johannes-Evangeliums:* Evangelische Theologie 28 (1968) 8-25.

13. Aunque en principio esta sugerencia no es nueva, una aplicación total de la misma a Juan fue la contribución de J. L. Martyn, *History and theology in the fourth gospel,* New York 1968; revisada: Nashville 1979.

evangelios ofrecen medios limitados para reconstruir el ministerio y el mensaje del Jesús histórico [14].

El lector advertirá la limitación que yo he puesto a la información eclesial secundaria que nos llega de los evangelios: si las fuentes recuperables o las tradiciones pre-evangélicas se formaron en un estadio anterior de la vida de la misma comunidad que recibió el evangelio final, entonces nos ayudan a detectar la historia de esa comunidad; pero si fueron compuestas fuera de la comunidad y fueron asumidas para completar (o incluso corregir) el pensamiento de la comunidad, pueden proporcionar muy poca información eclesial acerca de la misma comunidad. En el caso del cuarto evangelio, los especialistas han supuesto a veces que el evangelista utilizó y corrigió fuentes provenientes de fuera de la comunidad, de hecho, incluso, de fuentes no cristianas. Hoy, sin embargo, la tendencia dominante supone una conexión mucho más estrecha entre las fuentes/tradiciones/ediciones pre-evangélicas detectables [15] y la comunidad juánica (o al menos facciones dentro de la comunidad).

Mientras que yo acepto en principio la posibilidad de detectar la vida de la comunidad cristiana que subyace en el relato evangélico, deseo mostrar con claridad las dificultades metodológicas de aplicar tal principio. Desde el momento en que la presentación de Jesús y de su mensaje es el interés primario, los hechos y las palabras de Jesús son incluidos en el evangelio porque el evangelista ve que ellos son (o han sido) útiles para los miembros de su comunidad. A partir de esto, conseguimos un conocimiento general de la situación de la comunidad, pero es difícil descender a casos específicos o concretos. Por ejemplo, el autor de Marcos describe a los miembros de los doce y, especialmente a Pedro, como no entendiendo a Jesús y que tenía que padecer (Mc 8, 17-21.27-33; 9, 6.32; 14, 37).

A todas luces, esto es una lección general para los cristianos de Marcos: de que es difícil llegar a la verdadera fe en Jesús y de que tal fe es posible solamente participando en su cruz, una exigencia que Marcos sitúa abiertamente en el contexto en el que describe la

---

14. Los católicos pueden reconocer en mi división los tres estadios de la formación del evangelio que enseña la Comisión bíblica pontificia en su «Instrucción sobre la verdad histórica del evangelio» (1964). Sobre la sección correspondiente de la Instrucción, cf. el apéndice de mi *Biblical reflections on crises facing the church*, New York 1975, 111-115.

15. Acerca de las diversas teorías sobre las fuentes preevangélicas propuestas por los especialistas hasta 1966, cf. mi comentario a Juan (Madrid 1979); para estudios posteriores, cf. R. Kysar, *The fourth evangelist and his gospel*, Minneapolis 1975, 13-54; E. Haenchen, *Johannes Evangelium*, Tübingen 1980.

incomprensión de los discípulos (8, 34). Sin embargo, algunos especialistas modernos ¿tienen razones suficientes para ir más lejos, tratando de ver en esto un ataque de Marcos al tipo de cristianismo predicado después de la resurrección por Pedro y los doce y una lucha dentro de la vida de la comunidad marcana por la dirección de los doce? ¿Predicaban los doce, que pretendían ser los testigos de milagros y del Jesús resucitado, una cristología que estaba basada en los milagros pero que descuidaba la cruz? Para muchos de nosotros esto parece una reconstrucción carente de garantías, partiendo de la evidencia que nos permite una explicación más sencilla [16]. Una presentación de cierta incomprensión por parte de los doce durante el ministerio de Jesús no es irreconciliable con un gran respeto hacia los doce por parte de la iglesia, tal como lo observamos en Lucas/Hechos y en Mateo. Si alguien objeta, acertadamente, que estos evangelios posteriores suavizan la imagen que da Marcos de los doce (aunque siguen mostrando una incomprensión), esto puede significar que el recuerdo de incomprensión durante el ministerio se une en estos evangelios al recuerdo de la profesión pos-resurreccional de fe y fidelidad a Cristo. Todos los evangelios refieren y aplican la situación posresurreccional al ministerio, pero Marcos es el ejemplo más antiguo del género evangélico y tiende a retocar menos los *dramatis personae* que rodean a Jesús. Digamos otro ejemplo, si Marcos presenta a María (la madre de Jesús) como que no era una seguidora de Jesús durante su ministerio (3, 21.31-35; 6, 4) [17], ¿es esto simplemente un recuerdo histórico, todavía útil en la catequesis de Marcos, para destacar que la familia física no tiene un privilegio particular en el movimiento cristiano? ¿o puede uno concluir que Marcos niega que María llegase a ser cristiana y ataca así, efectivamente, a la familia de Jesús?

Si estos ejemplos muestran que uno debe guardarse de hacer deducciones demasiado imaginativas acerca de la historia eclesial de lo que nos dicen los evangelios, se tiene que ser todavía más cauto y prudente al argumentar desde el silencio, es decir, desde lo que los evangelios no nos dicen. Por ejemplo, puesto que Marcos (al final de 16, 8) no narra ningún tipo de apariciones a los doce o a Pedro, ¿están en lo cierto aquellos intérpretes que ven en esto una demostración más de que Marcos infravalora a los apóstoles? [18]

---

16.   E. Best, *The role of the disciples in Mark:* NTS 23 (1976-77) 377-401.

17.   Cf. R. E. Brown y otros, *María en el nuevo testamento,* Salamanca 1982, cap. 4.

18.   De ordinario, esto incluye dejar a un lado a Mc 16, 7 o una interpretación tergiversada, convirtiéndose en una advertencia a Pedro de juicio en la parusía.

¿O Marcos muestra, una vez más, un estadio primitivo del género evangélico antes de que las *narraciones* de apariciones del Resucitado hubieran sido desarrolladas y englosadas a la narración del ministerio? Sin duda que es muy prudente y oportuna la advertencia que M. de Jonge hace al estudiar el desarrollo de la comunidad cristiana juánica [19]: «un evangelio puede ser utilizado solamente con gran circunspección como fuente histórica».

Un peligro más en la reconstrucción de la historia de la comunidad a partir de los evangelios es el admitir fuentes pre-evangélicas no existentes y el determinar la perspectiva teológica del evangelista (y de su comunidad) a partir del modo como él corrigió la fuente. En el caso de Mateo y de Lucas, uno tiene cierta confianza acerca de las correcciones de una fuente, porque existe un documento que precede a Mateo y a Lucas, a saber, Marcos. Pero en el caso de Marcos y de Juan, las fuentes pre-evangélicas son una pura reconstrucción y frecuentemente uno de los criterios para esa reconstrucción es situar en la fuente material teológico que pueda armonizarse. Es decir, uno empieza a detectar un modelo en lo que parece realidad preevangélica y entonces asocia otros pasajes a esa realidad en base a que se armonizan con ella. No hay que sorprenderse entonces de que la fuente hipotética emerja con la perspectiva teológica que el exegeta utilizó como criterio en la reconstrucción. Por supuesto, que aquí yo simplifico mucho las cosas. Sin embargo, el hecho de razonar de forma circular cuestiona los juicios acerca de la relación del evangelista con tal fuente reconstruida.

No se pueden evitar completamente tales peligros; pero en mi intento de detectar la vida de la comunidad juánica *en* y *a* través de las páginas del cuarto evangelio, trataré de minimizar el elemento de autodecepción. En primer lugar, basaré mis conclusiones en el evangelio existente, no en fuentes reconstruidas [20]. En segundo lugar, haré hincapié en los pasajes de Juan que son significativamente diferentes de los evangelios sinópticos y en aquellos que tienen más probabilidad de ser históricos. El cuarto evangelio

19. *Jesus: stranger from heaven and Son of God,* Missoula 1977, 199.

20. En mi comentario al evangelio de Juan, yo admito al menos dos escritores juánicos: el evangelista y el redactor; y así acepto una redacción final que añadió material a lo que era el propio evangelio. Sin embargo, considero este material añadido (parte de él antiguo) como complementario al evangelio y al redactor como un miembro de la «escuela» juánica de escritores. Por eso, en este libro, me siento justificado al estudiar el evangelio tal como está hoy, sin insistir en la posibilidad que tengo (como la puede tener cualquier otro) de estar en lo cierto de que habría de atribuirse a la redacción.

hace alarde de ser un testimonio ocular (19, 35; 21, 24) y contiene alguna importante tradición histórica acerca de Jesús. Por eso, un pasaje donde Juan modifica a las claras el cuadro histórico del ministerio de Jesús [21] es probablemente un pasaje donde entran en juego intereses teológicos juánicos. En tercer lugar, cuando yo argumento a partir del silencio, me callaré en asuntos que Juan difícilmente podría haber pasado por alto. En desacuerdo con E. Schweizer (nota 1, *supra*), no pienso que sea significativo que Juan no use nunca la palabra «iglesia» (*ekklesía*), puesto que el uso de esta palabra por los evangelistas es una peculiaridad de Mateo y falta en Marcos y en Lucas lo mismo que en Juan. Soy asimismo prudente en sacar conclusiones a partir del silencio de Juan acerca de la concepción virginal de Jesús. Tal silencio podría ser significativo, representando una repulsa de la idea como errónea o carente de importancia; sin embargo, el silencio podría indicar asimismo desconocimiento de esa tradición (que aparece en el nuevo testamento solamente en Mateo y en Lucas). Pero cuando tanto las cartas como el evangelio dejan de utilizar el término «apóstol» (especialmente en referencia a los doce), un término éste utilizado por la mayor parte de los demás autores del nuevo testamento, ese silencio tiene gran probabilidad de ser deliberado y significativo. De una manera semejante, el descuido de Juan de mencionar la acción eucarística de Jesús sobre el pan y el cáliz en la última cena difícilmente puede ser accidental, dada la tradición de los tres sinópticos y de Pablo. Teniendo bien presentes estos criterios. espero aumentar la credibilidad y el acierto de mi reconstrucción.

Al reconstruir la vida de la comunidad juánica, establezco cuatro fases. *Primera fase:* la época preevangélica, que abarca los orígenes de la comunidad y su relación con el judaísmo de la mitad del siglo I. En el tiempo en que se estaba escribiendo el evangelio, los cristianos juánicos habían sido expulsados de las sinagogas (9, 22; 16, 2) debido a lo que proclamaban de Jesús. Tal expulsión refleja

---

21. Los lectores católicos deben saber que su iglesia enseña una estimación histórica *cualificada* de los evangelios. En la Instrucción de 1964 de la Comisión bíblica, los evangelios son presentados como históricos en el sentido de que su imagen del ministerio se halla firmemente arraigada en lo que Jesús dijo e hizo, tal como la conservaron los que le acompañaron durante su ministerio. Pero estas memorias, se dice a los católicos, se desarrollaron a través de la predicación apostólica y fueron escritas por cada uno de los evangelistas; con esto se advierte que los evangelios «refieren las palabras y los hechos del Señor en un orden diferente y expresan lo que él dijo no de un modo literal, sino de distintas maneras». La verdad de los evangelios no se ve afectada por este hecho, ya que «la doctrina y la vida de Jesús no fueron referidas simplemente con la sola finalidad de ser recordadas, sino que fueron predicadas de forma que ofrecieran a la iglesia una base de fe y de moral».

la situación en el último tercio del siglo I, cuando el centro docente del judaísmo se hallaba en Jamnia (Jabneh), de un judaísmo que era predominantemente de signo fariseo y, por tanto, no era ya tan pluralista como antes del año 70 [22]. En realidad, la acción de la expulsión puede relacionarse con la reformulación, alrededor del 85 d.C., de una de las *dieciocho bendiciones (shemoneh esreh)* que se recitaban en la sinagoga. La reformulación de la bendición XII.ª comprendía una maldición a los *minîm*, es decir, a los disidentes que probablemente incluían a los cristianos judíos [23]. Aunque el evangelio fue escrito con posterioridad a este momento, la historia pre-evangélica ciertamente incluye las controversias que tuvieron lugar entre los cristianos juánicos y los jefes de las sinagogas que las promovían. En 11, 48, hay una referencia a la destrucción del templo («el lugar») que tuvo lugar el año 70. Las cuidadas referencias a los lugares y a las costumbres de Palestina [24] y las colecciones samaritanas, que hemos de mencionar posteriormente, sugieren que parte de la tradición se formó antes del cataclismo mayor en el cristianismo palestinense, ocurrido por la revuelta judía contra Roma en el año 60 [25]. Y debemos ser prudentes al situar cronológicamente esta primera fase, el período pre-evangélico de la historia juánica, en un espacio de varias décadas que comprendería desde mediados del 50 hasta los tardíos 80 [26].

*La segunda fase* comprende el modo de vida de la comunidad juánica en la época en la que fue escrito el evangelio. Al decir que

22. En este aspecto es importante la obra de W. D. Davies, *El sermón de la montaña*, Madrid 1975.
23. Cf. el esmerado estudio en Martyn, *History* (nota 13).
24. Cf. mi comentario al evangelio de Juan (Madrid 1979).
25. En su intento de ver todo el nuevo testamento compuesto antes del año 70, J. A. T. Robinson, *The redating of the new testament*, Philadelphia 1976, señala algunos elementos de antes del año 70 en Juan, como prueba de que es anterior. Pero es un mal método el fechar una composición final ante la presencia de algunos elementos más antiguos. Véase la crítica hecha a Robinson por D. M. Smith en Duke Divinity School Review 42 (1977) 193-205 y J. A. Fitzmyer en Interpretation 32 (1978) 309-313.
26. La tradición de Jesús en el evangelio es anterior, por supuesto; y el discípulo amado, el héroe de la comunidad, puede haber sido un testigo ocular del ministerio de Jesús. Pero yo sostengo que, al principio, el grupo juánico no se distinguía realmente de otro grupo judío y lo que le otorgó su estilo y su dirección particular fue el catalizador ofrecido por la entrada en la comunidad de un grupo de cristianos judíos de concepciones anti-templo y de sus conversos samaritanos. Hech 6-8 sugiere que la misión en Samaria comenzó en los tardíos 30; yo le doy más tiempo para que la fusión juánica pudiera llevar a cabo una cristología alta que provocase a los judíos. Cf. las fechas que sugiere M. E. Boismard en su reconstrucción de la tradición juánica (Apéndice I).

fue «escrito», utilizamos un término ambiguo si se afirma la actividad de dos: de un evangelista y de un redactor (cf. nota 20, *supra*), pero el período del año 90 aproximadamente d.C. sería cuando se escribió la mayor parte del evangelio. La expulsión pasó ya, pero la persecución continuaba (16, 2-3), y quedaron profundas cicatrices en la *psiqué* juánica respecto a «los judíos». La insistencia en una alta cristología, que se hizo más viva por las luchas con «los judíos», afectó a las relaciones de la comunidad con otros grupos cristianos cuya valoración de Jesús era inadecuada respecto a los cánones juánicos. Los intentos de proclamar la luz de Jesús a los gentiles pudo asimismo haber encontrado dificultades, y «el mundo» se convirtió en un término genérico que abarcaba a todos los que preferían la oscuridad a la luz. Esta fase nos informa especialmente del lugar que ocupaba la comunidad juánica en un mundo pluralista de creyentes y de no creyentes al final del siglo.

La *tercera fase* comprendía el modo de vida de las comunidades juánicas divididas en aquel momento, época en que se escribieron las cartas, probablemente alrededor del año 100 d.C. A modo de introducción, propondré una sección de transición que señale lo que ocurrió entre el evangelio y las cartas para provocar el tipo de división que se señala en 1 Jn 2, 19. Tendré que manejar la hipótesis de que la lucha surgió entre dos grupos de discípulos juánicos que interpretaban el evangelio de modos opuestos, en materia de cristología, de ética, de escatología y de pneumatología. Los temores y el pesimismo del autor de las cartas sugieren que los secesionistas tuvieron un gran éxito en cuanto al número (1 Jn 4, 5), y trata de advertir a los de su grupo contra ulteriores incursiones de falsos maestros (2, 27; 2 Jn 10-11). Siente que ha llegado «la última hora» (1 Jn 2, 18).

La *cuarta fase* vio la disolución de los dos grupos después que se escribieron las cartas. Los secesionistas, que ya no estaban en comunión con el ala más conservadora de la comunidad juánica, probablemente pronto se orientaron en el siglo II hacia el docetismo, el gnosticismo, el cerintianismo y el montanismo. Esto explica por qué el cuarto evangelio, que ellos llevaron consigo, se halla citado por los escritores heterodoxos antes y con mayor frecuencia que por los ortodoxos. El grupo en torno al autor de 1 Jn parece que, en los comienzos del siglo II, fue gradualmente absorbido por lo que Ignacio de Antioquía llama «la iglesia católica», como muestra la creciente aceptación de la cristología juánica de la preexistencia del Verbo. Sin embargo, esta aglutinación debió darse a costa de la aceptación juánica de la estructura docente y vinculante de la iglesia, probablemente debido a que su propio principio del Paráclito como el maestro que lo había de enseñar todo, no proporcionó suficiente defensa contra los secesionistas. Debido a que los secesionistas y sus sucesores heterodoxos utilizaron mal el cuarto evangelio, éste no fue citado como Escritura por los escritores ortodoxos en la primera mitad del siglo II [27]. Sin embargo, el uso de las cartas como un medio correcto para interpretar el evangelio, conquistó finalmente para Juan un lugar en el canon de la iglesia.

La mayor parte de esta concepción muestra una comunidad cuya valoración de Jesús fue perfilada por la lucha y su elevada apreciación de la divinidad de Jesús indujo al antagonismo por fuera y al cisma por dentro. Si el águila juánica se remontaba por encima de la tierra, lo hacía con las garras dispuestas para la lucha; y los últimos escritos que han llegado a nosotros muestran a los aguiluchos desgarrándose entre sí por la posesión del nido. Existen momentos de tranquila contemplación y de penetración inspirada en los escritos juánicos, pero asimismo reflejan un profundo compromiso con la historia cristiana. Al igual que Jesús, la palabra transmitida a la comunidad juánica se hizo carne.

27.   Acerca de la cautela que hay que tener al emplear los términos «ortodoxo» y «heterodoxo», cf. la nota 31 del capítulo «Luchas internas juánicas».

Primera fase:
# Antes del evangelio

# ORIGENES DE LA COMUNIDAD JUANICA

En el Apéndice I del final, expondré cinco diferentes reconstrucciones de la historia juánica ofrecidas por los expertos en los últimos tres años. A pesar de la diversidad, existe una coincidencia significativa al menos en dos estadios del desarrollo juánico. En el período primitivo, la comunidad juánica se componía de judíos cuya fe en Jesús asimilaba una cristología relativamente baja [1]. Posteriormente surgió una cristología más alta que agudizó el conflicto con los judíos que la consideraban como una blasfemia, y esta fricción impulsó al grupo juánico a afirmaciones todavía más audaces. Estos dos estadios del desarrollo juánico son asimismo parte de mi reconstrucción de la historia preevangélica, junto a un tercer estadio que supone la acogida de gran número de gentiles.

## 1. El grupo originario y una cristología más baja

Ya en el primer capítulo de Juan existen notables diferencias respecto al cuadro sinóptico del ministerio de Jesús. Los cuatro evangelios muestran respeto por Juan el bautista (de aquí en adelante JBap), pero el cuarto evangelio le atribuye un conocimiento de la preexistencia de Jesús (1, 15.30). Y puesto que la cristología de la preexistencia no aparece siquiera en labios de Jesús en los de-

---

1. En la terminología teológica, la cristología «baja» supone la aplicación a Jesús de títulos derivados del AT o las expectativas intertestamentales (por ejemplo, mesías, profeta, siervo, señor, hijo de Dios), títulos que no implican de suyo la divinidad. («Hijo de Dios», significando una representación divina era una designación del rey; cf. 2 Sam 7, 14; «señor» no tiene por qué significar más que «maestro»). La cristología «alta» implica una apreciación de Jesús que le incluye en la esfera de la divinidad, tal como se expresa, por ejemplo, en un uso más sublime de Señor e hijo de Dios, así como la designación de «Dios». Al hablar de «relativamente baja» y «más alta» pretendo indicar la fluidez y la falta de demarcaciones exactas.

más evangelios, su aparición en la proclamación de JBap es sin duda producto de la teología juánica ². Una segunda diferencia comprende a los primeros discípulos. Los tres evangelios sinópticos dicen que fueron Pedro, Andrés, Santiago y Juan los primeros llamados al ministerio; el reparto de papeles en Jn 1, 35-51 es algo diferente: Andrés, Pedro, Felipe y Natanael. Pero resalta la diferente comprensión de Jesús por parte de los discípulos como indica la gran colección de títulos que le atribuyen en un período de tres días (rabí, mesías, aquel del que hablaron la ley y los profetas, hijo de Dios, rey de Israel). En contraposición, en Marcos ningún seguidor de Jesús confiesa que él es el hijo de Dios antes de su muerte y, en Mt 16, 16-17, a Pedro se le designa como el receptor de la revelación divina porque, en medio del ministerio, reconoce a Jesús como el hijo de Dios. Y más extraño, todavía, que el fácil acceso a los títulos cristológicos al principio del ministerio juánico es la indicación de que Jesús ve esos títulos como inadecuados y les promete una comprensión mayor: verán que se encuentran en él el cielo y la tierra (1, 50-51) ³. Cuando se lee el cuarto evangelio de un modo autobiográfico como la historia de la comunidad juánica, ¿qué es lo que nos dice ese primer capítulo, de carácter único, acerca de los orígenes juánicos?

a) *Descripción del grupo originario de los cristianos juánicos*

J. L. Martyn detecta en 1, 35 que la comunidad juánica comenzó entre judíos que se acercaron a Jesús y que le reconocieron sin mucha dificultad como el mesías que esperaban. Pienso que tiene toda la razón y esto cuestiona todas las reconstrucciones de la historia juánica que situarían los orígenes entre judíos heterodoxos, gentiles y gnósticos ⁴. El hecho de que algunos de los primeros discípulos sean los *dramatis personae* tanto en los sinópticos como en Juan y que los títulos que ellos dan a Jesús en Juan los conozca-

2. Adviértase que no defiendo que Juan hubiera inventado simplemente dichos acerca de Jesús y que los hubiera puesto en labios de JBap. En mi comentario de Juan, sugiero un proceso más complicado que supone la reinterpretación de los dichos tradicionales de JBap.

3. Existe en Juan una sutil mezcla de historia y de teología. El cuarto evangelio es, sin duda, menos histórico y más teológico que los sinópticos al situar ya toda su cristología al principio del ministerio de Jesús: sin embargo, el cuarto evangelio puede ser más efectivamente histórico al describir a los primeros seguidores de Jesús como antiguos discípulos de JBap, y al haberlos llamado en el valle del Jordán y no en el lago de Galilea.

4. En el apéndice I, *infra*, pueden compararse entre sí las reconstrucciones de Martyn, Cullmann y Langbrandtner.

mos a través de los sinópticos, Hechos y Pablo, significa que los orígenes juánicos no fueron muy diferentes de los de otras iglesias judías, especialmente de aquellas que se asociarían más tarde en memoria de los doce. Lucas/Hechos insiste particularmente en la importancia de los doce apóstoles en los orígenes de la iglesia; y así es interesante comparar la afirmación de Juan (1, 45): «hemos encontrado a aquel de quien escribieron la ley mosaica y los profetas» con la del Jesús pos-resurreccional en Lucas 24, 44: «debe cumplirse todo lo escrito sobre mí en la ley, en los profetas y en los salmos». Así, pues, la comunidad juánica siguió su propio camino alentada por la promesa de Jesús de que verían cosas mayores, pero sus orígenes no fueron excepcionales.

La misma impresión se saca de un análisis de los relatos milagrosos («signos») y de los discursos que caracterizan el ministerio público. En el caso de los signos milagrosos en los capítulos 4, 5, 6, 9 y 11, se reconoce que el milagro *que subyace* es del mismo tipo que el que se encuentra en los evangelios sinópticos: la curación de los enfermos, del paralítico y del ciego, la multiplicación de los panes, y la resurrección de un muerto [5]. La diferencia narrativa juánica no procede del milagro, sino de la explicación del milagro por medio de un diálogo teológico interpretativo. De un modo similar, C. H. Dodd [6] mostró que, articulados en discursos juánicos totalmente distintos, se encuentran dichos de Jesús iguales a los que se encuentran en los evangelios sinópticos. Nuevamente hay que decir que lo distinto es el desarrollo de estas afirmaciones en el cuarto evangelista. Por ejemplo, mientras que en los sinópticos no hay nada igual a lo que dice Jn 6, 53-58, la afirmación con que se abre el párrafo en Jn 6, 51: «el pan que yo daré es mi carne para la vida del mundo», se parece a las palabras de Jesús sobre el pan en Lucas 22, 19: «éste es mi cuerpo que se entrega por vosotros». La afirmación de Jesús en Jn 3, 5: «sin haber nacido del agua y del Espíritu nadie puede entrar en el reino de Dios», se parece a aquella afirmación de Mt 18, 3: «si no os hacéis como niños no entraréis en el reino de Dios».

5. Martyn cree que los conversos judíos que se hallaban en los orígenes de la vida juánica reunieron relatos milagrosos y los utilizaron de un modo apologético para lograr más creyentes. Las reconstrucciones de colecciones de milagros prejuánicas y pre-sinópticas tienen muchas semejanzas. Cf. R. T. Fortna, *The gospel of signs*, Cambridge 1970; W. Nicol, *The sēmeia in the fourth gospel*, Leiden 1972; P. J. Achtemeier, *Toward the isolation of pre-Markan miracle catenae*: JBL 89 (1970) 265-291.
6. *Tradición histórica en el cuarto evangelio*, Madrid 1977.

Hay que decir que en la historia juánica, los milagros que se asemejan a los que se narran en los sinópticos, se hallan entretejidos en sus escenas y discursos únicos, pero este mismo hecho sugiere que existía una continuidad entre los orígenes juánicos y el posterior desarrollo de la comunidad. La tradición sagrada de la comunidad originaria se convirtió en la fuente de reflexión y de doctrina en un período posterior, cuando la comunidad se orientó hacia una cristología más alta y a «mayores cosas» como se le había prometido. Un catalizador exterior pudo haber facilitado este cambio, como veremos en la próxima sección; pero todos los signos están en contra de una ruptura real. La tendencia entre algunos especialistas, especialmente alemanes, a ver una oposición entre el evangelista juánico y sus fuentes, y a ver fases antitéticas en la vida de la comunidad en el período preevangélico es, a mi juicio, casi con toda seguridad, errónea. Se asimiló el sustrato que procedía de los orígenes de la comunidad porque se estaba de acuerdo con él, y las nuevas ideas juánicas fueron entendidas (correcta o incorrectamente) como la verdadera interpretación del sustrato original.

Algunas otras observaciones apoyan esto. Juan utiliza el concepto del Paráclito para justificar la audacia de la proclamación juánica. Si hay concepciones en el cuarto evangelio que van más allá del ministerio, Jesús ya lo había predicho y había enviado el Paráclito, el Espíritu de verdad, para guiar a la comunidad precisamente en esta dirección (16, 12-13). Sin embargo, el Paráclito se presenta como alguien que no habla nada nuevo, sino que simplemente interpreta lo que procedía de Jesús (16, 13-15; 14, 26). La descripción final del evangelio de un Jesús preexistente, sin duda va más allá de lo que Andrés quiso decir cuando aclamó a Jesús como el Mesías (Cristo) en 1, 41 y más allá de la aclamación que hace Natanael de Jesús como el Hijo de Dios en 1, 49. Sin embargo, al final del evangelio (20, 31), el evangelista se siente satisfecho de aplicar estos términos al Jesús de su cristología: «estas cosas fueron escritas para que creáis que Jesús es el *Mesías, hijo de Dios,* y para que creyendo tengáis vida en su nombre». Para el evangelista juánico, la cristología más alta de su comunidad aportó el verdadero y profundo significado de las confesiones originarias [7].

La continuidad con los orígenes es asimismo sugerida por el modo cómo el cuarto evangelio presenta a JBap. En el próximo capítulo, que describe la segunda fase de la vida juánica, sugiero que cuando se escribió el evangelio, la comunidad juánica estaba

---

7. El autor de la primera carta subrayará que lo que se proclama en su tiempo es lo que era «desde el principio» (1 Jn 1, 1-2).

implicada en una disputa con los seguidores de JBap que rechazaban a Jesús y que proclamaban que su maestro y señor era el
mesías o al menos *el* enviado de Dios. Por esta razón, el cuarto
evangelio sale al paso para evitar esta falsa interpretación y el en-
cumbramiento de JBap y de su misión (1, 20: «yo no soy el
mesías»; 3, 28: «no soy el mesías sino un enviado antes que él»:
afirmaciones de este tipo no se hacían en la tradición sinóptica).
Pero el cuarto evangelio no adopta el fácil método polémico de
rechazar a JBap. Al contrario, él fue enviado por Dios (1, 6
terminología utilizada por el mismo Jesús) y todo lo que dijo de Jesús era verdad (10, 41). En efecto, es el único, en el primer
capítulo, que entendió a Jesús según los cánones juánicos, puesto
que no se sirve de los títulos tradicionales de la primitiva predicación cristiana, como hacen los discípulos, sino que reconoce la preexistencia de Jesús (1, 15-30). Esto es históricamente explicable si se
admite que algunos de los primeros cristianos juánicos procedieron
del movimiento de JBap, como sucedió también con algunos que
dieron origen a la tradición representada en los evangelios
sinópticos [8]. Un sentido de continuidad con sus orígenes impulsaría
a la comunidad juánica, en la época en que el evangelio era escrito
y, a pesar del conflicto con otros seguidores de JBap, a pretender
que su peculiar y sublime forma de entender a Jesús se hallaba en
completa armonía con el testimonio dado por JBap [9], hasta el punto
de que hace hablar al Bautista como si fuera un cristiano juánico.

Se han encontrado paralelos entre el cuarto evangelio y el pensamiento de los esenios que vivieron en un emplazamiento que hoy
se denomina Qumran en el mar Muerto. A pesar de las pretensiones contrarias, a veces exageradas, no existe evidencia convincente de que el escritor juánico conociera la literatura de Qumran. Más
bien la relación es indirecta y se explica mejor en el caso de que
existiera alguna conversión a la comunidad juánica de judíos que

8.   Cf. W. Wink, *John the Baptist in the gospel tradition*, Cambridge 1968.
Adviértase la alusión de Hech 1, 21-22, donde Pedro habla de los doce (once) como
del grupo que estuvo con Jesús «desde el bautismo de Juan».
9.   D. M. Smith, *The milieu of the johannine miracle source*, en R. Hamerton-
Kelly-R. Scroggs (eds.), *Jews, greeks and christians (W. D. Davies Festschrift)*,
Leiden 1976, 164-180, defiende la asociación que hace Bultmann de la primitiva
colección de milagros prejuánica con cristianos que se habían convertido después de
haber sido seguidores de JBap y que la utilizaron como un opúsculo misionero para
convertir a más seguidores todavía. En el mismo volumen, J. L. Martyn (210) propone que el autor de la colección prejuánica la escribió para judíos que podían convertirse, permitiéndoles «presentar una serie de judíos que estaban expectantes igual
que ellos, a descubrir el cumplimiento de su esperanza mesiánica no en el Bautista,
sino más bien en Jesús de Nazaret».

mantenían este tipo de ideas que nosotros conocemos por los manuscritos del mar Muerto (un dualismo de luz y tinieblas, de verdad y mentira; un príncipe angélico de la luz o espíritu de verdad que conduce a los hijos de la luz en contra de los hijos de las tinieblas; la ley como agua que da vida). Más tarde, en el segundo estadio del desarrollo juánico, que estudiaremos más adelante, cuando surgió la cristología de la preexistencia, Jesús habría sido interpretado, a la luz de estas ideas, como la luz celestial que desciende de arriba, sus seguidores, como hijos de la luz, y su Espíritu, como el Espíritu de la verdad. Los judíos que aportaron esas ideas a la tradición juánica pudieron haber sido seguidores de JBap, cuyo ministerio le habría llevado cerca del lugar donde se encontraba Qumran en una época en que se hallaba floreciente, y cuya predicación tenía importantes rasgos comunes con el pensamiento y la práctica de Qumran [10].

b)  *La función del discípulo amado*

Un vínculo especial entre los seguidores de JBap y la comunidad posterior pudo ser el discípulo amado [11], esa misteriosa figura que aparece solamente en el cuarto evangelio y que es, sin duda, el héroe de la comunidad. La tesis de que es una imagen puramente ficticia o solamente ideal es del todo inaceptable. Eso significaría que el autor de Jn 21, 20-23 se habría engañado o que habría tratado de engañar, puesto que refleja la angustia de la comunidad por la muerte del discípulo amado. El discípulo había sido idealizado, por supuesto; pero, mi opinión de que fue una persona histórica y un compañero de Jesús, se hace cada vez más obvia en las nuevas investigaciones de la eclesiología juánica. En la historia posterior de la comunidad, cuando los cristianos juánicos se distin-

---

10.   Cf. R. E. Brown: *The Dead sea scrolls and the new testament*, en J. H. Charlesworth (ed.), *John and Qumran*, London 1972, 1-8. Algunos de los que contribuyeron a este volumen defenderían una relación directa entre Juan y Qumran, como si el evangelista conociera los manuscritos.

11.   Para un estudio de la información juánica acerca del discípulo amado y de diversas teorías de los especialistas, véase mi comentario al evangelio de Juan. Una reciente y nueva teoría es la de H. Thyen: el discípulo amado fue el presbítero de segunda y tercera de Juan, el cual no era un testigo ocular del ministerio de Jesús, sino que tenía la función especial de distinguir la verdadera interpretación de la falsa; todos los pasajes referentes al discípulo amado en Juan habrían sido añadidos por el redactor como parte del la lucha contra el Diotrefes de 3 Jn 9-10, un traidor al que sólo el discípulo amado puede discernir (Jn 13, 21-30). Cf. su *Entwicklungen innerhalb der johanneischen Theologie und Kirche im Spiegel von Joh 21 und der Lieblinsjünger Texte des Evangeliums*, en M. de Jonge (ed.), *L'évangile de Jean: sources, rédaction, théologie*, Gembloux 1977, 259-299.

guieron claramente de los grupos de cristianos que se asociaban entre
sí en memoria de alguno de los doce (por ejemplo, en memoria de
Pedro), la pretensión de poseer el testimonio del discípulo amado
capacitó a los cristianos juánicos para defender sus puntos de vista
peculiares en cristología y eclesiología. El «ir por delante» del
discípulo amado en relación a Simón Pedro confirma esto (cf. *infra*),
Pero tal manera de describirlo habría sido contraproducente si el
discípulo amado fuera un símbolo puramente imaginativo o si nunca
hubiera estado con Jesús, puesto que la autodefensa de la comunidad no habría tenido aceptación en tales circunstancias [12]. De hecho,
si nos fijamos en 1 Jn, vemos la necesidad de referir la tradición a un
testigo ocular (1, 1-3) para poder corregir abusos dentro de la comunidad y para refutar a aquellos que recurren indiscriminadamente al
Espíritu (4, 1). El autor de la carta no fue un testigo ocular, pero su
comunidad es consciente de su enraizamiento en la tradición de algún testigo ocular, conciencia que apoya la tesis de que el discípulo
amado formaba parte de los que seguían a Jesús. Esto lo comprendió
ya D. Moody Smith [13]:

> Si la comunidad juánica que dio origen al evangelio se vio a sí mis-
> ma como continuadora de la tradición de Jesús, esto nos ayuda a en-
> tender el «nosotros» del prólogo, tanto del evangelio como de las
> cartas, no ya como testimonio ocular apostólico *per se,* sino como
> comunidad consciente de ser heredera de una tradición basada en
> cierto testimonio histórico de Jesús.

Me gustaría asimismo sugerir que la descripción juánica se hace
más inteligible si el discípulo amado, al igual que algunos de los
discípulos mencionados por Juan 1, 35-51, fue un discípulo de
JBap, concretamente tal vez el discípulo innominado de 1, 35-40
(un pasaje que menciona a dos discípulos y que identifica a uno de
ellos como Andrés). Así, la base del discípulo amado habría sido

---

12.  No es que pretenda yo que cada ejemplo que se refiere al discípulo amado
sea históricamente exacto. R. Schnackenburg *On the origin of the fourth gospel:*
Perspective 11 (1970) 239-240, defendió que el discípulo amado, aunque era un
compañero histórico de Jesús, «ciertamente no estuvo presente» en la última cena.
Yo no estoy tan seguro de ello, pero a todas luces Juan la ilustró de tal manera que
su importancia en las escenas del evangelio van más allá de la importancia que
habría tenido a los ojos  de un observador externo durante el ministerio. Por supuesto, para el evangelista, esto es una cuestión de percepción, no de decepción.

13.  *Johannine christianity,* 236. Respecto a los pasajes en que aparece el «nosotros» de los dos prólogos, cf. Jn 1, 14 y 1 Jn 1,1-3.

similar a la de algunos prominentes miembros de los doce, aun cuando la comunidad juánica, en el primer estadio de su existencia, constaba de cristianos judíos que compartían la perspectiva mesiánica que marcó los comienzos de comunidades que surgirían de los doce.

La identificación del discípulo amado con el discípulo de 1, 35 ha sido frecuentemente combatida y rechazada debido a que en otra parte, cuando el cuarto evangelio habla del héroe de la comunidad, lo identifica claramente como «el discípulo al que amaba Jesús» [14] y ninguna clarificación de ese tipo se encuentra en 1, 35-40. La objeción pierde su fuerza si se comprueba que el discípulo innominado del cap. 1 no era *todavía* el discípulo amado, porque, al principio del relato evangélico, todavía no había llegado a entender a Jesús plenamente (un desarrollo cristológico que establecería una distancia entre él y los otros discípulos nombrados en el cap. 1 y que lo acercaría de una manera única a Jesús). Relacionado con la teoría de que el evangelio nos está dando una visión del crecimiento eclesiológico juánico, pienso que no es algo accidental que el discípulo amado aparezca con este nombre únicamente en «la hora» (13, 1) en que Jesús habiendo amado a los suyos «los amó hasta el fin». Esto no significa que este discípulo no se hallara presente durante la vida pública, sino que él acabó de lograr su *identidad* en un contexto cristológico. Durante su vida, ya sea en el período del ministerio de Jesús, ya en el pos-resurreccional, el discípulo amado vivió el mismo crecimiento en la comprensión cristológica que la comunidad juánica y fue ese crecimiento lo que hizo posible para la comunidad el identificarlo como uno al que Jesús amaba de una manera especial [15].

Entre paréntesis, tengo que decir que cambio mi manera de pensar (como lo ha hecho también R. Schnackenburg) de la postura que adopté en mi comentario al evangelio de Juan, identificando al discípulo amado como uno de los doce, es decir, con Juan hijo del Zebedeo. Yo insistía allí en la combinación de evidencia externa e interna que hacía de eso la hipótesis más segura. Ahora reconozco que la evidencia externa e interna probablemente no pue-

---

14. Cf. 13, 23-26; 19, 25-27; 20, 2-10; 21, 7.20-23. 24.
15. Culpepper, *Johannine school*, 265: «el fundador efectivo de la escuela juánica se ha de encontrar más probablemente en la figura del discípulo amado... la función del discípulo amado es la clave del carácter de la comunidad». R. Schnackenburg, *El evangelio según san Juan* III, Barcelona 1980, sostiene que el discípulo amado es la autoridad que está tras el evangelio dando vida a su redacción, pero que no tuvo parte inmediata en la composición de la obra. Más bien, él es el supremo portador de la tradición y el testigo para la comunidad.

den armonizarse [16]. Al destacar al discípulo amado frente a Pedro (cf. *infra*), el cuarto evangelio parece indicar que era uno que estaba fuera del grupo de los discípulos mejor conocidos, grupo que incluiría a Juan hijo del Zebedeo, si tenemos presentes los relatos de Hech 3, 1; 4, 13; 8, 14 [17]. La evidencia externa (a finales del siglo II) que identifica al discípulo amado como Juan es un paso más en la dirección, ya visible en el mismo nuevo testamento, de simplificar los orígenes cristianos reduciéndolos a los doce apóstoles. Cullmann, según eso, puede tener razón en su teoría, que suscriben muchos, de que no podemos conocer el nombre del discípulo amado [18], aunque podemos sospechar que: «es un antiguo discípulo de Juan el bautista. Comenzó a seguir a Jesús en Judea *cuando el mismo Jesús se hallaba en estrecha proximidad con el Bautista*. Compartió la vida de su maestro durante la última estancia de Jesús en Jerusalén. Era conocido del sumo sacerdote. Su relación con Jesús fue diferente de la de Pedro, el representante de los doce» [19].

## 2. *La admisión de un segundo grupo y una cristología más alta*

En los capítulos 2 y 3 de Juan se insiste en la necesidad de conocer mejor a Jesús de lo que podrían garantizar las apariencias superficiales de sus acciones [20]; por otra parte, el tema de estos capí-

16. La información del siglo II acerca de los orígenes de los evangelios (que refleja frecuentemente sospechas entre los especialistas) no es bien aceptada por la investigación moderna. El primer evangelio seguramente no fue escrito por un testigo ocular del ministerio de Jesús, a pesar de la información de Papías de que Mateo (uno de los doce) recogió las palabras del Señor en arameo. La actitud hacia Pedro en el segundo evangelio hace muy improbable que un discípulo de Pedro, Juan Marcos lo escribiera. La distancia de Lucas/Hechos del pensamiento paulino hace improbable que un discípulo directo de Pablo (Lucas) escribiera esas obras. Existe una tendencia, en la información del siglo II, a simplificar demasiado la conexión entre los evangelistas y los testigos oculares.

17. Puesto que los primeros cuatro de los doce (Pedro, Andrés, Santiago y Juan) figuran del modo más prominente en la tradición sinóptica, el relativo silencio del cuarto evangelio (solamente 21, 2) acerca de los hijos del Zebedeo, Santiago y Juan, sigue siendo un misterio.

18. Otras sospechas sobre su identidad (Lázaro, Juan Marcos) ayudan poco para reconstruir la historia juánica. La única cuestión importante es si él era o no discípulo ampliamente conocido.

19. *Johannine circle* (cf. *infra*, en el apéndice I). Yo estoy firmemente convencido, sin embargo, de que Cullmann está equivocado al identificar al discípulo amado con el evangelista, como explicaré en el apéndice I.

20. 2, 1-11, provoca a ver la gloria detrás de los signos; en 2, 13-22, una afirmación acerca de la restitución del templo puede entenderse cristológicamente sólo después de la resurrección; en 2, 23-25 y en el relato de Nicodemo del cap. 3, es claro que, incluso los que se sienten atraídos por Jesús, no le entienden totalmente.

tulos es muy similar al presentado por los sinópticos. La transforma-
ción del agua en vino no es un tipo de milagro diferente del expresado en la multiplicación de los panes, y el diálogo que provoca la
intervención de la madre de Jesús (2, 3-4) se parece a la actitud de
Jesús en Lucas 2, 48-49 y Marcos 3, 31-35. La purificación del
templo y lo que se dice acerca de la futura destrucción del mismo se
halla en la tradición de los sinópticos. La presencia de Nicodemo,
que se siente favorablemente inclinado hacia Jesús como rabí y la
pregunta acerca de la entrada en el reino se parece a la historia del
joven rico en Lucas 18, 18, que dice a Jesús: «maestro bueno, ¿qué
debo hacer para heredar la vida eterna?». La idea de que los
discípulos de JBap no entendieron a Jesús (Jn 3, 22-26) tiene una semejanza temática con la escena que encontramos en Lucas 7, 18-23,
donde JBap envía unos discípulos a Jesús para preguntarle si él es el
que va a venir o tienen que esperar a otro. Por supuesto, la fuerza
de las escenas juánicas es diferente, pero los capítulos 2-3 no nos
aportan nada nuevo acerca de los orígenes de la comunidad juánica.
Es verdad que se da un encuentro nada amistoso entre Jesús y las
autoridades del templo, pero la hostilidad no es mayor que en los
evangelios sinópticos. Lo que es significativo es que la purificación
del templo, que para los evangelios sinópticos representa el culmen
del conflicto al final del ministerio, Juan la sitúa al comienzo del
ministerio y sólo es el comienzo de esa hostilidad. (Lo mismo que
ocurre con los títulos aplicados a Jesús en el cap. 1, Juan parece que
comienza donde los demás acaban, de manera que el cuerpo del
evangelio, después de los capítulos iniciales, nos dará la autobiografía de la comunidad cuando comenzó a ser diferente). Por otra parte, quitando ciertas insinuaciones de desconfianza que se encuentran
en 2, 24 y 3, 10 no hay nada que revele un severo conflicto entre la
comunidad juánica más primitiva y «los judíos».

Es en el cap. 4, donde Juan se aparta de un modo significativo
de lo que nosotros denominamos el ministerio de Jesús en los evangelios sinópticos, porque en 4, 4-42 Jesús pasa por Samaria y con-
vence a todo un pueblo de samaritanos para que crean que él es el
salvador del mundo.

En Mt 10,5, Jesús prohíbe a los discípulos incluso el entrar en
una ciudad samaritana. En Lucas, a pesar de dos referencias favo-
rables a individuos samaritanos (10, 29-37; 17, 16-18), los samaritanos se muestran muy hostiles a Jesús (9, 52-55). Según Hech 8,
1-25, fue sólo algunos años después de la resurrección cuando fue
introducido el cristianismo en Samaria por el predicador helenista
Felipe. Así hay una razón real para dudar de que, históricamente,
durante su ministerio, Jesús convirtiera a muchos samaritanos a su

predicación; y la aparición de tal historia en Juan (lo mismo que la historia de Hech 8) puede reflejar muy bien la historia pos-resurreccional del movimiento cristiano [21].

### a) *Descripción del segundo grupo de cristianos juánicos*

Como veremos en el Apéndice I, en la reconstrucción que hace Martyn de la historia juánica, no ofrece ninguna explicación real de la aparición de una cristología más alta en el «período medio» del desarrollo preevangélico. Richter, por otra parte, supone un conflicto entre los primitivos cristianos juánicos de su grupo I y los partidarios de una cristología más alta de su grupo II. No estoy de acuerdo con ninguno de esos dos enfoques y pienso que el cap. 4 nos puede ayudar en este problema. Inmediatamente después de este capítulo se describe una cristología realmente alta y un conflic-to agudo con «los judíos» que acusan a Jesús de deificación (5, 16-18). Ya en referencia a la obra más antigua de Martyn, D. Moody Smith [22] observaba: «esta ampliación de su tesis sugiere conexiones a través de cierta cristiandad judía con formas menos ortodoxas de vida y de pensamiento judíos». Siguiendo esta sugerencia, pienso que puede evidenciarse en el mismo evangelio la entrada en la cris-tiandad juánica de otro grupo que catalizó los desarrollos cristológi-cos. Los discípulos de JBap de 1, 35-51 constituyen los principales seguidores de Jesús hasta 4, 4-42, cuando el gran grupo de samari-tanos se convierte. La conversión de este segundo grupo de creyen-tes no se debió al primero (4, 48), y su apreciación de Jesús como el «salvador del mundo» (4, 42) difiere de las expectaciones corrien-tes del antiguo testamento mencionadas en el cap. 1 [23]. El hecho de

---

21.  Al no haber abandonado los samaritanos Samaria para seguir a Jesús y al no llamarles «discípulos», Juan muestra sensiblemente que el séquito de Jesús du-rante su ministerio incluía un número reducido de samaritanos.

22.  *Johannine christianity*, 240. No me agrada su uso del término «menos orto-doxo», como veremos en el apéndice I en mi objeción al uso por parte de Cullmann del término «heterodoxo». En el judaísmo pluralista del siglo I antes del año 70, existían diferentes concepciones sostenidas por grupos mayoritarios o minoritarios, pero no existía una ortodoxia establecida. Unicamente, según las normas de los fariseos triunfantes del período posterior al año 70, se pueden designar algunas concepciones del período anterior como heterodoxas. Tanto Smith como Cullmann saben esto, de forma que la disputa se centra más bien en la conveniencia de la terminología.

23.  En el AT, Yahvé es la salvación de Israel y del israelita como individuo, pero el término «salvador» no se halla asociado con el rey esperado (aunque en los LXX Zac 9, 9, aparece «salvar»). En ninguna otra parte se llama a Jesús «salvador» durante su ministerio público. Lo más que se puede probar, sin embargo, de Jn 4, 4-42 es el uso por los samaritanos de un título que no es tradicionalmente mesiáni-co. Aquí no hay ninguna alusión a la pre-existencia.

que Jesús reconcilie a sus discípulos del cap. 1 con los samaritanos convertidos del cap. 4 (cf: 4, 35-38) significa que Richter se equivoca al ver una fuerte hostilidad entre los dos grupos juánicos. Más bien la aceptación del segundo grupo por la mayoría del primero es probable que acarreara sobre toda la comunidad juánica la sospecha y la hostilidad de los jefes de la sinagoga. Después de la conversión de los samaritanos en el cap. 4, el evangelio se concentra en la repulsa de Jesús por parte de «los judíos». El Jesús juánico (que soporta la persecución sufrida históricamente por la comunidad juánica) afirma que él viene de Dios (8, 41), sólo para se interpelado en plan de reto por los judíos, los cuales dicen: «¿no decimos bien nosotros que tú eres un samaritano?» (8, 48). Esto sugiere que los judíos veían a la comunidad juánica como una comunidad con elementos samaritanos [24].

¿Implica esto que el segundo grupo que entró en la historia juánica se componía sólo de samaritanos? Pienso que existen indicaciones para afirmar que la situación era más compleja. Cuando Jesús (y no sus primeros discípulos) convierte a los samaritanos, afirma algo muy judío: «la salvación viene de los judíos» (4, 22). Rechaza deliberadamente un principio distintivo de la teología samaritana, puesto que niega que haya que dar culto a Dios en Garizim. Al mismo tiempo (4, 21), asume una actitud peculiar respecto al culto judío, porque predice que tampoco se le dará culto a Dios en Jerusalén. (Esto constituye otra diferencia de lo que nosotros sabemos acerca del cristianismo proclamado por los doce [y tal vez por los primeros cristianos juánicos], porque Hech 2, 46 y 3, 1 asocian a los apóstoles con una asistencia asidua al templo). Aceptando estas indicaciones, se puede afirmar que el segundo grupo de la historia juánica constaba de judíos de concepciones peculiares anti-templo que convirtieron a algunos samaritanos y aceptaron algunos elementos del pensamiento samaritano, incluyendo una cristología que no se hallaba centrada en un mesías davídico [25].

Algunas tendencias de la actual exégesis juánica refuerzan esta tesis. Wayne Meeks [26], entre otros, detectó rasgos en Juan semejantes al pensamiento samaritano; y afirma que la iglesia juánica incorporó miembros, tanto judíos como samaritanos, que sentían

---

24. Acerca de las complejidades de este pasaje, véase p. 75 s *infra*.
25. A mi juicio, la reconstrucción de Richter (apéndice I, *infra*) atribuye erróneamente al grupo I una cristología que corresponde al grupo II.
26. *The prophet-king: Moses traditions and the johannine christology*, Leiden 1967, 318-319. Cf. asimismo E. D. Freed, *Did John write his gospel partly to win samaritan converts?*: NovT 12 (1970) 241-256; J. D. Purvis, *The fourth gospel and the samaritans*: NovT 17 (1975) 161-198.

gran estima y veneración hacia Moisés. Cullmann defendió que existía «una conexión muy estrecha, por no decir una completa identidad», entre los que, en Juan, convirtieron a Samaria y los helenistas descritos en los cap. 6-8 de Hechos [27]. Los helenistas de Jerusalén (es decir, los judíos que hablaban solamente griego, como distintos de los hebreos o judíos que se expresaban en hebreo o en arameo) hablaban duramente contra el templo (7, 48-50) y, cuando fueron expulsados de Jerusalén, proclamaban a Cristo en Samaria. Algunos no estaríamos tan seguros de que se pueda hacer esta identificación tan simplemente como lo hace Cullmann [28], pero Hechos evidencia que no es descabellado admitir como real al grupo que yo he reconstruido formando parte de la comunidad juánica y sirviendo como catalizador en la ruptura con la sinagoga. La insistencia de Hech 8, 1 en que los jefes judíos de Jerusalén eran especialmente hostiles a los helenistas, mientras toleraban a los apóstoles, se ajusta muy bien a mi reconstrucción. Inevitablemente, la combinación de una diferente cristología, la oposición al culto del templo y los elementos samaritanos, característicos del segundo grupo que formaba parte de la corriente principal del grupo cristiano juánico [29], habrían hecho a los creyentes juánicos particularmente odiosos a los judíos más tradicionales.

Es improbable, en mi opinión, que el grupo principal de cristianos juánicos tuviera contactos permanentes con Samaria o que vivieran allí. Los samaritanos conversos nunca son mencionados después del cap. 4 y Jesús nunca vuelve a Samaria. Sin embargo, los componentes de los dos grupos que afirmé hasta ahora (judíos de expectaciones mesiánicas normales, incluyendo a discípulos de JBap, más judíos de persuasión anti-templo que habían convertido

---

27. *Johannine circle* (en el apéndice I, *infra*). Recordemos que B. W. Bacon afirmó de Juan que era el «evangelio de los helenistas»: *The gospel of the hellenists*, New York 1933.

28. Recensiones de Cullmann por W. Meeks, JBL 95 (1976) 304-305 y por R. E. Brown, TS 38 (1977) 157-159. En un escrito entregado en la reunión de 1976 de la SBL en St. Louis, C. H. Scobie: «The origin and development of the johannine community», subrayaba el papel de los helenistas presentando, sin embargo, una forma modificada de la hipótesis de Cullmann.

29. Se desearía saber si este grupo era asimismo responsable de la alta pneumatología del cuarto evangelio y de su descripción del Paráclito. En Hech 6, 5.10, Esteban está «lleno del Espíritu» y habla con el Espíritu; en Samaria, la lucha entre Simón Mago y Pedro (que completa la obra de Felipe el helenista) tiene que ver con el Espíritu. Pero la mayor parte de las figuras cristianas de Hechos son movidas por el Espíritu, y no es posible demostrar que los helenistas tenían una pneumatología especial.

a samaritanos) ciertamente apuntan al área de Palestina [30] como la patria original del movimiento juánico.

¿Se puede ser más preciso? Algunos expertos han estudiado el contraste entre Galilea y Judea en el cuarto evangelio [31] y llegan a afirmar que Galilea se caracteriza por su creencia en Jesús, mientras que Judea se caracterizaría por su increencia. Frecuentemente, el testimonio de Jesús en el que afirmaba que ningún profeta es honrado *en su tierra* (4, 44) se toma como una referencia a Judea (mencionada en 4, 3) más bien que a Galilea (mencionada en el contexto inmediato, 4, 43.45) [32], una interpretación que pienso que tiene pocas posibilidades de ser defendida. El que en Galilea el oficial real y toda su familia se convirtieran (4, 53), no es realmente más significativo que el hecho de que en Jerusalén el ciego pudiera llegar a creer (9, 35-39). Solamente en el cap. 6 aparece una larga escena en Galilea, y, ciertamente, las multitudes galileas no muestran ninguna actitud de fe (6, 26). De hecho, a esas multitudes se las describe con el mismo lenguaje utilizado para los no creyentes en Judea, concretamente como «los judíos» que murmuran de Jesús (6, 41.52) [33]. K. Matsunaga [34] diagnosticó la situación como sigue: «en la congregación del evangelista, que es primariamente una comunidad judeo-cristiana, hay algunos galileos y samaritanos convertidos, que aceptaron el kerigma de la iglesia de Juan y creyeron en Jesucristo. O también: próxima a la iglesia del evangelista existe cierta comunidad galilea cristiana, así como una comunidad cristiana samaritana». Yo aceptaría la primera afirmación, si bien insistiría en que la conversión de galileos nunca logra la atención que se da en Juan a la conversión de samaritanos. Dudo, sin embargo, que podamos constatar con evidencia la segunda opinión.

---

30. Utilizo este término vago para incluir Transjordania (Pella) y Siria. En la reconstrucción de Boismard (apéndice I, *infra*) él situaría las dos primeras ediciones del evangelio de Juan (Documento C y Juan IIA) en Palestina, con el pasaje samaritano al comienzo de la *primera* edición. P. Parker, *Two editions of John:* JBL 75 (1956) 303-314, piensa que la *primera* edición se realizó en Judea y que en ella se añadió la tradición de Jesús en Samaria.

31. R. T. Fortna, *Theological use of locale in the fourth gospel:* ATR 3 (1974) 58-95.

32. En la tradición sinóptica, esta afirmación se aplica a las tierras montañosas de Galilea en torno a Nazaret, pero se sugiere que Juan trastoca el cuadro de los sinópticos.

33. El verbo *gongýzein* es utilizado en 6, 41.43, el cual en LXX Ex 16, 2.7, 8 describe el murmullo de los israelitas rebeldes del Exodo.

34. *The galileans in the fourth gospel :* Annual of the Japanese Biblical Institute 2 (1976) 135-158.

b)   Conflicto con «los judíos»

Voy a volver ahora con más detalle al conflicto con «los judíos» que domina la fase preevangélica de la comunidad juánica y que se convierte en un motivo importante en el evangelio a partir del cap. 4 y de la conversión de los samaritanos. Ya he sugerido que la presencia del nuevo grupo (judíos anti-templo y sus convertidos samaritanos) habrían hecho a la comunidad juánica sospechosa ante las autoridades de la sinagoga judía. Es interesante especular si el estilo hostil de Juan al hablar de «los judíos» no pudo provenir de los samaritanos en cuyos labios (como no judíos) habría sido algo totalmente natural. La mayor parte de los lectores gentiles de hoy no advierten lo extraño que resulta que Juan muestre a Jesús y a su círculo de judíos dirigiéndose a los otros judíos simplemente como a «los judíos», puesto que, para el lector gentil, los judíos constituyen un grupo étnico diferente y otra religión (y frecuentemente piensan de Jesús más como un cristiano que como un judío). Pero el hecho de que los padres del ciego curado en Jerusalén se describan como personas que «temen a los judíos» (9, 22) es tan raro como si se describiera a un norteamericano que viviera en la capital de Washington como alguien que temiera a «los norteamericanos». De hecho sólo los no americanos hablan así de los «americanos». Lo que ocurrió en el cuarto evangelio es que el vocabulario de la época del evangelista se trasladó a los tiempos de la vida pública de Jesús. Los cristianos juánicos fueron expulsados de las sinagogas (cf. *supra*) y decían que no podían celebrar el culto con otros judíos; por ello, dejaron de considerarse judíos a pesar de que muchos de ellos eran de origen judío. El Jesús que habla de «los judíos» (13, 33) y de lo que se halla escrito en «su ley» (15, 25; cf. 10, 34) está hablando el lenguaje de los cristianos juánicos, para los cuales la ley no es ya algo suyo sino que es el distintivo de otra religión.

En la evolución del término es conveniente advertir que Juan puede referirse indistintamente a «los judíos» y a los príncipes de los sacerdotes y a los fariseos (compárese Jn 18, 3 y 12; 8, 13 y 22) y que habla de «los judíos» donde los sinópticos se refieren al sanedrín (compárese Jn 18, 28-31 con Mc 15, 1).

Pero esta posibilidad de intercambio entre ambos términos no debe ser interpretada benévolamente como lo hacen quienes pretenden quitar el término «los judíos» del cuarto evangelio, sustituyéndolo por «las autoridades judías» [35]. Juan utiliza deliberadamen-

---

35. Peor todavía es sustituirlo por un término exótico como «judaíta» o «judaísta» que no significan nada o por «judeo» o «judeano», que es inexacto, por ejemplo, para designar al grupo galileo de 6, 41.52.

te el mismo término para las autoridades judías de la época de Jesús que para los hostiles partidarios de la sinagoga de su tiempo. Durante la vida de Jesús, los príncipes de los sacerdotes y algunos de los escribas del sanedrín fueron hostiles a Jesús y estuvieron involucrados en su muerte. Yo juzgaría esto historia base. Los que expulsaron a los cristianos juánicos y los expusieron a la muerte (16, 2) son considerados como los herederos del grupo anterior. Así, en el doble nivel en el que hay que leer el evangelio, la frase «los judíos» se refiere a ambos [36]. Sería algo increíble para un cristiano del siglo XX el compartir o justificar el debate juánico de que «los judíos» son hijos del diablo, afirmación ésta que se pone en labios de Jesús (8, 44); pero, por mi parte, no comprendo cómo puede ayudar a las relaciones actuales judeo-cristianas el soslayar el hecho de que, en tiempos, existió tal actitud [37]. Y, por desgracia, se puede advertir que las autoridades de la sinagoga, que se consideraban a sí mismas como los discípulos de Moisés y a los cristianos como los «discípulos de ese hombre» (9, 28-29), no hablaban de un modo más correcto y afable que la comunidad juánica.

¿Pero qué podemos pensar de la acusación juánica de que «los judíos» mataban a los cristianos como haciendo un servicio a Dios? [38]. Martyn piensa que algunos cristianos juánicos fueron ejecutados por las autoridades de las sinagogas locales [39]. Ciertamente, sabemos que en el siglo I algunos cristianos fueron condenados a muerte y ejecutados por los judíos: por ejemplo, Esteban (Hech 7, 58-60), Santiago, el hijo del Zebedeo (Hech 12, 2-3) y Santiago «el hermano del Señor» (Josefo, *Antigüedades* XX, ix 1; § 200). La *Mishná sanedrin* 9, 6 reconoce ciertos casos en los que los celotes

36.    Esto hace de Juan culpable de una generalización ofensiva y perjudicial, pero él no fue el único que empezó este proceso. En el primer escrito cristiano: 1 Tes 2, 14-15, Pablo habla de «los judíos que mataron al Señor Jesús».

37.    Siempre, sin embargo, con la precaución de advertir que el antijudaísmo juánico no es el mismo que el antisemitismo posterior que durante siglos tuvo aspectos políticos, étnicos, económicos, etc.

38.    En Jn 16, 2, el tiempo está en futuro, pero esto lo es desde el punto de vista del ministerio de Jesús. La expulsión de las sinagogas ya había tenido lugar en la época en que se escribió el evangelio y probablemente también se pueda decir lo mismo de las matanzas.

39.    *History*, 47 s. La evidencia del exterminio de cristianos no se advierte sólo en 16, 2, sino que también hay pasajes en el evangelio en los que «los judíos» tratan de matar a Jesús (5, 18; 7, 1.19.25; 8, 22.37.40; 11, 53; cf. 12, 10). Comparando a Juan con los sinópticos, yo tendría que juzgar que la prolongada intensidad de esta actitud descrita en el cuarto evangelio refleja un período después del ministerio de Jesús (cf. Mc 13, 9 y Mt 10, 17 que se refieren a los apaleamientos y flagelaciones de cristianos en las sinagogas).

pueden asesinar a gente por ofensas religiosas [40]. Sin embargo, yo sospecho que la situación fue más compleja especialmente dado que el condenar a muerte se halla relacionado en Jn 16, 2 con la expulsión de las sinagogas. En el siglo II Justino, que había nacido en Palestina, acusa a sus adversarios judíos: «aunque habéis matado a Cristo no os arrepentís; sino que nos odiáis y nos asesináis también a nosotros... siempre que os halláis en el poder» (*Tryph* 133, 6; 95, 4). Ahora sabemos que en el siglo II la matanza de cristianos por parte de los judíos no era, por lo general, una acción directa, sino que se realizaba por vía de denuncia a los romanos. El judaísmo era una religión tolerada y, en principio, los judíos no se veían forzados a tomar parte en el culto público. Mientras los cristianos fueron considerados como judíos, no existía ninguna razón legal específica para que los romanos les molestasen. Pero una vez que los expulsaron de las sinagogas y quedó claro que ellos no eran ya judíos, su negativa a adherirse a las costumbres paganas y a participar en el culto al emperador creaba problemas legales. Los cristianos del siglo II acusaban a los judíos de entregarles a los inquisidores romanos. *El martirio de Policarpo* 13, 1 dice que «los judíos eran extremadamente entusiastas, *como es su costumbre*», para preparar material para *quemar el santo,* hecho que se llevó a cabo por un procónsul romano alrededor del 155. La participación indirecta en ejecuciones mediante la expulsión de las sinagogas puede haber sido parte del motivo que dio lugar a las acusaciones de Juan contra «los judíos».

He dedicado algún tiempo a este debate, porque sólo si nos damos cuenta de su acritud, entenderemos los tonos antagónicos de la cristología juánica. La batalla entre la sinagoga y la comunidad juánica fue, ante todo, una batalla cristológica.

c) *La cristología más alta*

Para llevar a cabo una discusión más detallada de la cristología peculiar juánica, permítaseme recordar al lector que hablé de un grupo de judíos con concepciones anti-templo y de sus convertidos samaritanos como de un *catalizador* hacia una cristología más alta. El término «catalizador» ha sido cuidadosamente elegido puesto que Jn 4, 4-42 revela, entre los samaritanos, una cristología diferente de la articulada por los primeros seguidores de Jesús en 1, 35-

---

40. *Midrash Rabbah* xxi 3 sobre Núm 25, 13 advierte: «si un hombre derrama sangre del malvado es como si hubiera ofrecido un sacrificio». No es necesario añadir que los cristianos poseen una larga historia de condenarse unos a otros a muerte por amor de Dios.

51. Ya he mencionado el título «salvador del mundo» en 4, 42. Más atención hay que prestar a la autoconciencia que Jesús tenía de ser el mesías en respuesta a la afirmación de la samaritana de que el mesías tenía que venir (4, 25-26).

Para Juan, *Mesías* o *Jristós* («ungido») no es un término con un solo significado. Ya he señalado que, cuando Andrés se lo aplica a Jesús (1, 41), no es que posea una concepción adecuada de su identidad. Ni tampoco es adecuada en labios de Marta en 11, 27, porque ella no ha entendido realmente (11, 40). Sin embargo, Juan escribe su evangelio para que los lectores puedan creer que Jesús es el *Jristós* (20, 31), y así el término puede ser una adecuada descripción de Jesús. Igualmente, es verdadero pero inadecuado, el que Jesús sea considerado como el rey ungido de la estirpe de David, que es el significado más usual de mesías; se convierte en adecuado cuando incluye la noción de que él es el que descendió de Dios para revelarlo a los hombres. ¿Qué significado tiene la palabra mesías en 4, 25-26?

No es probable que un creyente samaritano hubiera saludado a Jesús como al mesías en un sentido davídico, puesto que toda la teología samaritana iba dirigida contra las pretensiones de la dinastía davídica y de Jerusalén, la ciudad de David[41]. De hecho, se dice que el término «mesías» no aparece en los escritos samaritanos antes del siglo XVI. Más bien, los samaritanos esperaban un *Taheb* (el que vuelve, el restaurador), un maestro y un revelador[42] y puede ser que en este sentido los samaritanos aceptaran a Jesús como el «mesías», tal como lo dice la mujer en 4, 25: «yo espero que el mesías, el que se llama Cristo, está para venir, y que, cuando venga, *nos hará saber todas las cosas*». Asimismo, la teología samaritana estaba muy centrada en Moisés, de manera que a veces el *Taheb* era considerado como una figura de Moisés que retorna. Se pensaba que Moisés había visto a Dios y que ahora viene de nuevo para revelar al pueblo lo que Dios había dicho. Si Jesús era interpretado con este trasfondo[43], entonces la predicación juánica habría derivado de esa realidad de Moisés, pero después de haberla corregido: no era Moisés sino Jesús el que había visto a Dios y el

---

41  Para una información sobre los samaritanos, véase mi comentario al evangelio de Juan.

42.  J. Bowman, *Samaritan studies:* BJRL 40 (1957-58) 298-329; S. Sabugal, *El título Messias-Christos en el contexto del relato sobre la actividad de Jesús en Samaría. Jn 4, 25.29:* Augustinianum 12 (1972) 79-105.

43.  La fijación de fecha de los estratos del pensamiento samaritano es extremadamente difícil, y así nosotros no estamos seguros de qué descripción del *taheb* era popular en el siglo I. Cf. Purvis, *Fourth gospel,* 182-190 y Meeks, *Prophet-king.*

que luego habría de venir a la tierra para comunicar lo que había oído allá arriba (3, 13.31; 5, 20; 6, 46; 7, 16; cf. asimismo 6, 32-35; 7, 23).

Así el término *catalizador*, aplicado a los recién venidos a la comunidad juánica, implica que ellos trajeron consigo categorías para interpretar a Jesús que lanzaron a la comunidad juánica hacia una teología de arriba a abajo y a una teología de la pre-existencia[44]. En cualquier caso, únicamente una cristología alta es la que aparece en las páginas del cuarto evangelio, que refleja el tipo de creencia en Jesús que llegó a ser aceptada en la cristiandad juánica. La Palabra que existía en la presencia de Dios antes de la creación se hizo carne en Jesús (1, 1.14); viniendo al mundo igual que una luz (1, 9-10; 8, 12; 9, 5), puede revelar a Dios porque él es el único que bajó de los cielos y que vio el rostro de Dios y escuchó su voz (3, 13; 5, 37); él es uno con el Padre (10, 30), de forma que el que le ve a él ve al Padre (14, 9); de hecho, puede hablar como el divino *Yo soy*[45]. La cristología juánica resulta muy familiar a los cristianos tradicionales porque se convirtió en la cristología dominante de la iglesia, y extraña el comprobar que tal descripción de Jesús es totalmente insólita en los evangelios sinópticos. Con justicia la cristología juánica puede denominarse la más alta del nuevo testamento[46].

Haciendo un paréntesis vamos a intentar demostrarlo. A veces erróneamente, según mi opinión, se ha afirmado que Pablo proclamó el mismo tipo de cristología de la pre-existencia que Juan. Pero permítaseme anotar los siguientes puntos: a) los pasajes de pre-existencia más frecuentemente citados en el *corpus* paulino son 1 Cor 8, 6; Flp 2, 6-7 y Col 1, 15-16. Aunque 1 Cor 8, 6 habla de que todas las cosas existen «por él», el texto no es realmente claro en relación a su pre-existencia personal[47]. El himno de filipenses es más claramente personal en su referencia a Jesús; pero muchos especialistas actualmente dudan de que «siendo de condición huma-

---

44. J. L. Martyn, *Source criticism and «Religionsgeschichte» in the fourth gospel:* Perspective 11 (1970) 247-272, esp. 258, señala que, en el período primitivo de la historia juánica, la fuente de milagros no mostraba debates sobre Moisés, de manera que la necesidad de corregir las pretensiones sobre Moisés surgió después.

45. Jn 8, 24.28.58; 13, 19; cf. el apéndice sobre *Ego eimi* en mi comentario.

46. Orígenes, *Sobre Juan* I, 6, reconocía ya esto: «porque ninguno de éstos (Pablo, Mateo, Marcos, Lucas) declaró abiertamente la divinidad de Jesús como Juan cuando dice: 'yo soy la luz del mundo; yo soy el camino, la verdad y la vida; yo soy la resurrección'».

47. Podría ser eso una referencia al poder de la *nueva* creación otorgado a Jesús. Cf. J. Murphy-O'Connor, en RB 85 (1978) 253-267.

na» y «tomando condición de siervo» se refieran a la encarnación. Pueden significar que, en contraposición a Adán, que asimismo era imagen de Dios, Jesús no se rebela por su condición de siervo; en tal caso todo el himno se referiría a la vida terrena de Jesús. La carta a los colosenses es más propicia a una lectura sobre la pre-existencia, pero muchos exegetas piensan que la carta es pos-paulina. b) El pasaje de colosenses habla del hijo de Dios como «primogénito de toda la creación». La designación paralela en Col 1, 18: «primogénito de los muertos», significa que Jesús fue el primer resucitado de entre los muertos. Según eso, es posible que Col 1, 15 signifique que Jesús fuera el primero en ser creado de forma que no hay nada en el *corpus* paulino paralelo a Juan 1, 1-2 donde se habla de la pre-existencia del Verbo divino *antes* de toda la creación [48]. c) Los pasajes paulinos de filipenses y colosenses siguen un modelo hímnico [49], en parte modelados sobre los himnos acerca de la sabiduría divina, la cual también fue creada al principio de la obra de Dios (Prov 8, 22). La imagen de la sabiduría era una personificación imaginativa y no está claro cómo Pablo y sus discípulos refirieron tal lenguaje hímnico al Jesús terreno durante su ministerio. Es Juan el que cruza el puente desde el género hímnico con su modelo sapiencial (el prólogo) hasta el género evangélico que describe las palabras y los hechos de Jesús. El Jesús juánico, durante su ministerio, llega a afirmar: «antes de que existiera Abrahán, *yo soy*» (8, 58); es el Jesús terreno el que habla acerca de la gloria que tenía en Dios antes de que comenzara el mundo (17, 5). De hecho, solamente en Juan se aplica el término «Dios» a todas las fases de la trayectoria del Verbo: el Verbo pre-existente (1, 1), el Verbo encarnado (1, 18), y el Jesús resucitado (20, 28).

Tal comparación puede explicar por qué la disputa con «los judíos» centrada en la blasfemia fue tan aguda en la historia juánica. Se constata en Hech 5, 33-42 que las autoridades judías toleraban a regañadientes a los otros judíos que proclamaban que Jesús era el mesías resucitado de entre los muertos, siempre que ellos no atacaran el templo como lo hacían los helenistas [50]. Pero

---

48. En Flp 2, 9, Dios concede a Jesús el nombre divino después de la crucifixión y de la exaltación. Pero ésta no es una cristología tan alta como la que encontramos en Jn 17, 11.12, donde a Jesús se le da un nombre divino o tiene un nombre divino durante su vida mortal. Cf. mi comentario para la lectura «tu nombre que me has dado».

49. Lo mismo es verdad de Heb 1, 1-4.

50. Esta tolerancia estuvo vigente durante el período del control romano desde mediados los años 30 hasta los inicios del 60 (cuando una rebelión judía

Jn 5, 18 muestra que no estaban dispuestos a tolerar a un cristiano que presentara a Jesús como igual a Dios [51]. Estaba claro que la característica de Lucifer era el equipararse al Altísimo (Is 14, 14). *Shemoneh esreh* se dirigía a Dios así: «tú sostienes a los vivos y revives a los muertos... Tú traes a los muertos de nuevo a la vida...», pero los cristianos juánicos atribuían precisamente este poder a Jesús (Jn 5, 21.25-29). A los ojos de «los judíos», los cristianos juánicos proclamaban a un segundo Dios [52] y así violaban el principio básico de la identidad israelita: «oye, Israel: Yahvé es nuestro Dios, Yahvé es único» (Dt 6, 4). No hay que extrañarse de que las autoridades judías pensaran que tales gentes debían ser expulsadas de las sinagogas e incluso debían ser exterminadas por su ·blasfemia. Las palabras dirigidas a Jesús se aplican a los cristianos juánicos: «te apedreamos... por blasfemia, porque, siendo hombre, te has hecho Dios» (10, 33; 8, 58-59; 19, 7). Tal persecución habría hecho a la comunidad juánica incluso más diamantina en su insistencia sobre el *status* divino de Jesús: en su himno comunitario cantaban «el Verbo era Dios» (1, 1) y en su confesión de fe, saludaban a Jesús como «Señor mío y Dios mío» (20, 28).

d) *Corolarios de la teología juánica*

Después de tener que elegir entre Jesús y el judaísmo y habiendo preferido la gloria de Dios a la gloria de los hombres (12, 43), los cristianos juánicos sacaron de su elección importantes corolarios acerca del judaísmo que dejaban tras de sí. En el principio de la predicación cristiana, la idea de una «nueva alianza» había significado una alianza renovada entre Dios y su pueblo judío a través de Jesús y en Jesús. No existía el sentido de una nueva alianza que sustituyera totalmente a la antigua. En definitiva, ¿no había dicho Jesús (Mt 10, 5-6): «no vayáis a los gentiles ni entréis en ciudad de

contra los romanos se convirtió en una mayor posibilidad). La ejecución de Santiago, hijo del Zebedeo, y la persecución de Pedro (Hech 12, 1-19) ocurrió durante el· breve período del reino judío bajo Herodes Agripa I (41-44).

51. Ocasionalmente se ha afirmado que la acusación judía en 5, 18 («te haces igual a Dios») es totalmente falsa a los ojos de Juan. Pero yo diría que es falsa en el sentido de que Jesús no *se hace* a sí mismo igual a Dios. Jesús no tiene nada de sí mismo; todo le ha sido dado por el Padre (5, 19-22). Pero Juan ciertamente no pensaría que era erróneo que él recibiera el mismo honor que el Padre (5, 23). La cuestión sobre hasta qué punto son iguales Jesús y el Padre sería debatida por los cristianos durante siglos después de que se suscitó formalmente en el cuarto evangelio. Para más información acerca de la cristología de «igual a Dios», cf. las notas 63-64, *infra*.

52. Martyn, *History*, había prestado un importante servicio al centrarse en la acusación de diteísmo.

samaritanos; id más bien a las ovejas perdidas de la casa de Israel»?
En Hechos se nos dice que hacía tiempo que se había comenzado
la misión con samaritanos y gentiles, y entonces por los helenistas
(8, 5; 11, 19-20) y no por los doce. En toda la predicación de
Pablo a los gentiles, su objetivo o su meta última era el provocar
celos en los judíos y salvar a algunos de ellos (Rom 11, 13-14); en
definitiva, los gentiles eran acebuches injertados en el auténtico
olivo de Israel (11, 17). Pero esta actitud desapareció en la comunidad juánica y el tema de la sustitución apareció en primer plano.
Jesús vino a los suyos, pero los suyos no le recibieron (1, 11); y así
formó el nuevo grupo de los «suyos» (13, 1) constituido por aquellos
que le aceptaron (1, 12). «Los judíos» no son los hijos de Dios, sino
del diablo (8, 44-47). Rehusando creer en Jesús, su pecado permanece y morirán en sus pecados (9, 41; .8, 24). El auténtico Israel consta
de aquellos que reciben la revelación de Jesús (1, 13.47) y así Jesús
es el «rey de Israel» (1, 49; 12, 13). «Los judíos» habían sido el
pueblo de Dios por nacimiento; mas lo que ha nacido de la carne no
puede heredar el reino de Dios, pero el haber sido engendrado de
arriba mediante la fe en Jesús le hace a uno hijo de Dios (3, 3-7; 1,
12-13). Nicodemo puede ser un magistrado *de los judíos* (3, 1), pero
debido a que no entiende que el nacer de arriba sustituye al nacimiento carnal, no puede ser un maestro de *Israel* (3, 10-11).

Ya advertimos cómo opera este tema de la sustitución en la actitud juánica hacia el culto judío del cual habían sido desgajados
los cristianos. (Aquí, de nuevo, los judíos anti-templo y sus convertidos samaritanos que entraron en la comunidad juánica debieron
servir de catalizadores). Las sagradas instituciones cultuales del
judaísmo se ven como algo que ha perdido su sentido para quienes
creen en Jesús [53]. En la gran escena de alianza del Sinaí, la gloria de
Dios llenó el tabernáculo (Ex 40, 34), pero ahora la palabra de
Dios acampó o puso su tabernáculo entre nosotros, y nosotros hemos visto su gloria (Jn 1, 14) [54]. Las dos virtudes más destacadas del

---

53. Otro ejemplo de una alta cristología que conduce a la sustitución del culto
judío se encuentra en Hebreos. La exégesis del salmo en Heb 1, 8 utiliza la designación de «Dios» para Jesús, y esto va seguido por un prolijo argumento de que Jesús
hizo ocioso un culto centrado en el tabernáculo, en el sacerdocio y en el sacrificio.
C. Spicq, *L'épître aux Hébreux* I, Paris 1952, 109-138, estudia dieciséis paralelos
entre Juan y Hebreos. Yo me siento inclinado a la posibilidad de que, si utilizamos
la terminología de Hech 6, 7, la carta a los Hebreos es un opúsculo helenista cristiano dirigido a los cristianos hebreos, tratando de convercerles en el último tercio
del siglo de que no es ya posible permanecer dentro del judaísmo como lo fue durante el segundo tercio del siglo.

54. El verbo griego *skenoun*, «habitar» se relaciona con *skené*, «tabernáculo».

Dios de la alianza, su *hesed* (el amor gratuito manifestado en la elección divina de un pueblo indigno) y su *emeth* (la verdadera fidelidad a su elección) se unen ahora en Jesús «que está lleno de gracia y verdad» (1, 14). «Mientras que la ley fue dada por Moisés, la gracia y la verdad nos han llegado por Jesucristo» (1, 17). El templo de Jerusalén puede haber sido destruido, pero ha sido reemplazado por el cuerpo de Jesús que es el verdadero templo (2, 19-21). Ha llegado el tiempo en que no se dé ya culto a Dios en Jerusalén sino en el Espíritu y en verdad, que tenemos por Jesús (4, 21-24). Las fiestas tradicionales, el sábado, la pascua, los tabernáculos, la dedicación (*hanukkah*), ya no son fiestas para los que creen en Jesús sino «fiestas de los judíos» (5, 1; 6, 4; 7, 2). En la síntesis de los capítulos 5-10 que ofrecí en mi comentario [55] al evangelio de Juan, señalaba cómo Juan hace que Jesús aparezca en cada una de esas ocasiones diciendo algo que indica que la fiesta ha perdido significado en su presencia. Por ejemplo, si el sábado es el día de descanso, Jesús, al igual que Dios, trabaja el sábado (5, 17). Si es costumbre rezar por la lluvia durante la fiesta de los tabernáculos, los que tienen sed pueden venir ahora a Jesús pues de su seno brotarán manantiales de agua viva (7, 37-38). Si la dedicación (*hanukkah*) celebra la consagración de un altar del templo, Jesús es ahora aquel a quien el Padre consagró y envió al mundo (10, 36). Ciertamente, la comunidad juánica ha llegado a ser una nueva religión separada del judaísmo, una religión que, en defensa propia, afirma que es más rica más bien que pobre y que lo que ha ganado es mayor que lo que ha dejado detrás. Desde otra perspectiva, el desprecio del culto y las fiestas por parte de la comunidad juánica después de su expulsión de las sinagogas sirvió a los judíos para confirmarles de que habían hecho bien al eliminar a esa clase de gente.

La necesidad de poner de relieve lo que se había logrado pudo tener importancia a la hora de desarrollar el profundo sentido juánico de escatología ya realizada. La «escatología» supone la expectación de los últimos tiempos; y todos los cristianos estaban hasta cierto punto convencidos de que los últimos tiempos habían venido, puesto que Jesús había proclamado que el reino de Dios estaba cerca (Mc 1, 15). Sin embargo, también se reconocía que el juicio final, la paz y las bendiciones finales y el triunfo sobre los enemigos de Dios no habían llegado todavía con la resurrección de Jesús. Por eso, en la fase primitiva de la predicación, existió una fuerte escatología *final:* Jesús vendría por segunda vez y entonces

---

55. Cf. mi comentario al evangelio de Juan.

realizaría todo lo que se había profetizado en la ley y en los profetas (Hech 3, 21; 1 Cor 15, 23-28). Pero en la época en que se escribió el cuarto evangelio, la escatología *realizada* dominaba el pensamiento juánico, es decir, mucho de lo que se esperaba para la segunda venida se había realizado ya. Una vez más, este cambio puede reflejar el impacto de la cristología juánica. Otros cristianos pensaban de Jesús como alguien que había pasado por esta tierra y que luego había sido conducido a la presencia de Dios; al final, descendería como Hijo del hombre para realizar el juicio y para recompensar a los que habían creído en él (Lc 12, 8-9). Pero, en la especial interpretación juánica del Hijo del hombre [56], durante su ministerio terreno, Jesús ya había venido del Padre para ser juicio (3, 13; 6, 62; cf. 16, 28). Dios envió a su Hijo al mundo; y el que cree en él no es condenado, pero el que no cree en él ya ha sido condenado (3, 17-21) [57]. Para los evangelios sinópticos, la vida eterna es un don que uno recibe en el juicio final o en un tiempo futuro (Mc 10, 30; Mt 18, 8-9); pero, para Juan, es una posibilidad presente: «en verdad, en verdad os digo que el que escucha mi palabra y cree en el que me envió, tiene la vida eterna y no es juzgado, porque pasó de la muerte a la vida» (5, 24). Sin duda, tal teología sería reconfortable frente a la persecución y la ejecución por parte de «los judíos»: el Jesús juánico había prometido: «todo el que vive y cree en mí no morirá para siempre» (11, 26). Para Lucas (6, 35; 20, 36), la filiación divina es una recompensa en la vida futura; para Juan (1, 12) el don de ser hijo de Dios se otorga aquí y ahora. Los cristianos juánicos no pensaron que uno necesite esperar hasta la segunda venida para ver a Dios: quien ha visto a Jesús ha visto al Padre, como dijo Jesús: «desde ahora le conocéis y le habéis visto» (14, 7-10). Por eso los creyentes juánicos no se sentían huérfanos cuando se veían arrojados de las sinagogas, puesto que seguían a un Jesús que les había dicho: «no se turbe vuestro corazón ni se intimide» (14, 27), «no os dejaré huérfanos» (14, 18).

e)   *Continuidad con el estadio más antiguo*

Un lector avispado puede extrañarse de que, al destacar la singularidad de la cristología juánica y de sus corolarios, puedo estar

---

56.   J. Coppens, *Le Fils de l'homme dans l'évangile johannique:* ETL 52 (1976) 28-81, esp. 66-68; F. J. Moloney, *A johannine Son of man discussion?:* Salesianum 39 (1977) 93-102; B. Lindars, *The passion in the fourth gospel,* en J. Jervell-W. A. Meeks (eds.), *God's Christ and his people (N. A. Dahl Festschrift),* Oslo 1977, 71-86, esp. 75-77; R. Kysar, *John, the Maverick gospel,* Atlanta 1976, 35-40.
57.   Compárese la escena con la del juicio *final* en Mt 25, 31-33.

contradiciendo mi afirmación anterior de que existía una continuidad en el pensamiento juánico desde sus estadios más antiguos y de que los desarrollos catalizados por la presencia de un segundo grupo dentro de la comunidad no fueron una ruptura violenta. Pero me agradaría insistir todavía en este punto y utilizarlo para explicar una de las mayores anomalías del cuarto evangelio, a saber, que los nuevos puntos de vista se colocan junto a los antiguos, la cristología alta junto a la baja, la escatología realizada junto a la escatología final, el individualismo junto a un énfasis en la comunidad, una concepción sacramental de la realidad [58] en un evangelio que muestra relativamente poco interés por la institución de cada uno de los sacramentos, etc. [59]. Muchos estudiosos han considerado estos elementos como contradictorios y han tratado de uniformar el pensamiento del evangelista, atribuyendo todos los pasajes que ofrecen aspectos diferentes a otro escritor distinto [60]. Esto es un obstáculo para reconocer que el evangelista (el principal escritor juánico) pensaba sintéticamente y no dialécticamente y que, en el pensamiento juánico, los nuevos puntos de vista reinterpretaban a los antiguos. Esta observación sigue siendo verdad aun cuando uno afirme la dependencia del evangelista de fuentes ya escritas [61]. Moody Smith [62] resumió muy acertadamente esta situación:

En la medida en que el evangelio de Juan evidencia redacción así como tradición, hay una razón más para sospechar que es el producto de una iglesia claramente juánica que desempeñó una función positiva en su inicio y desarrollo. La redacción de un documento se-

58. Con esto quiero decir el uso de lo terreno para describir lo celestial: por ejemplo, el don de vida eterna es descrito como nacimiento (3, 3-5); la carne y la sangre de Jesús que dan vida son descritos como alimento (6, 51-58).

59. Kysar, *Maverick gospel,* 87-92 enumera pasajes conflictivos de este tipo: la condenación futura (12, 48) y la condenación presente (3, 18; 9, 39); la vida eterna futura (12, 25) y la vida eterna presente (3, 36; 5, 24); la resurrección futura (6, 39-40) y la resurrección presente (5, 21.24).

60. Por ejemplo, Bultmann atribuye la escatología final al redactor eclesiástico (censor eclesial). Bultmann populariza la noción de desmitologización, que implica, no como se pensaba erróneamente, la remoción del lenguaje mítico, sino la reinterpretación del lenguaje mítico más antiguo para hacerlo más significativo. Según eso, es extraño que no viera un proceso semejante en la juxtaposición de la escatología «realizada» y «final» del evangelista. Cf. R. Kysar, *The eschatology of the fourth Gospel. A correction of Bultmann's redactional hypothesis:* Perspective 13 (1972) 23-33.

61. R. T. Fortna, *Christology in the fourth gospel: redaction-critical perspectives:* NTS 21 (1974-75) 489-504, ve una considerable continuidad entre la cristología del «evangelio de los signos», que él sostiene, y la cristología del evangelista.

62. *Johannine christianity,* 235.

mejante tiene lugar en una comunidad en la que ese documento es ya valorado y tiene autoridad. Dado que asimismo se evidencia el origen del cuarto evangelio en una comunidad y en una tradición juánica, es natural ver en las últimas redacciones la influencia constante de la comunidad.

A. C. Sundberg ha escrito varios artículos [63] señalando la presencia entremezclada en Juan de pasajes que presentan a Jesús como igual a Dios y otros como subordinado a Dios. En 5, 19.30, por ejemplo, se nos dice que el Hijo no puede hacer nada por sí mismo, mientras que en 5, 26, Sundberg vería la autoexistencia autónoma del Padre extendida al Hijo [64]. Un contraste clásico se halla entre Jn 10, 30: «el Padre y yo somos una misma cosa» y 14, 28: «el Padre es mayor que yo». La permanencia de tales afirmaciones cristológicas más bajas es lo que muestra que la comunidad juánica no hizo de Jesús un Dios rival, pero muesta asimismo que la cristología de Juan sigue estando a mucha distancia de la cristología de Nicea donde el Padre no es mayor que el Hijo [65]. Otra indicación que muestra la continuidad que estamos estudiando nos la da la forma en que Juan mantuvo la *terminología* de una cristología más baja y más antigua, mientras le atribuye un nuevo significado. R. H. Fuller [66] señala que el motivo del hijo de Dios que es «enviado» pertenecía originariamente a una cristología profética que veía en Jesús al profeta de los últimos tiempos, en el linaje de los profetas antiguos. Encontramos esto en la parábola de los viñadores, donde, después de enviar a los criados, el propietario o amo *envía* a su hijo querido (Mc 12, 2-6). Juan mantiene este lenguaje de enviar pe-

---

63. *Isos Tō Theō: Christology in John 5, 17-30:* Biblical Research 15 (1970) 19-31; *Christology in the fourth gospel:* Biblical Research 21 (1976) 29-37. Sundberg encuentra más pasajes de cristología baja que de cristología alta («*Isos*» 24), y piensa que Juan eleva tanto al Hijo que su teología es binitaria.

64. Pienso que Sundberg en parte endurece la actitud juánica haciendo a la cristología baja demasiado baja (el subordinacionismo no es la categoría correcta) y la cristología alta, demasiado alta. En el último punto, Juan siempre percibe una distinción entre la divinidad del Hijo pre-existente y la del Padre. Si afirma: «el Verbo es Dios», sigue hablando de la Palabra dirigida a Dios (*prōs tón Theòn*).

65. Cf. asimismo C. K. Barrett, *The Father is greater than I (Jo. 14, 28). Subordinationist christology in the new testament,* en J. Gnilka (ed.), *Neues Testament und Kirche (R. Schnackenburg Festschrift),* Freiburg 1974, 144-159.

66. *New testament roots to the «Theotokos»:* Marian Studies 29 (1978) 46-64.

ro ahora el envío al mundo es de un Hijo pre-existente [67]. Otro ejemplo más nos lo aporta F. Hahn [68], el cual defiende que, al describir a Jesús como «la fuente de agua viva», Juan reelabora la imagen corriente de la apocalíptica judeo-cristiana a la luz de su propia cristología.

De una manera similar, Juan no descarta las *escenas* de una cristología más baja, pero las reinterpreta. En la más antigua descripción de los sinópticos se reveló en el bautismo de Jesús que era hijo de Dios, y esto se simbolizó con el descenso del Espíritu santo sobre él. (Véase la conexión del Espíritu y de la filiación divina en Rom 1, 4). Juan evitó la necesidad de tal revelación por medio del prólogo que nos habla de Jesús como «Dios unigénito que está en el seno del Padre» (1, 18). Sin embargo, de refilón, Jn 1, 33 conserva el recuerdo del bautismo de Jesús con el Espíritu santo citando a JBap, que combina este concepto con el de la pre-existencia (1, 30). El bautismo es ahora precisamente un estadio o un paso en el envío del Verbo pre-existente. Otro ejemplo se encuentra en las apariciones del Jesús resucitado. En una cristología más antigua, estas apariciones revelaban la victoria de Jesús después de la repulsa y el abandono que suponía la crucifixión. Juan reinterpretó la crucifixión de manera que Jesús se muestra ya victorioso en la cruz cuando «es elevado» (12, 31-32; véase *infra*); Jesús crucificado no ha sido abandonado ni por los creyentes (19, 25-27) ni por su Padre (16, 32). Con todo, Juan no prescinde de las apariciones del Resucitado si bien modifica su importancia (20, 29). Así, pues, a pesar de los avances de la cristología juánica, la comunidad conserva unas imágenes y un vocabulario que puede compartir con otros cristianos.

## 3. *Los gentiles y una perspectiva más universal*

La reconstrucción de la historia de la comunidad juánica hasta ahora, ha consistido de un grupo originario de cristianos judíos (incluyendo discípulos de JBap) y un grupo posterior de cristianos judíos de una concepción anti-templo con sus convertidos samaritanos. Algunas reconstrucciones se contentan con quedarse aquí [69],

---

67. Se encuentra entre Juan y los sinópticos Heb 1, 1-4. El autor ve al Hijo en el linaje de los profetas («Dios habló desde antiguo a nuestros padres por los profetas pero en estos últimos días él nos habló por su Hijo»). Sin embargo, él interpreta al Hijo en el lenguaje de Sabiduría personificada, al subrayar que el Hijo refleja la gloria de Dios y lleva el sello de naturaleza divina.

68. *Die Worte vom lebendigen Wasser im Johannesevangelium*, en *N.A. Dahl Festschrift* (nota 56, *supra*), 51-70, esp. 67.

69. Cf. las teorías de Martyn y de Richter en el apéndice I, *infra*.

pero existen signos claros de un componente gentil entre los receptores del evangelio [70]. Por ejemplo, el autor se detiene para explicar
términos como «mesías» y «*rabí*», términos que los no judíos, incluso los que hablaban sólo griego, no podrían entender. El hecho de
que tales explicaciones son como un paréntesis, indica que este esfuerzo, para que los no-judíos comprendieran, se realizó en el último período pre-evangélico de vida juánica. Yo veo una insinuación
de lo que sucedió en 12, 20-23, donde la llegada de «algunos
griegos» sirve a Jesús como señal de que su ministerio había llegado
a su fin [71]. El evangelista entonces deja de reflexionar acerca de la
repulsa de Jesús por parte de los judíos, que habían rehusado creer
en sus signos, y cita a Isaías cuando dice que Dios cegó sus ojos y
nubló sus mentes (12, 37-40), el clásico pasaje del antiguo testamento utilizado por los cristianos como una explicación de la negativa judía a aceptar a Jesús y como la exposición razonada para vol-
verse a los gentiles (Hech 28, 25-28; cf. asimismo Mt 13, 13-15).
Desde el momento en que Juan asocia este texto con la expulsión
de las sinagogas (12, 42), podemos sospechar que fue particularmente cuando los cristianos juánicos de ascendencia judía fueron
rechazados por el judaísmo y no se consideraban ya a sí mismos como «judíos», cuando recibieron a buen número de gentiles en la
comunidad.

Algunos han objetado que si entraron gentiles en la comunidad
juánica, debería haber en el evangelio algunas señales de disputa a
este respecto, tal como las vemos en Hechos, en Pablo y en Mateo.
Sin embargo, yo trataría de demostrar que el desarrollo de la
teología juánica sugeriría precisamente lo contrario. La comunidad
juánica dio ya un paso significativo fuera del judaísmo al aceptar a
samaritanos que proclamaban a Jesús como «salvador del mundo» [72]
(4, 42) y al promover un culto en Espíritu y en verdad más bien
que en Garizim o en Jerusalén (4, 21-24). La lucha con la sinagoga
llevó a los cristianos juánicos a insistir en que la entrada en el reino

70. S. Smalley, *John, evangelist and interpreter*, Exeter 1978, 68, pone en
guardia contra el uso de estas indicaciones de un modo erróneo: «los rasgos helenistas del cuarto evangelio nos dicen más acerca de su auditorio último que acerca del
trasfondo de su autor o de su tradición».

71. Eso lleva a Jesús a afirmar: «ha llegado la hora en que el Hijo del hombre
sea glorificado»; y «la hora» es el término juánico para designar el retorno de Jesús a
su Padre a través de la pasión, muerte y resurrección (13, 1).

72. Ya he explicado que los cristianos judíos anti-templo, que se hallaban
implicados en la conversión de los samaritanos tienen cierta semejanza con los helenistas o judíos que hablaban griego: Hech 6-8. Es interesante observar que Hech
11, 19-20 indica que los helenistas misioneros fueron los primeros cristianos que
convirtieron a gentiles en gran número.

no se basaba en descendencia humana (el nacimiento según la carne), sino en haber sido engendrados por Dios (3, 3.5) y que reciben a Jesús son los verdaderos hijos de Dios (1, 12). Ya hemos visto que Juan reinterpreta a «Israel» para consignar con ese término a los creyentes más bien que a los que son judíos de nacimiento. En una cuidadosa exégesis de 11, 48-52, S. Pancaro [73] ha mostrado que Juan piensa que Caifás profetizó verdaderamente cuando afirmó que Jesús debería morir por el pueblo, pero que Juan corrige la identificación que Caifás hace del pueblo con la nación judía: «no por la nación solamente, sino para reunir a todos los hijos de Dios que están dispersos». Todo esto seguro que habría inducido a una aceptación pacífica y tranquila de los gentiles en las filas juánicas.

Así, en ningún estadio de la historia *preevangélica,* constato una aguda lucha interna dentro de la comunidad juánica; sus batallas fueron contra los de fuera. Esto ayuda a explicar el profundo sentido del «nosotros» contra el «ellos» que debemos examinar en el próximo capítulo, cuando estudiemos las relaciones juánicas con otros grupos en la época en que fue escrito el evangelio. Eso explica asimismo la intensa conmoción y la angustia que se advierte en las cartas cuando apareció finalmente la disensión interna.

Ahora bien, ¿supuso la apertura a los gentiles un cambio geográfico de la comunidad juánica (en todo o en parte)? Algunos especialistas lo han afirmado con el fin de reconciliar la evidencia de los orígenes palestinenses con la tradición de la composición del evangelio en Efeso, en Asia menor [74]. ¿Puede verse una insinuación de traslado en Jn 7, 35, donde «los judíos» cavilan si Jesús irá «a la diáspora de los griegos para enseñar a los griegos?». Algunos intérpretes han leído el genitivo en este versículo como explicativo: «la diáspora integrada por griegos, es decir, judíos que hablaban griego».

Sin embargo, ¿por qué iban a insinuar los judíos de Jerusalén que Jesús encontraría unos oyentes más seguros y mejores entre los judíos que hablaban otro lenguaje? Una sugerencia más probable es que él podría evitar los deseos judíos por destruirle yendo a los gentiles, leyendo por tanto el genitivo como un genitivo de dirección: «la diáspora en medio de los griegos». Esta proposición irónica (que, según las reglas de la ironía juánica, predice inconscientemente lo que va a suceder) habría hecho que Jesús llegara a ser un judío de la diáspora, viviendo entre los gentiles y enseñándoles

73.  *People of God,* 121-122.
74.  Acerca de las teorías sobre el lugar de la composición del evangelio, véase mi comentario y la reconstrucción hecha por Boismard en el apéndice I, *infra.*

con éxito. ¿Es esto asimismo una descripción de la comunidad juánica?

Una apertura hacia los gentiles (con o sin un desplazamiento geográfico) y la necesidad de interpretarles el pensamiento juánico suponía mucho más que el paréntesis ocasional explicando· términos hebreos o arameos. Sin duda que se necesitaría adaptar el lenguaje juánico de manera que pudiera tener una repercusión más amplia. Kysar [75] nos recuerda que, mientras frases como «hijo de Dios» y *«yo soy»* tienen un fondo veterotestamentario e intertestamental, su uso en Juan pudo ser apreciado por los griegos paganos. Si esto es verdad, la existencia de «paralelos» a la terminología y al pensamiento juánicos en varias obras de la literatura helenista y pagana puede hacerse más comprensible. Por tanto, no era necesario decir que en este caso Juan tomara algo prestado de otra literatura (o viceversa); más bien, puede verse ahí una tentativa de Juan de hacer inteligible a Jesús a otra cultura. G. MacRae [76] apunta en la misma dirección cuando sostiene que Juan puede haber sido singularmente universalista al presentar a Jesús en una multitud de rasgos simbólicos, dirigiéndose a hombres y mujeres de todos los ambientes de manera que entendieran que Jesús transciende todas las ideologías.

Tal apertura habría llevado a la comunidad muy lejos de sus antiguos orígenes entre los judíos, incluyendo a discípulos de JBap. Sin embargo, en la mente juánica, incluso la proclamación a los gentiles, sería una continuación de lo que hizo JBap cuando reveló a Jesús a Israel (1, 31), tal como «Israel» se entendía en el cuarto evangelio.

---

75. *Maverick gospel*, 40, 43.
76. *The fourth gospel and «Religionsgeschichte»:* CBQ 32 (1970) 24: «el mensaje de Juan es que a Jesús se puede llegar de muchas maneras, pero sólo se le puede comprender en términos cristianos, no judíos o griegos o gnósticos».

Segunda fase:
# Cuando se escribió el evangelio

# RELACIONES JUÁNICAS CON OTROS GRUPOS

Ya he sugerido que el período preevangélico de formación distintiva juánica duró varias décadas, desde los años 50 a los 80 (cf. *supra*), y que el evangelio fue escrito aproximadamente hacia el año 90 d.C. Este capítulo trata de estudiar la perspectiva juánica sobre varios grupos no creyentes [1] y creyentes en la época en la que fue escrito el evangelio. En esta reconstrucción de la historia juánica, Martyn (apéndice I, más adelante) propuso que por lo menos pueden detectarse cuatro grupos diferentes, incluyendo a los mismos cristianos juánicos, representando un función en el cuarto evangelio. Me temo que yo he duplicado virtualmente sus hallazgos; pero antes de estudiar mi descubrimiento de siete grupos (incluyendo a los cristianos juánicos), permítaseme hacer algún comentario acerca del significado de las relaciones juánicas respecto a tantos grupos «extraños».

Al final del capítulo anterior, vimos la probabilidad de que la entrada de los gentiles en la comunidad juánica supusiera cierta adaptación del pensamiento juánico de forma que pudiera ser más ampliamente inteligible y atractivo y cierta apertura a las implicaciones de lo que la descripción juánica de Jesús pudiera significar para los que procedían de otros ambientes o sustratos. Ciertamente, el universalismo no está ausente de una teología que incluye la afirmación: «porque tanto amó Dios al mundo, que le dio su unigénito Hijo, para que todo el que crea en él no perezca, sino que tenga vida eterna... que el mundo sea salvo por él» (3, 16-17). Sin embargo, como vemos en los versículos siguientes (3, 18-21), el dualismo es un importante factor modificador en esta perspectiva universalista. La raza humana está dividida en no creyentes y creyentes, en los que prefieren la oscuridad y los que prefieren la

---

1. «No creyentes» desde el punto de vista juánico: si uno no cree en Jesús tampoco cree en Dios (5, 38; 8, 46-47).

fieren la luz, en los que están condenados y en los que poseen ya la vida eterna. Puesto que la comunidad se identifica a sí misma con los creyentes, no hay que sorprenderse de que la mayoría de los que se hallan fuera de la comunidad sean considerados ensombrecidos en mayor o menor grado por las tinieblas. Ningún otro evangelio se presta tanto a un diagnóstico de relaciones comunitarias en términos de oposición. Sin embargo, si este capítulo de mi libro ofrece un inevitable énfasis en la oposición o un tono un tanto sombrío, el lector no debe olvidar la luz que brilla dentro de la comunidad juánica de fe y que es el énfasis más importante del evangelio.

Advierto esto porque, de lo contrario, uno podría sacar la impresión de que la comunidad juánica poseía una auto-identidad negativa [2]. Como se advierte en las cartas, los cristianos juánicos tienden a considerarse una comunión *(koinonía:* 1 Jn 1, 3). Existe un profundo sentido de familia dentro de esta comunión, y la denominación de «hermano» (implicando la de «hermana») es común, puesto que todos los miembros son hijos de Dios. La máxima «amaos unos a otros» es el principal mandamiento (Jn 13, 34; 15, 12), y este amor aporta alegría y paz a los que comparten la misma visión de Jesús (15, 11; 14, 27). La cristología de exaltación juánica no es una tentativa abstracta de ortodoxia que no tenga nada que ver con la vida comunitaria. Si es crucial creer que Jesús es el Verbo preexistente de Dios, que ha venido de Dios y que es de Dios, lo es porque así nosotros sabemos cómo es Dios: él es realmente un Dios de amor que de tal manera amó al mundo que quiso darse a sí mismo, en su Hijo (3, 16; 1 Jn 4, 8-9), y no se conformó con enviar a cualquier otro. Y tal comprensión de Dios y de Jesús exige que el cristiano juánico, que es hijo de Dios, se porte de un modo digno de su Padre y de Jesús, su hermano: «en esto conocerán que sois mis discípulos si os amáis unos a otros» (Jn 13, 35).

Algunos expertos objetan que este auténtico sentido de amor interno y de oposición externa había hecho de la comunidad juánica un grupo cerrado hasta tal punto que desarrolló una especie de lenguaje esotérico ininteligible para los de fuera. Meeks [3] afirma:

---

2.   Siento un gran respeto por la obra de W. Meeks, pero debe quedar claro que yo atribuyo un matiz diferente a la situación juánica. Comparto la duda de M. de Jonge, *Jewish expectations about the 'Messiah' according to the fourth gospel:* NTS 19 (1973) 264:·«no estoy seguro de que Meeks tenga razón al suponer que esta identidad social era ampliamente negativa».

3.   *Man from heaven,* 57. Aquí él se adhiere a H. Leroy, (*Rätsel und Missverständnis,* Bonn 1968; cf. mi recensión en Bib 51 [1970] 152-154), quien mantiene que el lenguaje de la comunidad juánica, tal como se ve atestiguado en el cuarto

«solamente un lector que esté muy familiarizado con todo el evangelio o bien versado en ciertos medios no literarios con su simbolismo y evolución temática... puede probablemente entender su doble significado y sus abruptas transiciones. Para el que está fuera —incluso para el que está interesado en penetrar a fondo en las cuestiones (como Nicodemo) —el diálogo es opaco». Pienso que esto exagera la dificultad de los artificios literarios juánicos [4] y que no sitúa correctamente al lector (presumiblemente un cristiano juánico). Veo un paralelo vulgar en las narraciones de Sherlock Holmes en las que realmente existen *dos* partes que tratan de entender al omnisciente Holmes. El es totalmente opaco para el atolondrado Dr. Watson; el lector es más espabilado y entiende algunas de las pistas que pasan por alto a Watson; pero el lector se siente todavía provocado por Holmes, el cual es más penetrante que el lector. Así también, en la narración juánica, el lector es más espabilado que la persona totalmente desorientada que dialoga con Jesús. El que participa en el diálogo hace patente la experiencia juánica de que hay muchos cuya mirada no puede desprenderse de la tierra y que consideran y encuentran a Jesús totalmente incomprensible. Este juicio se encuentra en cualquier parte del nuevo testamento (2 Cor 4, 4); y efectivamente, el malentendido juánico y el doble significado tenían virtualmente el mismo efecto en «los de fuera» que las parábolas de los sinópticos (Mc 4, 11-12). Pero Juan va más allá que los evangelios sinópticos, porque se supone que el diálogo con Jesús desafía al lector juánico para que entienda más que Nicodemo o la samaritana. El evangelio no es un *manifiesto* de un grupo cerrado que expresa una superioridad sobre los de fuera; su objetivo es provocar a la misma comunidad juánica a entender a Jesús con mayor profundidad (20, 31). Jesús es de Dios y, por eso, está por encima de cualquier comprensión. En este sentido, el malentendido invade todo el evangelio (y no precisamente unos pocos pasajes literarios) y es parte de la visión juánica de la realidad. Como puntualiza F. Vouga [5], el propósito y objetivo de ese malentendido

---

evangelio, es una forma especial de expresión, un tipo de lenguaje enigmático, ininteligible para los de fuera y significó una especie de triunfo autogratificante ante la imposibilidad de que los de fuera lo entendieran.

4. Una breve explicación de los artificios literarios juánicos (ironía, incomprensión, doble significado) se encuentra en mi comentario al evangelio de Juan. Buenos ejemplos son 3, 3-5; 4, 7-15. La elección que hace Meeks de Nicodemo realmente no tiene por qué apoyar su punto de vista; a fin de cuentas, Nicodemo se hizo un adicto público de Jesús (nota 23, *infra*).

5. *Le cadre historique et l'intention théologique de Jean*, Paris 1977. 35-36. Dedica un importante capítulo (p. 15-36) a corregir el concepto de incomprensión juánica.

es «convencer a los creyentes a que se hagan cristianos», para que
los lectores se comprendan a sí mismos, y para alejar y desterrar su
propia seguridad.

Así, pues, en el cuarto evangelio, no domina lo negativo sobre
lo positivo. El objetivo prioritario del evangelio es la relación de los
creyentes respecto a Dios, a través de Jesús y en Jesús. Sin embargo, en este capítulo no nos interesa la cuestión que el evangelista
dice que intentó responder (20, 31). Investigamos acerca de la relación de los creyentes juánicos con diversos matices de no creyentes
y de otros creyentes. Esta es una cuestión a la que el evangelio responde sólo indirectamente a través de indicaciones poco afortuna-
das de polémica y de conflicto.

1.  *Grupos no-creyentes que se pueden detectar en el evangelio*

Antes de terminar este capítulo, debemos advertir que Juan
considera como no-creyentes a algunos que *dicen* que creen en Jesús. Sin embargo, en esta sección, pienso tratar de tres grupos que
no hacen alarde de esta creencia: el mundo, «los judíos» y los seguidores de JBap.

a)  *El mundo*

Dado que el versículo «de tal manera Dios amó al mundo que
le entregó su propio Hijo» es muy conocido, la primera impresión
que se puede sacar es que la actitud juánica es favorable respecto al
mundo [6]. Pero de hecho el término «mundo» es más común en
Juan referido a aquellos que rechazan la luz, ya que los que la
aceptan se encuentran en su mayor parte dentro de la comunidad
juánica. Y así leemos que la venida de Jesús es un juicio para el
mundo (9, 39; 12, 31), que se halla habitado por hijos de las tinieblas (12, 35-36); porque el mundo es incompatible con Jesús
(16, 20; 17, 14.16; 18, 36) y con su Espíritu (14, 17; 16, 8-11). En
una palabra, el mundo odia a Jesús y a sus seguidores (7, 7; 15,
18-19; 16, 20). Jesús rehúye orar por el mundo (17, 9); más bien él
vence al mundo (16, 33) y arroja de este mundo al príncipe de los
demonios (12, 31; 14, 30).

Algunos han dicho que existe una virtual identidad en Juan
entre el mundo y «los judíos». Frecuentemente, Jesús muestra una
actitud semejante respecto a ambos, por ejemplo, si el príncipe de

---

6.  Otras benévolas referencias al mundo incluyen 1, 29; 4, 42; 6, 33.51; 10,
36; 12, 47; 17, 21. El hecho de que Juan conserve esas referencias junto a las
muchas referencias hostiles es otro ejemplo de que la comunidad no puede borrar
su pasado.

este mundo es satánico, el padre de «los judíos» es el diablo (8, 44); si el mundo odia a Jesús, «los judíos» tratan de matarle. Sin embargo, el mundo es un concepto más amplio [7]. El hecho de que la oposición a «los judíos» domina los capítulos 5-12, mientras que la oposición al mundo domina los capítulos 14-17, sugiere una cronología en las relaciones. Ya vimos que en el evangelio (12, 20-22.37-43), los gentiles acuden a Jesús al mismo tiempo que tiene lugar un juicio definitivo ante la falta de confianza en posteriores llamadas a «los judíos»; yo sugería que esto significa que los gentiles entraron a formar parte de la comunidad juánica en gran número, tras la ruptura definitiva con «los judíos», debido a la expulsión de las sinagogas.

El que la oposición a «los judíos» se torne oposición al mundo puede significar que ahora los cristianos juánicos se encuentran con la incredulidad de los gentiles, de la misma manera que antes se habían topado con la incredulidad de los judíos. Y la repulsa de Jesús por parte de los gentiles puede haber supuesto factores que iban más allá de la cristología, como indica 1 Jn 2, 15-16: «no améis al mundo ni lo que hay en el mundo. Si alguno ama al mundo, no está en él el amor del Padre. Porque todo lo que hay en el mundo —concupiscencia de la carne, concupiscencia de los ojos y orgullo de la vida— no viene del Padre».

Que Jesús hubiera venido únicamente para ser rechazado por «los judíos» en particular y por el mundo en general, produce un trágico impacto en el pensamiento juánico. Ese es el lamento de las afirmaciones lapidarias del evangelio: «vino a los suyos y los suyos no le recibieron» (1, 11); «de tal manera amó Dios al mundo que le entregó su Hijo unigénito... pero los hombres prefirieron las tinieblas a la luz» (3, 16.19). Así Jesús se convirtió en un extraño en la tierra; llega *a su casa* cuando retorna al Padre donde tendrá la gloria que le pertenece (17, 5) [8]. Y si Jesús no es de este mundo, entonces el mismo destino de repulsa se reserva inevitablemente a los cristianos juánicos: «si fueseis del mundo, el mundo amaría lo suyo; pero porque no sois del mundo, sino que yo os escogí del mundo, por eso el mundo os aborrece» (15, 18-19). En último término, también para la comunidad juánica, la verdadera casa es el cielo: «en la casa de mi padre hay muchas mansiones... Voy a prepararos el lugar. Cuando yo me haya ido y os haya preparado el

---

7. Incluye a los judíos y a los gentiles sin distinción.
8. La idea del Jesús juánico como un extraño ha sido desarrollada por Meeks: *Man from heaven,* y se halla recogida en el título de ensayos coleccionados por M. de Jonge: *Jesus stranger from heaven.*

lugar, de nuevo volveré y os tomaré conmigo, para que donde yo estoy estéis también vosotros» (14, 2-3; y asimismo 17, 24). La repulsa del evangelio juánico por parte de «los judíos» y por parte del mundo produjo un creciente sentido de alienación, de forma que ahora la misma comunidad se siente extraña en el mundo. En la época en que fue escrito el evangelio, el amor interno es suficiente para proporcionar alegría y paz, como hemos visto. La tragedia real vendrá más tarde cuando se dé una escisión en el seno mismo de la comunidad.

¿Podemos expresar algo más acerca de la geografía y la cronología del la comunidad juánica partiendo de su oposición al mundo? Que la comunidad juánica sería detestada por los no creyentes que se topaban con ella, sin duda podemos sospecharlo. Informaciones posteriores muestran hasta qué punto los paganos se enfurecían ante la intimidad estrecha que revelaban los cristianos con su lenguaje de «hermanos y hermanas» [9]; y la comunidad juánica era particularmente vulnerable en este aspecto. Pero, ¿condujo esta lucha entre la comunidad y el mundo hasta la persecución? Anteriormente expuse la posibilidad de que la aniquilación de cristianos juánicos por «los judíos» (16, 2) realmente suponía las denuncias de cristianos ante las autoridades romanas. F. Vouga [10] sugiere que el evangelio fue escrito en Asia menor alrededor del 95-100 y que refleja la persecución bajo Domiciano. Y puesto que éste es el período más frecuentemente propuesto para la composición del Apocalipsis, en su teoría, los dos libros se hallarían íntimamente relacionados [11]. Sin embargo, la actitud respecto al emperador y a Pilato en el evangelio no contiene el tono amargo hacia Roma que encontramos en el Apocalipsis, de forma que una confrontación masiva con el imperio no parece probable. A lo sumo, pudo haber conflictos locales con los oficiales romanos en asuntos relativos a las luchas entre la iglesia y la sinagoga. Lo que yo deduciría de las referencias juánicas al mundo es que, en la época en que fue escrito el evangelio, la comunidad juánica había tenido suficientes controversias con los no judíos como para comprobar que muchos de ellos no estaban más dispuestos a aceptar a Jesús de lo que estaban los judíos, de forma que un término semejante a «el mundo» era conveniente para abarcar a toda esta oposición.

---

9.   Cf. A. Malherbe, *Social aspects of early christianity*, Louisiana Univ. 1975, 40. El cita a Tertuliano, *Apología*, 39; Minutius Felix, *Octavius* 9, 2; 31, 8.
10.   *La cadre historique*, 10.97-111.
11.   Cf. mis observaciones en la nota 5 del prefacio.

Permítaseme un párrafo de comentario acerca de lo que significa la actitud juánica respecto al mundo para los cristianos como un principio a largo plazo. (En el próximo capítulo mostraré lo que significó en último término para la comunidad juánica). Por una parte, los textos que reflejan alienación de un mundo hostil han confortado a los cristianos que miran hacia adentro, dispuestos a dejar a los de fuera en sus propios planes si no son atraídos por Dios hacia la verdad cristiana. Esto ha producido frecuentemente una mentalidad defensiva. Por otra parte, estos textos han incomodado sin duda a algunos cristianos muy conscientes de una misión hacia el mundo, ya fuera de infiltrarse en él o de cambiarlo, ya el desarrollarlo en sus propias potencialidades espirituales, o ganarlo para Cristo. Ciertamente, existen ciertos rasgos de esta postura en la cristiandad de hoy y especialmente en mi propia comunidad romano-católica después del Vaticano II. Sin embargo, el cuarto evangelio sigue siendo una admonición contra la ingenuidad. El mundo no es simplemente una tierra baldía que espera la semilla del evangelio; no es simplemente un terreno neutral. Existe un príncipe de este mundo que es activamente hostil a Jesús, de forma que la máxima *Christus contra mundum* no carece de verdad. Se puede suponer que la comunidad juánica se había vuelto a los gentiles desde «los judíos» con una convicción inicial del amor de Dios por el mundo; y el advertir que los hombres de todas clases preferían las tinieblas a la luz debió llegar después de una amarga experiencia. Los cristianos, por todos los medios, deben seguir tratando de llevar un testimonio de Cristo al mundo, pero no deberían extrañarse si vuelven a vivir en parte la experiencia juánica.

## b) *Los judíos*

La expulsión de las sinagogas había tenido lugar algo antes de que el evangelio fuera escrito; pero como examinamos anteriormente, los cristianos juánicos fueron todavía perseguidos, e incluso condenados a muerte por «los judíos». Esto significa que, incluso si se habían lanzado (de un modo físico o teológico) a un mayor contacto con los gentiles, vivían todavía en un lugar donde había sinagogas. Vouga [12] señala que, mientras, ocasionalmente, existen referencias no hostiles a «los judíos» en el evangelio, las relativas a «los príncipes de los sacerdotes y a los escribas» son sistemáticamente hostiles. Bajo esa rúbrica, el escritor juánico fustigaba a las *autori-*

---

12. *Le cadre historique*, 66-70.

*dades* de la sinagoga que han seguido el liderazgo de Jamnia [13] de llevar a cabo la expulsión de los desviacionistas. Había muchas regiones geográficas con sinagogas de suficiente importancia para explicar esta continua interacción hostil; pero es interesante observar que el Apocalipsis, a pesar de que se interesa sobre todo por la bestia de Roma y por el culto del emperador, tiene tiempo para atacar a las sinagogas del Asia menor en Esmirna y en Filadelfia (Ap 2, 9; 3, 9). Una vez más, la localización en Efeso de la comunidad juánica resulta atractiva.

Y puesto que hay tantas referencias a «los judíos», algunos [14] han pensado que el cuarto evangelio era un opúsculo misionero que se utilizaba para convertir a los judíos y que continuaba desarrollándose un esfuerzo activo de conversión. Por mi parte, considero esta postura insostenible, apoyándome en que los que proponen tal tesis confunden la historia pasada de la comunidad juánica con la situación en la que fue escrito el evangelio. Ciertamente, en el evangelio se pueden rastrear huellas de controversias entre cristianos y judíos, incluyendo asuntos que conocemos por otros escritos del nuevo testamento y de otros escritos cristianos: por ejemplo, que los cristianos violan el sábado y de esa manera violan la ley dada por Dios a Moisés (5, 16; 7, 19.22-24); que no hubo resurrección de Jesús (2, 18-22); que la eucaristía es algo increíble (6, 52); que Jesús no fue un gran maestro (7, 15); y que sólo podía engañar a los incultos (7, 49). Sin embargo, ésos son sólo casos secundarios; la disputa dominante que encuentra eco en el evangelio se refiere a la divinidad de Jesús [15], como hemos visto. Por ello, se ofrecen muchos argumentos de la Escritura para apoyar la postura juánica (5, 39-40.45-47; 6, 31-33; 7, 23; 8, 34-57; 10, 34-36). Sin embargo, éstos son argumentos que se habían agudizado en las anteriores disputas entre los cristianos juánicos y los jefes de las sinagogas, disputas que llevaron a la expulsión de esas mismas sinagogas [16]. Si

13.   Cf. p. *supra*. Los escribas eran de ordinario del partido de los fariseos, y en Jamnia los fariseos sucedieron a la autoridad que anteriormente detentaba el sanedrín de Jerusalén dominado por los sacerdotes.

14.   K. Bornhäuser, *Das Johannesevangelium: eine Missionsschrift für Israel*, Gütersloh 1928; J. A. T. Robinson, *The destination and purpose of st. John's gospel*: NTS 6 (1959-60) 117-131; W. C. van Unnik, *The purpose of st. John's gospel*, en *Studia evangelica* I, 282-411.

15.   S. Pancaro, *The law in the fourth gospel*, Leiden 1975, muestra que incluso las batallas sobre la ley y el sábado habían llegado a ser batallas cristológicas porque la actitud soberana del Jesús juánico procede de que él está por encima y más allá de la ley.

16.   Martyn, *History*, está muy acertado al señalar cómo una interpretación midráshica de la Escritura fue el arma con que se libraron las batallas entre la comunidad juánica y la sinagoga.

son parte del patrimonio juánico, no es porque exista todavía un esfuerzo formal para convertir a «los judíos». No quiero decir con ello que los cristianos juánicos rechazaran a los convertidos procedentes de los judíos incrédulos; lo que yo discuto es si enviaban a las sinagogas misioneros provistos del cuarto evangelio. (Si la comunidad juánica vivía cerca de las sinagogas, los esfuerzos misioneros pudieron realizarse en la dirección opuesta: tratando las autoridades de la sinagoga y los parientes de recuperar a los apóstatas juánicos). La insistencia del Jesús juánico de decir a «los judíos» que no es posible llegar a creer, si eso no es otorgado por Dios (6, 37.39.44.65), es un signo de que, en los círculos juánicos, no existía una esperanza real respecto a tal pueblo. Por mi parte, veo otras razones para la inclusión de los argumentos escriturísticos que se habían usado en tiempos pasados. En primer lugar, cualquier grupo religioso que se desgaja de otro grupo tratará de conservar, en su arsenal, argumentos que justifiquen la decisión por ellos tomada. Dichos argumentos sirven para la educación de la nueva generación para que no apostaten, aun cuando no exista esperanza alguna de que los oponentes vayan a convencerse por los argumentos [17]. En segundo lugar, como veremos más adelante, seguían existiendo gentes que creían en Jesús ocultas en las sinagogas, y el escritor juánico abrigaba el serio deseo de estimularles a confesar a Jesús, aun cuando eso significara que serían expulsados de las sinagogas. Los argumentos del evangelio proporcionaban a los cristianos juánicos una munición que podían utilizar para persuadir a los que sabían que eran cripto-cristianos.

Una vez más he de confesar que tal vez no estaría de más que incluyera aquí un breve párrafo de reflexión acerca del significado para hoy de la actitud juánica respecto a «los judíos». En diferentes áreas y en diferentes épocas, en el siglo I, existieron relaciones diversas y variadas entre los judíos que creían en Jesús y los judíos que no creían en él, y esas relaciones no fueron siempre hostiles. En la cristiandad juánica, debido a su peculiar historia, advertimos una de las relaciones más hostiles, y hacia el siglo II, esa extrema hostilidad se convirtió en algo normal, situación ésta que ha continuado a través de los siglos. (Trágicamente, en estos últimos siglos, la situación de Jn 16, 2 se trastocó por completo y los cristianos condenaron a los judíos a muerte creyendo que así servían a Dios). Y podemos estar agradecidos de que, a mediados del siglo XX, en parte por la revulsión que provocó el holocausto, la situación ha

---

17. Los colonos protestantes ingleses llevaron al Nuevo Mundo refutaciones del romanismo que recordaban, aunque no era de prever que se encontraran allí con católicos.

cambiado; y se ha realizado un sincero esfuerzo de comprensión por ambas partes. Sin embargo, tengo la impresión desagradable de que la dificultad básica juánica permanece todavía entre nosotros. Para los judíos molestos por las tentativas cristianas para convertirlos, vuelve de nuevo la cuestión cristiana, la cual puede resumirse en las palabras de Jn 9, 22: ¿por qué admiten ellos unánimemente que el que reconoce a Jesús como el Mesías no puede ser ya parte de la sinagoga? Los cristianos han cedido a esta decisión convirtiendo a judíos *fuera de la sinagoga*. Ambas partes, tanto entonces como hoy, necesitan esforzarse acerca de la cuestión de creer en Jesús y seguir siendo un judío practicante, una cuestión que en último término repercute en la compatibilidad entre el cristianismo y el judaísmo. Esta cuestión fue suscitada inicialmente cuando Jesús hablaba de su propia proclamación y de su recepción hostil por parte de los fariseos: «nadie echa vino nuevo en cueros viejos, pues el vino rompería los cueros» (Mc 2, 22).

### c) *Los seguidores de Juan el Bautista*

Juan presenta a los primeros seguidores de Jesús como discípulos de JBap y el mismo movimiento juánico puede haber tenido sus raíces entre tales discípulos (especialmente el discípulo amado, cf. *supra*). Por eso, sorprende encontrar en el cuarto evangelio una lista tan larga de proposiciones negativas referentes a JBap. El no es la luz (1, 9); no existía antes que Jesús (1, 15.30); no es el Mesías ni Elías ni un profeta (1, 19-24; 3, 28); no es el novio (3, 29); él debe decrecer, mientras que Jesús debe crecer (3, 30); nunca hizo milagros (10, 41). Esto se amolda a una presentación de todo el ministerio de JBap como de alguien que da testimonio de Jesús y que le revela a Israel (1, 29-34; 5, 33, si bien Jesús no necesitaba de tal testimonio humano [5, 34]). Todo esto se hace comprensible cuando leemos en 3, 22-26 que algunos de los discípulos de JBap no siguen a Jesús (compárese con 1, 35-37) y con envidia se quejaban del gran gentío que le seguía. Si leemos una vez más el evangelio, en parte como una autobiografía de la comunidad juánica, llegamos a sospechar que los cristianos juánicos tenían que habérselas con tales discípulos y que esas negaciones significan una apologética contra ellos.

G. Baldensperger sugirió esto a finales del siglo pasado y a veces el motivo anti-Bautista ha sido demasiado exagerado en la interpretación del cuarto evangelio [18]. Sin embargo, la exageración no debería conducir a pasar por alto la evidencia. Los evangelios sinóp-

---

18.   Como parte de su tendencia a ver gnosticismo en todas partes, Bultmann defendió que el evangelista había sido uno de los seguidores gnósticos de JBap.

ticos no tienen esa actitud hacia Juan el bautista. Sin embargo, podemos comprobar que seguidores de Juan no lo fueron inmediatamente de Jesús. La escena común de Mateo (11, 2-16) y Lucas (7,
18-23) en la que JBap envía a unos discípulos a preguntar si Jesús
es el que tenía que venir, dice mucho acerca de las dificultades
sobre Jesús que existían entre los seguidores de JBap [19]. En Hech
18, 24-19, 7, Lucas nos habla acerca de Apolo y de un grupo de
doce en Efeso (la sede tradicional a la que se atribuye la composición del cuarto evangelio) que habían sido bautizados sólo con el
bautismo de JBap. Apolo ya creía en Jesús, pero los otros necesita-
ron ser instruidos (19, 4).

En las *Recognitiones* pseudo-clementinas, una obra del siglo III
basada en fuentes más antiguas, se nos dice que partidarios de JBap
pretendían afirmar que su maestro y no Jesús era el Mesías [20]. Esta
evidencia parcial, aunque no probativa, hace al menos posible que
la comunidad juánica se enfrentara con no-cristianos seguidores de
JBap [21]. El hecho de que se les refute en el evangelio, no mediante
ataques directos contra ellos como no creyentes, sino a través de
cuidadosas correcciones del engrandecimiento equivocado de JBap,
puede significar que los cristianos juánicos seguían esperando
todavía su conversión, esperanza ésta que la escena de Hechos, hace un momento citada, haría probable. La escena en Jn 3, 22-26
atribuye a los discípulos no creyentes de JBap la envidia que sentían
hacia Jesús y su celo por defender las prerrogativas de su maestro,
pero no los presenta como odiando a Jesús a la manera en que le
odiaban «los judíos» y el mundo. Tal vez sus propios orígenes en el
movimiento de JBap hicieron a los cristianos juánicos menos seve-
ros respecto a sus anteriores hermanos que no habían preferido la

---

19. Para entender por qué los seguidores de JBap encontrarían difícil la aceptación de Jesús, es útil discernir entre la predicación histórica de JBap (que puede no
haberse referido a Jesús directamente) y la reinterpretación cristiana de esta predicación. Para un breve estudio de esto, cf. mi *The birth of the Messiah*, Garden City,
N. Y. 1977, 282-285 (ed. cast.: *El nacimiento del Mesías*, Madrid 1982).

20. Existen problemas acerca de esta referencia; véase mi comentario al evangelio de Juan (Madrid 1979).

21. Purvis, *Fourth gospel*, 191-198 vincula el grupo de JBap con Samaria y sugiere que ellos eran gnósticos de Dositeo. (Se supone que Dositeo fue un discípulo
de Simón Mago de Samaria [Hech 8, 9]). En cualquier caso, pienso que el grupo de
JBap actuaba todavía en la historia juánica cuando se escribía el evangelio. Las negaciones acerca de JBap no se hallan precisamente en los capítulos iniciales que
reflejan los orígenes primitivos de la comunidad. Juan se aparta de su camino en
10, 40-42 para retrotraer a JBap al final del ministerio: él es un verdadero testigo de
Jesús, pero no uno que podía hacer milagros como Jesús. Muchos estudiosos piensan
que el prólogo fue una adición posterior al evangelio; si esto fuera verdad, incluso
en este estadio tardío, se tenía precaución contra las exageraciones acerca de JBap.

oscuridad a la luz, sino que simplemente habían considerado erróneamente a una lámpara como la luz del mundo[22].

## 2.  *Otros cristianos que se pueden detectar en el evangelio*

En la panorámica del escritor juánico, se advierte claramente que hay algunos que dicen que creen en Jesús, pero que, de hecho, no son ya verdaderos creyentes. Habla explícitamente de «judíos que habían creído», pero a los que Jesús rechaza (8, 31 s) y de «discípulos que se separaron de él y ya no le seguían» (6, 66). Otras referencias más suaves a cristianos que no tenían la misma concepción de Jesús que la comunidad juánica parece que se hallan implícitas en la caracterización de un discípulo como Felipe, el cual había estado con Jesús durante mucho tiempo y, sin embargo, todavía no había llegado a conocerle (14, 9). De tales indicaciones pienso que sobre todo se pueden detectar al menos tres grupos no-juánicos de cristianos que pueden añadirse a los tres grupos de no-creyentes.

### a)  *Los cripto-cristianos (cristianos judíos dentro de las sinagogas)*

Jn 12, 42-43 proporciona la más clara referencia a un grupo de judíos que se sentían atraídos por Jesús de forma que se podía decir que creían en él, pero que temían confesar su fe públicamente puesto que podían ser expulsados de la sinagoga. (Véase *supra* acerca de esta expulsión). Juan los menosprecia, ya que, en su opinión, prefieren la alabanza de los hombres a la gloria de Dios. Cuenta la historia de un ciego en el cap. 9 como un ejemplo de uno que rehúsa el emprender el camino fácil de ocultar su fe en Jesús y quiere pagar el precio de la expulsión por confesar que Jesús es de Dios (9, 22-23.33-38). Este ciego representa la historia de la comunidad juánica, una comunidad que habría mostrado poca tolerancia respecto a otros que rehusaban hacer la difícil elección que ella había tenido que hacer. El comentario negativo de Juan acerca de los «judíos» que no creen en Jesús sería igualmente aplicable a los cripto-cristianos; porque, en opinión de Juan, al no confesar públicamente a Jesús, mostraban que no creían realmente en él. Al igual que «los judíos», los cripto-cristianos habían elegido el ser conocidos como discípulos de Moisés más que como discípulos de

---

22.  Se resalta en 1, 8 que JBap no era la luz, ésta es la función privilegiada de Jesús (asimismo 8, 12). Pero 5, 35 presenta a Jesús describiendo a JBap como la «lámpara que arde y alumbra», a cuya luz exultaba la gente.

«ese hombre» (9, 28). Sin embargo, Juan parece llamarles implícitamente como si esperara hacerles cambiar todavía de opinión. Como yo sugería anteriormente, la inclusión en el evangelio de tantos argumentos escriturísticos contra las posiciones judías pudo haber sido parte de una tentativa de persuadir a los cripto-cristianos para que abandonaran las sinagogas.

Desde la visión juánica de los cripto-cristianos es difícil reconstruir los detalles de su cristología y eclesiología [23]. Podemos sospechar que, en su visión, los cristianos juánicos habían provocado de una manera innecesaria y trágica la acción de la sinagoga contra ellos mismos. Se puede presumir que no habrían compartido la alta cristología del grupo juánico porque, al igual que los receptores de la carta a los Hebreos, podrían no haber sentido la necesidad de exaltar a Jesús sobre Moisés y haber negado toda su herencia cultual. No les agradarían las polémicas juánicas contra los jefes de las sinagogas. Es interesante leer a Jn 9 desde su punto de vista: para ellos, el ciego pudo no haber sido un héroe sino más bien un insolente entusiasta que actuaba con rudeza con los que le hacían preguntas y que disfrutaba respondiendo socarronamente como si fuera una comunicación verdadera. Contra la presión juánica para que abandonaran la sinagoga, los cripto-cristianos podían recordar que Jesús fue un judío que desempeñó su misión *dentro* de la sinagoga, como lo hicieron Pedro y Santiago. En su manera de pensar, la expulsión de los cristianos juánicos pudo deberse tanto a su radicalismo como a la intransigencia de la sinagoga. Al guardar silencio, según su opinión, ellos no serían culpables por cobardía, sino que darían muestras de prudencia. Podrían permanecer donde esta-

---

23. En la reconstrucción, me reduzco metodológicamente a las referencias claras de aquellos que creen en Jesús, pero que rehúsan confesarlo públicamente. Estoy en desacuerdo con los que tratan a Nicodemo como a un cripto-cristiano, una tendencia que se da en el artículo, significativo por otra parte, de M. de Jonge, *Nicodemus and Jesus*: BJRL 53 (1971) 337-359, reimpreso en su *Jesus*, 29-47. La función de Nicodemo no es ilustrar o personificar las actitudes de un grupo contemporáneo en la experiencia juánica, sino el mostrar cómo algunos que habían sido atraídos a Jesús no le entendieron inmediatamente. Presumiblemente, algunos nunca llegaron a entenderle (los jerosolimitanos de 2, 23-25), pero algunos, como Nicodemo, lo consiguieron. Cuando él llegó por primera vez a Jesús de noche (3, 2), tenía miedo; y se mostró muy pronto que él no entendía en modo alguno a Jesús (3, 10). Pero le vemos más tarde hablando indirectamente en favor de Jesús a los fariseos (7, 50). Su aparición final ilustra la palabra de Jesús en 12, 32-33: «y cuando sea levantando de la tierra, atraeré a todos a mí. Esto lo hacía indicando de qué muerte habría de morir». Nicodemo aparece de nuevo en público después de la crucifixión de Jesús en su entierro (19, 39). Se juntó a José de Arimatea que había sido un discípulo secreto de Jesús «por miedo a los judíos», pero que, al interesarse por el cuerpo de Jesús, ahora hace pública su fe (19, 38).

ban y trabajar desde dentro para inducir a los jefes de las sinagogas, que se sentían ofendidos, a una mayor tolerancia respecto a los cristianos que la que había existido anteriormente.

La historia ha demostrado que su estrategia no tuvo futuro, porque el movimiento cristiano continuó en el camino proclamado por Juan, fuera de la sinagoga. Sin embargo, sin tal mirada retrospectiva, la elección entre confrontación y compromiso pudo no haber sido una decisión clara para muchos a finales del siglo I. Y, de hecho, en la cristiandad que siguió, hubo muchas épocas en las que no fue fácil decidir si por causa del evangelio uno tendría que romper con el *establishment* o si debería permanecer en él y trabajar con tesón dentro del mismo tratando de cambiarlo. Y a la larga, ¿qué postura muestra más valor?

b)  *Las iglesias judeo-cristianas de fe inadecuada*

Virtualmente, todos los especialistas reconocen la existencia de los cripto-cristianos en el espectro eclesial juánico, pero ahora trato de defender la existencia de un grupo que es menos reconocido. Pienso que existieron asimismo cristianos judíos que dejaron las sinagogas (o que fueron expulsados de ellas), los cuales eran conocidos públicamente como cristianos y que formaron iglesias y hacia los cuales, sin embargo, Juan mantuvo una actitud hostil a finales del siglo. Se nos indica su existencia por la presencia en el evangelio de judíos que eran *públicamente* creyentes o discípulos, pero cuya falta de fe real es condenada por el autor [24]. El primer claro ejemplo de esto se halla en 6, 60-66. El discurso que precede inmediatamente sobre el pan de vida tuvo lugar en una sinagoga (6, 59); y allí advertimos la objeción profundamente hostil por parte de «los judíos» a la pretensión de Jesús de ser el pan de vida, si eso se entiende como revelación divina bajada del cielo (6, 41-42), o como su carne y sangre eucarísticas (6, 53). Pero entonces Jesús *abandona la sinagoga* y entabla diálogo con aquellos a los que Juan denomina sus «discípulos». Previamente, en el evangelio, este término designó a aquellos que acompañaban públicamente a Jesús y, de hecho, encontramos en 6, 67 que, en medio de los discípulos, están los doce. (Si Juan presenta a algunos de esos discípulos de una manera desfavorable, entonces no nos da ninguna razón para pensar que él se refiere a los cripto-cristianos que se

---

24.  Quisiera modificar ahora lo que dije en mi artículo JBL (nota 3, del prefacio) siendo más preciso acerca de las características de este grupo. Jesús desconfía de los jerosolimitanos de 2, 22-25 que creían en él basándose en sus signos, pero no estoy seguro de que ellos formaran parte del grupo que estoy estudiando.

hallan en las sinagogas). Algunos de esos discípulos públicos de Jesús protestan por lo que ha dicho en la sinagoga, diciendo que es algo que no pueden aceptar fácilmente y que no merece la atención. Presumiblemente, su disgusto se refiere particularmente a lo último que dijo Jesús, a saber, que el pan de vida es su carne que debe ser comida, así como su sangre debe ser bebida para que los receptores tengan vida [25]. Como réplica, Jesús insiste en que sus palabras son Espíritu y vida y advierte que algunos discípulos realmente no creen. La elección de los que vienen a él y creen en él depende del Padre. «Y desde entonces —refiere Jn 6, 66— muchos de sus discípulos se retiraron y ya no le seguían». Yo sugiero que aquí Juan se refiere a cristianos judíos que ya no deben ser considerados verdaderos creyentes, puesto que no comparten la concepción juánica de la eucaristía [26].

Otro ejemplo de cristianos judíos de fe inadecuada pueden ser los hermanos de Jesús en 7, 3-5. Se nos narra que ellos urgen a Jesús que suba a Judea para hacer allí sus milagros, en lugar de hacerlos de una manera relativamente oculta [27]. Juan hace que esto equivalga a una invitación hecha a Jesús para que se exhiba ante el mundo y así él comenta que incluso sus hermanos tampoco creían en él. Esta afirmación, que aparece en un evangelio escrito a finales del siglo, es algo sorprendente [28]. Se conocía bien que Santiago el «hermano del Señor» había recibido una visión del Jesús resucitado (1 Cor 15, 7) y había sido un apóstol que sirvió como jefe de la iglesia de Jerusalén (Gal 1, 19; 2, 9; Hech 15; 21, 18); efectivamente, en ambas tradiciones, tanto la judía como la cristiana, él

25. Es claro que Juan, en esta escena, se trasladó del ministerio histórico a la vida de la iglesia, y la elección juánica para introducir la doctrina eucarística en el discurso del pan de vida tiene cierta importancia eclesiológica para la comunidad juánica.

26. Algunos interpretarían esta escena a la luz de la lucha interna representada en 1 Jn, de manera que este pasaje atacaría una visión de la eucaristía sostenida por los secesionistas juánicos que estudiaremos en la fase tercera, más adelante. Sin embargo, todo el contexto de Jn 6 se refiere a los grupos externos («los judíos»; los doce representando a las iglesias apostólicas), de forma que yo supongo que éste es también un grupo exterior. Debo mencionar a Ignacio; creo que él luchó en dos frentes (cf. *infra*) y que la aberración eucarística que he de mencionar correspondía a sus enemigos judeo-cristianos más bien que a sus enemigos docetas (que también tenían dificultades eucarísticas).

27. Dado el antagonismo juánico respecto a los signos como portentos, su petición es una señal de falta de fe (cf. 2, 23-24; 4, 48; asimismo Mc 8, 12; Mt 12, 39).

28. Su falta de fe en 7, 5 continúa una secuencia de reacciones respecto a Jesús que comenzaron en 6, 66; algunos discípulos no seguirían acompañando a Jesús (6, 66); Simón Pedro, como portavoz de los doce, continúa creyendo en Jesús (6, 68-69); Judas, uno de los doce, le traicionará (6, 71) y sus hermanos no creen en él (7, 5).

murió como mártir a comienzos de los años 60 [29]. La tradición posterior sostiene que otros hermanos del Señor le sucedieron en Jerusalén en la dirección de la iglesia de esa ciudad, y los parientes de Jesús fueron considerados como figuras prominentes en las iglesias de Palestina en el siglo II [30]. A la luz de todo esto, la afirmación de Juan de que los hermanos de Jesús, que deseaban que él acudiera a *Jerusalén,* no creían realmente en él, no puede ser descartada fácilmente como si se tratara de un simple recuerdo histórico de que al principio algunos de la familia de Jesús no reaccionaron bien ante su vida de ministerio público (cf. Mc 3, 21; 34-35; 6, 4). Juan ofrece un cuadro algo desfavorable acerca de la interferencia de la madre de Jesús en Caná (2, 1-11), una escena que tiene paralelos en 7, 1-10, y la interferencia de los hermanos [31]. Pero Juan se esfuerza por «redimir» la imagen de la madre de Jesús mostrándola como una mujer creyente al pie de la cruz (19, 25-27), mientras que no muestra tal cortesía respecto a los hermanos [32]. De hecho, la implicación de 19, 25-27 supone que los verdaderos hermanos de Jesús son discípulos creyentes (véase asimismo 20, 17-18) ya que la madre de Jesús se convierte en la madre del discípulo amado [33]. Por eso, yo argumentaría que el cuadro hostil de Juan acerca de los hermanos quiere tener un significado duradero. Esto encaja en la presente discusión cuando se recuerda que Santiago, el hermano del Señor, fue seguido durante su vida por un número de cristianos judíos en Jerusalén que eran más conservadores que Pedro y Pablo (Gal 2, 12), y que después de su muerte se convirtió en el héroe por excelencia de los cristianos judíos del siglo II que gradualmente se separaron de la «gran iglesia» [34].

29.   Josefo, *Antigüedades* XX ix 1: §§ 200-203; Eusebio, *Historia* II xxiii, 11-19 (de Hegesipo).

30.   Eusebio, *Historia* III xi, xx, xxxii; IV xxii 4.

31.   En ambos ejemplos, una petición de los parientes es rechazada puesto que no ha llegado la hora o el tiempo de Jesús, pero a esa petición se hace caso más tarde.

32.   Un ejemplo de cómo el conocimiento de la función positiva de Santiago puede haber incitado a Juan a modificar la dureza de sus comentarios acerca de los hermanos se encuentra en Lucas/Hechos. El cuadro favorable de Santiago en Hechos induce a Lucas a modificar el cuadro negativo del evangelio referente a los parientes de Jesús que procede de Marcos: por ejemplo, Lucas omite lo que dice Mc 3, 21; su escena en 8, 21 (siguiendo a 8, 15) es más positiva que Mc 3, 33-35; y Lc 4, 24 no es ofensivo, si se compara con Mc 6, 4.

33.   Cf. mi estudio de esta escena al final del apéndice II, *infra.*

34.   En su libro sobre los cristianos judíos, *The church from the circumcision,* Jerusalem 1971, 70-78, B. Bagatti consagra una sección a la «exaltación de Santiago».

Otra referencia juánica a los cristianos judíos de fe inadecuada
es todavía más problemática. En 8, 31, comienza un largo diálogo
entre Jesús y los «judíos que habían creído en él». Se debería aceptar literalmente esta designación y no argüir diciendo que al utilizar *pisteuein* con dativo, en lugar de hacerlo con *eis* («en»), se
expresa una fe menor.

Todo el empeño de algunos (I. de la Potterie y otros) para diagnosticar la teología juánica a base del uso exacto de las preposi-
ciones es, a mi juicio, insostenible; y en este caso particular, C. H.
Dodd [35] tiene razón al clasificar la variación como algo carente de
significado. Se debería tomar en serio que Juan describe a esos
«judíos» como «creyentes», al menos desde el punto de vista de
ellos [36]. El discurso suscita el tema de si tales creyentes judíos son
esclavos o verdaderamente libres y si son «semilla» de Abrahán. El
antagonismo crece cuando Jesús les achaca que su padre es el
diablo (8, 44), y ellos le acusan de ser un samaritano (8, 45). Ter-
mina con la afirmación cristológica que hace Jesús: «antes de que
Abrahán existiera, *yo soy*», y su tentativa de apedrearlo. Algunos
clasificarían a esos creyentes como cripto-cristianos, aunque nada
en el texto sugiere que ellos ocultaran su fe en Jesús. Atrae más el
teorizar que son judíos cristianos que se sienten agraviados por
la comunidad juánica debido a su alta cristología y su mezcolanza con elementos samaritanos. «Semilla de Abrahán» parece haber
sido un término frecuentemente utilizado en los debates entre cristianos judíos conservadores y sus oponentes cristianos menos
conservadores [37], con el grupo más conservador que interpretaba el
término como descendencia física. El componente samaritano de la
comunidad juánica haría dudar a los cristianos judíos de que los
cristianos juánicos descendieran realmente de Abrahán (cf. 2 Mac
6, 2), mientras que, a los ojos juánicos, la descendencia carnal de

---

35. RHPR 37 (1957) 6.

36. En mi comentario al evangelio de Juan, afirmaba que 8, 31 es una inserción editorial y que el discurso iba originariamente dirigido a los judíos incrédulos
de 8, 22. Todavía sigo pensando que puede ser correcto; pero yo tendría que habér-
melas con el problema de que cualquiera que hubiera introducido esto tendría una
finalidad al variar los oyentes del discurso por judíos «creyentes». El comentador debe explicar el texto final, cualquiera que sea su prehistoria.

37. Ocurre con relativa poca frecuencia en el AT, no aparece de ningún modo
en la literatura intertestamental y con moderada frecuencia en Qumran. Pero es algo prominente y muy destacado en los debates de Pablo con los judaizantes (Gál 3,
16 s; Rom 4, 13 s; 9, 7 s; 11, 1; 2 Cor 11, 22) y asimismo en Heb 2, 16. Aquí yo
estoy en deuda con B. E. Schein, el cual me permitió leer el capítulo de Juan 8, 31-
59 en su disertación doctoral (no publicada) en Yale «*Our father Abraham*» (1972).
Véase el breve extracto de la misma en SBLASP (Atlanta, 1971) S159, p. 83-84.

Abrahán no garantizaría que esos cristianos judíos que insistían en ello fueran la verdadera y libre semilla de Abrahán. Después de todo, Ismael era físicamente descendiente de Abrahán, pero había nacido esclavo y era considerado como ilegítimo en la estimación judía contemporánea [38]. Cuando en el decurso del debate la cristología emerge como el problema real, los judíos «que creen» (los cristianos judíos) consideran una blasfemia que se diga que Jesús ha existido antes que Abrahán y que él se atribuya a sí mismo el nombre divino de «yo soy». En la visión juánica, tal negativa a reconocer el verdadero carácter de Jesús significa que ellos son «judíos que creyeron», pero ahora no son mejores que «los judíos». Al final del debate, se nos dice que trataron de matar a Jesús. Puesto que este desarrollo mantiene unas referencias implícitas a Ismael y a Caín (cf. 8, 44), dos hombres que mataron o amenazaron a sus *hermanos*, el autor puede sugerir con ello que los cristianos judíos están actuando de la misma manera hacia sus hermanos cristianos, la comunidad juánica, tal vez aprobando las acciones de las autoridades de la sinagoga contra ellos (cf. asimismo 11, 45-46).

El pasaje final de Juan en el que insistiría (pero con una incertidumbre que admito) es la crítica hecha a los mercenarios que no protegen al rebaño contra los lobos (10, 12). Estos no son los fariseos (los jefes de las sinagogas) de 9, 10, a los cuales, en 10, 1, se les llama ladrones y bandidos. Los mercenarios o asalariados son pastores del rebaño, lo cual significa jefes de los grupos cristianos [39], tal vez de las iglesias judeo-cristianas. Ellos no habían distanciado suficientemente a sus rebaños de «los judíos» que trataban de desviarlos (es decir, de llevarlos de nuevo a las sinagogas), porque ellos no habían aceptado realmente la tesis juánica de que el judaísmo había sido sustituido por el cristianismo.

¿Cómo pueden estos cuatro pasajes colocarse juntos si todos ellos se refieren a las iglesias judeo-cristianas distintas de la sinagoga pero a las cuales desaprueba Juan? Tales iglesias se compondrían de aquellos que se atribuían la protección de Santiago y de los hermanos del Señor, que insistían en la importancia de la descenden-

---

38. Schein señala que el debate en Juan se hace inteligible si se conoce la tradición midráshica del siglo I sobre Ismael e Isaac. Ismael era considerado como una amenaza para la vida de Isaac (Josefo, *Antigüedades* I, xii: § 215) y Filón (*Sobre la sobriedad* II, § 8) llama a Ismael ilegítimo. En Jn 8, 39-41, Jesús dice a «los judíos» creyentes que si ellos son realmente hijos de Abrahán, no le buscaban para matarle; y ellos le responden que ellos no son hijos ilegítimos.

39. Una vez más, hay que decir que el carácter público de su tarea hace que yo piense que Juan no se refiere a los cripto-cristianos. Estos últimos que ocultaban su identidad, ¿habrían estado tan organizados que tendrían pastores o jefes pastorales?

cia física judía, que poseían una cristología baja y que rechazaban una concepción de la eucaristía altamente sacramental [40]. ¿Es probable la existencia de tales iglesias al final del siglo I? Eso es claramente demostrable en el siglo II, cuando las referencias patrísticas se van haciendo cada vez más hostiles hacia los cristianos judíos a causa de su estrecha conexión con algunas de las opiniones del judaísmo, de su baja cristología y de su alejamiento de las iglesias cristiano-gentiles. En alguna parte, en el siglo II, comenzaron a ser tratados como herejes. Ya hemos visto que Santiago era su protector. Epifanio (*Panarion* XXX 1 xi 1) nos dice que los cristianos judíos imitaban el misterio eucarístico de la iglesia una vez al año, utilizando pan y agua [41].

Si se pueden configurar todos los rasgos criticados por Juan en cierto período del siglo II, todavía más importante es la evidencia que surge de las cartas de Ignacio de Antioquía al principio del siglo y dentro de los veinte años de la fecha en que se estima que fue escrito el evangelio de Juan. Escribiendo a las iglesias del Asia menor, él ataca a los judíos cristianos, particularmente en la carta a los magnesios y a los de Filadelfia. Tomando unas citas de un reciente estudio acerca de las acusaciones de Ignacio contra ellos [42], «ellos reverenciaban a Jesús como un maestro, pero tal vez no estaban dispuestos o preparados a admitir que su persona trastocara la unidad de la divinidad... Ellos aceptaban el sagrado banquete... y pensaban de él en términos de confraternidad más que como un sacramento en la línea ignaciana». En Juan podemos tener un cuadro descriptivo de tales grupos (¿también en Asia menor?) dos

40. Que los cristianos judíos podían aceptar la eucaristía, pero no necesariamente una concepción juánica de la eucaristía hace necesario para mí el comentar algo acerca de la contribución de Juan a la teología eucarística. Los pasajes sinópticos y paulinos acerca de la última cena asocian las palabras eucarísticas de Jesús con la conmemoración de su muerte («haced esto en conmemoración mía...», «proclamad la muerte del Señor hasta que él venga»). Los judíos podían entender un banquete que recuerda o hace presente nuevamente (por *anamnesis*) una gra acción salvífica del pasado, porque el banquete pascual recordaba la liberación de Egipto. Pero Juan separa la eucaristía del contexto de la última cena y la interpreta como un alimento y una bebida que dan la vida eterna (6, 51-58). El agua del bautismo es, para Juan, un nuevo nacimiento que da la vida eterna, el comer la carne y el beber la sangre de Jesús alimenta esa vida. El lanzó a la cristiandad por el camino de una teología sacramental distintiva, donde unos elementos visibles son signos que comunican realidades divinas.

41. Debo esta referencia a Robert L. Wilken.

42. C. K. Barrett, *Jews and judaizers in the epistles of Ignatius*, en *Davies Festschrift*, 220-244, esp. 242. La eucaristía era, para Ignacio, lo mismo que para Juan, la *carne* y la sangre de Jesús y asimismo la medicina de inmortalidad (Ef 20, 2) «para que no muramos, sino que vivamos para siempre» (cf. Jn 6, 58).

décadas antes, precisamente debido al peculiar énfasis de la teología juánica sobre el conflicto entre los cristianos juánicos y tales cristianos judíos mucho antes de que eso ocurriera en otras partes [43].

Una vez más, convendría decir unas palabras acerca de la importancia de esta polémica antigua. Cuando hoy surge en las comunidades cristianas la acusación de herejía, existe una tendencia a asociar este estigma con personas radicales de nuevas ideas. Sin embargo, en la historia cristiana, algunas de las más significativas herejías fueron conservadoras en vez de ser radicales, por ejemplo, la tendencia a mantenerse en respuestas teológicas ya pasadas, cuando nuevas cuestiones habían impulsado al cuerpo principal de los cristianos a orientarse hacia nuevas respuestas. Los cristianos judíos, tal como nosotros detectamos su presencia en Juan y tal como conocemos su presencia en el siglo II, se aferraban a concepciones más antiguas y más primitivas en temas como cristología, la eucaristía y las relaciones respecto al judaísmo, concepciones que eran ampliamente aceptadas y defendidas en el siglo I, pero que ya no eran consideradas ahora como expresiones adecuadas de la verdad. En el concilio de Nicea (325 d.C.), la cristología más baja de Arrio era más primitiva que la alta cristología de Atanasio. Arrio se contentaba con las formulaciones escriturísticas de la identidad de Jesús, como por ejemplo, «en el principio era el Verbo», que, para él significaban que el Verbo tenía un principio. Atanasio tuvo que persuadir al concilio a aceptar fórmulas nuevas no escriturísticas, como por ejemplo, Dios verdadero de Dios verdadero, coeterno con el Padre. Pero lo hizo con inteligencia. En efecto, las respuestas de la Escritura no eran ya adecuadas, porque ahora surgían nuevas cuestiones que no se habían propuesto en tiempos del nuevo testamento y las nuevas respuestas que él proponía eran verdaderas y fieles *a la orientación* de las Escrituras. Según eso, la «ortodoxia» no es siempre la posesión de los que tratan de aferrarse al pasado. Se puede encontrar un criterio más verdadero en la di-

---

43. En el siglo II, los cristianos judíos no gnósticos podían haber sentido una especial aversión por el pensamiento juánico. En los escritos pseudo-clementinos, escuchamos la voz de una comunidad judeo-cristiana (presumiblemente en Pella, en Transjordania) que honra a Santiago. En su estudio sobre ellos, J. L. Martyn, *Clementine recognitions 1, 33-71, jewish christianity and the fourth gospel*, en *Dahl Festschrift*, 265-295 afirma la posibilidad (288) «de que la presencia en el cuarto evangelio de polémicas contra los cristianos judíos puede de hecho haber provocado que éstos evitaran cuidadosamente el evangelio puesto que les faltaba el puente de conexión de las formas de pensamiento gnóstico». Este artículo se reimprimió en la obra de Martyn, *The gospel of John in christian history*, New York 1979.

rección hacia la que tiende el pensamiento cristiano, aun cuando esa dirección sugiera que las formulaciones pasadas de la verdad tengan que ser consideradas como inadecuadas para responder a las nuevas cuestiones.

c) *Los cristianos de las iglesias apostólicas*

Como distinto de los mismos cristianos juánicos, pueden detectarse todavía un tercer grupo de cristianos. Están representados por Pedro y otros miembros de los doce (Andrés, Felipe, Tomás, Judas noel Iscariote, Natanael [44]) y por esta razón yo los llamo «apostólicos». Juan probablemente no hubiera utilizado este título puesto que evita el término «apóstol» [45]; pero ellos pueden haber pensado de sí mismos así, ya que la idea de los doce apóstoles se hallaba muy difundida en el último tercio del siglo I [46]. La elección juánica de Pedro y de los doce como representantes de un grupo de cristianos sugiere que este grupo era judeo-cristiano en su origen, pero no sería necesariamente tal en su forma de constituirse [47]. Felipe y Andrés se hallan implicados en la escena de 12, 20 s, donde los griegos se acercan a Jesús, una escena que ha interpretado antes como simbólica de una apertura a los gentiles [48]. Probablemente, no había ninguna diferencia étnica importante entre la comunidad del discípulo amado y las comunidades representadas en el cuarto evangelio por los doce. Unos y otros estaban mezclados, eran tanto judíos como gentiles.

¿Pero cómo conocemos que Juan desea simbolizar a un grupo especial de cristianos mediante las figuras de Pedro y de los doce?

---

44. No sugiero que Natanael haya de ser identificado con alguno de los que aparecen en la lista sinóptica de los doce, es decir, con Bernabé, como se hizo en tiempos pasados. Sin embargo, puesto que los tres sinópticos no están de acuerdo acerca de quiénes deberían ser enumerados entre los doce (JBC art. 78, § 171), Natanael pudo haber sido contado en la lista [que nunca se da] de los doce como aceptada en la tradición juánica.

45. *Apóstolos* aparece solamente en el sentido no técnico de «mensajero» en 13, 16. (Si alguien arguyera que debe traducirse como apóstol, entonces el versículo se convierte en una «humillación» a los apóstoles por parte de Jesús: «ningún apóstol es más importante que el que lo ha enviado»). El verbo *apostelein* «enviar» aparece en Juan de un modo intercambiable con *pempein;* pero el envío raramente se ve confinado a los que son considerados apóstoles en otros documentos del NT (cf. apéndice II, *infra*).

46. Mc 3, 14; Mt 10, 2; Lc 6, 13; Ap 21, 14. Cf. nota 57, *infra*.

47. En la reconstrucción de Martyn (apéndice I, *infra*), él ve en el horizonte juánico varias comunidades de cristianos *judíos* que fueron expulsados de las sinagogas. Aquí se aproxima mucho a los grupos para los cuales yo utilizo una designación étnica neutral.

48. Se recuerda a Pedro como el miembro de los doce más activo en la admisión de los gentiles en la iglesia (Hech 10-11; Gál 2, 9).

Un primer indicador se encuentra en 6, 60-69, donde se contraponen fuertemente dos grupos entre los discípulos de Jesús. El primer grupo consta de aquellos que abandonaron la sinagoga con él, pero luego volvieron a ella ante su proclamación de que el pan de vida era su carne (y su sangre), que, a su vez, era el alimento de vida eterna. Son los representantes de las iglesias cristiano-judías de fe inadecuada, como hace un momento hemos explicado. El otro grupo consta de los doce (6, 67), de los cuales Pedro es el portavoz (6, 68). Ellos se niegan a abandonar a Jesús: «Señor ¿a quién vamos a ir si tú tienes palabras de vida eterna?». No es ilógico concluir que aquí escuchamos la voz de los cristianos de una fe más adecuada, de los cuales Pedro y los doce son los símbolos apropiados.

¿Pero cómo podemos saber que Pedro y los doce no representan a *todos* los cristianos (aparte de los cripto-cristianos y los cristianos judíos de fe inadecuada) más bien que a un grupo de cristianos distintos de los de la comunidad juánica? La clave para esta cuestión es el constante y deliberado contraste entre Pedro y el discípulo amado, el héroe de la comunidad juánica [49]. En cinco de los seis pasajes en los que se le menciona, al discípulo amado se le sitúa en explícita contraposición a Pedro: en 13, 23-26 el discípulo amado descansa sobre el pecho de Jesús, mientras que Pedro tiene que hacer una señal a este último para pedir una información; en 18, 15-16, el discípulo amado puede acompañar a Jesús al palacio del sumo sacerdote, mientras que Pedro no puede entrar sin su ayuda [50]; en 20, 2-10, el discípulo amado llega antes que Pedro al sepulcro, y solamente se dice de él que creyó por lo que vio allí; en 21, 7, el discípulo amado reconoce a Jesús que se halla a orillas del mar de Tiberíades y dice a Pedro quién es él; en 21, 20-23, cuando Pedro con cierta envidia pregunta acerca del destino del discípulo amado, Jesús le dice: «si yo quisiera que éste permaneciese hasta que yo venga, ¿a ti qué?». En el sexto pasaje (19, 26-27), donde el discípulo amado aparece al pie de la cruz, el contraste es implícito: Pedro es uno de los que habían abandonado a Jesús (16, 32). Tales contrastes no pueden ser accidentales, especialmente desde el momento en que en muchas escenas, Juan parece haber incluido al

49. No es accidental que Juan hable de este héroe como de un discípulo y no como un apóstol. El discípulo es la categoría primaria para Juan y la proximidad a Jesús y no la misión apostólica es lo que confiere dignidad.

50. En 18, 15, Juan habla simplemente de «otro *(állos)* discípulo» sin identificación ulterior, mientras que «el otro *(állos)* discípulo» de 20, 2 es especialmente identificado con el discípulo amado. Que 18, 15 se refiere asimismo al discípulo amado lo demuestra de un modo convincente F. Neirynck en ETL 51 (1975), 115-151. Acerca del discípulo innominado de 1, 35-40, cf. *supra*.

discípulo amado para establecer ese contraste [51]. Al contraponer a su héroe con el más importante miembro de los doce, la comunidad juánica se está contraponiendo a sí misma simbólicamente con el tipo de iglesias que veneraban a Pedro y a los doce [52], es decir, las iglesias apostólicas a las que los especialistas llaman la «gran iglesia» (un término que yo prefiero reservar para la iglesia del siglo II, cuando las iglesias apostólicas se hallaban más estrechamente vinculadas entre sí a través de una estructura común de episcopado y de presbiterado en reconocimiento mutuo).

¿Pero cuál es la actitud juánica hacia la cristiandad de los cristianos apostólicos? La escena mencionada al diagnosticar su presencia (6, 60-69) sugiere una actitud fundamentalmente favorable.

Los cristianos apostólicos son claramente distintos de los cristianos judíos que no siguen ya a Jesús. La presencia de los doce en la última cena (13, 6; 14, 5.8.22) significa que los cristianos apostólicos se hallan incluidos en los «suyos» de Jesús a los que él ama hasta el extremo (13, 1). Sus antepasados estuvieron entre los que guardaron la palabra de Jesús (17, 6) y por los que él rogaba (17, 9.20), puesto que ellos eran odiados por el mundo (17, 14). Ellos vieron a Jesús resucitado (20, 19.24; 21, 2) y su portavoz más prominente, Simón Pedro, glorificó a Dios por su muerte en el seguimiento de Jesús (21, 19).

Sin embargo, en el cuarto evangelio los que se denominan discípulos no parece que asumen la plenitud de la concepción cristiana, como puede verse cuando los denominados discípulos en general y Simón Pedro en particular son comparados con el discípulo amado. Los otros se escabulleron durante la pasión de Jesús, abandonándole (16, 32), mientras que el discípulo amado permanece con Jesús incluso al pie de la cruz (19, 26-27). Simón Pedro niega ser discípulo de Jesús (18, 17.25), una negación particularmente seria, dado el énfasis que pone el evangelio de Juan en la condición de «discípulo» como la primera categoría cristiana; y así él necesita ser rehabilitado por Jesús, el cual le pregunta por tres veces si

51. Los tres evangelios sinópticos dicen que sólo Pedro siguió a Jesús al patio del sumo sacerdote; y Lc 24, 12 dice que sólo Pedro corrió al sepulcro (sin embargo, véase el plural en 24, 24). Esto suscita de una manera muy aguda el problema de la historicidad; cf. nota 12 del capítulo anterior.

52. El discípulo amado no era menos un ser humano real que lo fue Simón Pedro, pero el cuarto evangelio se sirve de cada uno de ellos en una capacidad paradigmática. Cf. D. J. Hawkin, *The function of the beloved disciple motif in the johannine redaction:* Laval Théologique Philosophique 33 (1977) 135-150, esp. 146: «la *Einzelkirche* juánica (el discípulo amado) tiene una pretensión igual a la *Gesamtkirche* (Pedro)».

Pedro le ama (21, 15-17). No es necesaria tal rehabilitación ni tales preguntas son concebibles en el caso del discípulo por excelencia, el discípulo al que amaba Jesús. Habiendo estado muy cerca de Jesús, tanto en la vida (13, 23) como en la muerte (19, 26-27), el discípulo amado advierte el significado de los vestidos abandonados en el sepulcro vacío, cuando Pedro no ve tal significado (20, 8-10); reconoce a Jesús resucitado, cosa que no ocurre con Pedro (21, 7). Los cristianos juánicos representados por el discípulo amado se consideran a sí mismos más cercanos a Jesús y más perceptivos que los cristianos de las iglesias apostólicas [53].

La superioridad de los cristianos juánicos se halla centrada en la cristología; los denominados discípulos, que representan a los cristianos apostólicos, poseen una cristología razonablemente alta, pero no alcanzan la concepción juánica de Jesús. Andrés, Pedro, Felipe y Natanael saben que Jesús es el mesías, la plenitud de la ley, el santo de Dios y el hijo de Dios (1, 41.45.49; 6, 69) [54], pero se les dice que todavía han de ver cosas mayores (1, 50). Cuando Jesús dice a Felipe en la última cena: «¿tanto tiempo estoy con vosotros y todavía no me conoces?» (14, 9), se trata de una represión precisamente porque Felipe no entiende la unidad de Jesús con el Padre [55]. Cuando más tarde afirman los discípulos: «creemos que has salido de Dios», el escepticismo de Jesús es obvio: «he aquí que llega la hora y ya ha llegado, en que os dispersaréis cada uno por su lado y a mí me dejaréis solo» (16, 29.32). Incluso después de la resurrección, la escena con Tomás indica que la fe de los doce puede mejorar (20, 24-29). De hecho, su confesión tardía de Jesús como «Señor mío y Dios mío» puede ser paradigmática de una

---

53. Cullmann, *Johannine circle* (en el apéndice I, *infra*), 55: «sus miembros eran probablemente conscientes de la diferencia que les separaba de la iglesia que procedía de los doce y así vieron que sus características particulares hacían recaer sobre ellos la obligación de una misión especial, concretamente la de preservar, defender y manejar la tradición distintiva que ellos estaban seguros que procedía del mismo Jesús».

54. Puesto que yo pienso que la figura que *se convirtió* en el discípulo amado era el discípulo innominado de 1, 35-40, no veo dificultad en utilizar 1, 35-50 para detectar la cristología, tanto de los cristianos apostólicos como de la comunidad juánica *original*. Sin embargo, como expliqué anteriormente, la comunidad juánica (y el discípulo amado) fueron más allá de esta cristología, al aceptar en medio de ellos a otro grupo de judíos y de samaritanos anti-templo, los cuales catalizaron una cristología alta no davídica.

55. M. de Jonge, *Jesus as prophet and king in the fourth gospel:* ETL 49 (1973) 162: «el reinado de Cristo y su misión profética se hallan definidos de nuevo en términos de la relación única entre Hijo y Padre, tal como se muestra en el cuarto evangelio». Esta redefinición constituye la diferencia entre los cristianos apostólicos y los juánicos.

comprensión más plena de la divinidad de Jesús a la cual espera Juan, en último término, inducir a los cristianos apostólicos.

Podemos sospechar con fundamento que precisamente el aspecto deficiente de la cristología en la fe de los cristianos apostólicos es la concepción de la preexistencia de Jesús y de sus orígenes de arriba. Tanto los cristianos apostólicos como los cristianos juánicos afirman que Jesús es Hijo de Dios; sin embargo, los cristianos juánicos han llegado a entender que esto significa que él está siempre a la diestra del Padre (1, 18), no perteneciendo a este mundo (17, 14), sino a un mundo celestial superior (3, 13.31). Una vez más, la cristología que yo atribuyo a los cristianos apostólicos no es una pura hipótesis basada en una lectura interpretativa del cuarto evangelio. A partir de los evangelios de Mateo y de Lucas, sabemos que cristianos de finales del siglo I reconocían a Jesús como el hijo de Dios concebido sin un padre humano; pero en su alta cristología no hay indicios de preexistencia. Ellos conocían a un Jesús que es rey, señor y salvador desde el momento de su nacimiento en Belén, pero no a un Jesús que puede decir: «antes de que existiera Abrahán, *yo soy*» [56].

Asimismo, una diferencia en la eclesiología puede haber separado a los cristianos juánicos de los cristianos apostólicos. Las mismas obras del nuevo testamento de finales del siglo I, Mateo y Lucas/Hechos muestran que esa continuidad con Pedro y los doce se iba a convertir en un importante factor en la identidad de la iglesia y en su propia seguridad [57].

56. La falta de interés que muestra Juan por los orígenes davídicos de Jesús y por su nacimiento en Belén, como se refleja en los debates con «los judíos» (7, 41-42), *puede* constituir una corrección del tipo de cristología que encontramos en Mateo y en Lucas, una cristología que (a los ojos de Juan) pone demasiado énfasis en una cuestión que interesa a los judíos. De una manera similar, la exaltación por parte de Juan de Jesús en la cruz relativiza la importancia de las apariciones de la resurrección y así implícitamente corrige una cristología que asocia la filiación divina con la resurrección (Hech 2, 32.36; 5, 31; 13, 33; la fórmula pre-paulina de Rom 1, 4). Como señala M. de Jonge (NTS 19 [1972-73] 264), en los debates que se describen en el cuarto evangelio, «la cristología juánica se desarrolla no solamente en contraste con el pensamiento judío, sino también con otras concepciones cristológicas».

57. Mateo (16, 18) piensa en una iglesia edificada sobre Pedro en la que Pedro y los doce tienen el poder de atar y de desatar (16, 19; 18, 18). Los Hechos describen a los doce como los orígenes del movimiento cristiano, aprobando cualquier decisión mayor que se adopta. En este estudio de «cristianos de iglesias apostólicas», yo no trato de la cristiandad paulina precisamente porque Pedro y los doce no habrían servido a las iglesias paulinas como modelos apostólicos primarios. (Respecto a las diferencias entre la cristología paulina y juánica, véase p. 45 *supra*). C. K. Barrett, *Acts and the pauline corpus:* Exp Tim 88 (1976-77) 2-5, muestra que pueden detectarse, leyendo a Hechos y Pablo, diferentes tipos de cristiandades gentiles y que Pedro y Pablo habrían sido seguidos por diferentes grupos de cristianos.

Sin embargo, el cuarto evangelio no presta virtualmente ninguna atención a la categoría de «apóstol» (cf. *supra*) y hace del «discípulo» la categoría primaria cristiana, de forma que la continuidad con Jesús viene a través del testimonio del *discípulo* amado (19, 35; 21, 24) [58].

Más aún, Mateo, Lucas/Hechos y las cartas pastorales dan testimonio de la creciente institucionalización de las iglesias hacia finales del siglo, con un interés asimismo creciente por los oficios eclesiales. Por una parte, yo me opongo a lo que suponen E. Schweizer y otros de que la comunidad juánica no posee ministerios eclesiales especiales; nosotros simplemente no sabemos esto y existen indicaciones contrarias en las cartas juánicas. Por otra parte, existen muchas cosas en la teología juánica que podrían relativizar la importancia de la institución y del oficio en un tiempo en que esta importancia estaba siendo acentuada en otras comunidades cristianas (incluyendo las que hablaban de una fundación apostólica). De un modo distinto a la imagen de Pablo del cuerpo y de su miembros que se aduce en 1 Cor 12 para acomodar y ajustar la multitud de carismas, la imagen juánica de la vid y de los sarmientos ponen el énfasis solamente en una cosa: el permanecer en la vid o la adhesión a Jesús [59]. (Si Juan estuviera interesado por la diversidad del carisma, podría haber escrito de ramas, tallos, hojas y fruto, lo mismo que Pablo escribió simbólicamente de pies, manos, oídos y ojos). La categoría del discipulado basada en el amor hace que cualquier otra distinción en la comunidad juánica sea relativamente poco importante, de manera que incluso la bien conocida imagen petrina y presbiteral del pastor [60] no se halla introducida sin la pregunta condicionante: «¿me amas?» (21, 15-17).

Los más importantes apóstoles mencionados en el nuevo testamento, Pedro, Pablo y Santiago de Jerusalén, todos murieron en los años 60; y después, las iglesias que invocaban sus nombres llenaron el vacío doctrinal que resultó de estas muertes destacando que los oficiales que sucedieran a los apóstoles deberían mantener

58.   C. K. Barrett, *The gospel of John and judaism*, Philadelphia 1975, 75, siguiendo a Edwyn Hoskyns, capta muy bien la actitud paradójica juánica: «Juan pretendía asociar la iglesia al testimonio apostólico, pero en otros aspectos deseaba dejarla libre». Juan da preeminencia a las mujeres-discípulas hasta el punto de que ellas parece que están al mismo nivel que los doce; cf. apéndice II, *infra*.

59.   J. O'Grady, *Individualism and johannine ecclesiology:* BTB 5 (1975) 227-261, esp. 243: «lo mismo que en el rebaño, el punto de interés (en la imagen de la vid y de los sarmientos) es la relación entre Jesús y el creyente individual». Sin embargo, se presupone una comunidad con esa imagen colectiva.

60.   Hech 20-28; 1 Pe 5, 1-5; Mt 18, 12-14.

lo que ellos habían enseñado sin cambiar nada (Hech 20, 28-30; Tit 1, 9; 2 Pe 1, 12-21). Pero el cuarto evangelio que conoce el problema de la muerte del discípulo amado (21, 20-23), subraya que el que enseña, o el maestro, es el Paráclito que permanece siempre dentro de todo aquel que ama a Jesús y que guarda sus mandamientos (14, 15-17); él es el que conduce a la verdad plena (16, 13) [61].

Finalmente, de una manera distinta a Mt 28, 19 y Lc 22, 19, Juan no conserva palabras de Jesús en las que mande o instituya el bautismo y la eucaristía precisamente antes de abandonar la tierra. La imagen de Jesús instituyendo los sacramentos como una acción final tiende a identificarlos con la esfera de la vida eclesial, mientras que, para Juan, los sacramentos son una continuación del poder que Jesús manifestó *durante su ministerio* cuando abrió los ojos del ciego (el bautismo como iluminación) y alimentó a los hambrientos (la eucaristía como alimento) [62]. En suma, permítaseme destacar que yo no interpreto estas actitudes eclesiológicas juánicas como agresivamente polémicas, porque no existe clara evidencia de que la comunidad juánica condenara la fundación y la sucesión apostólicas, los oficios de la iglesia o las prácticas sacramentales de la misma iglesia. El cuarto evangelio se interpreta mejor como una advertencia contra los peligros inherentes en tales desarrollos, destacando lo que (para Juan) es verdaderamente esencial [63], a saber, la presencia viva de Jesús en el cristiano por el Paráclito. Ninguna institución o estructura puede sustituir a esto. Esta perspectiva y este énfasis suministrarían a la eclesiología juánica un tono diferente del de los cristianos apostólicos que conocemos por otros escritos neotestamentarios de finales del siglo I, una eclesiología juánica cuya peculiaridad refleja la peculiaridad de la cristología juánica.

61.    Respecto al Paráclito como la respuesta juánica a los problemas suscitados por la muerte de la primera generación de los seguidores de Jesús, que habían sido los fundadores de la comunidad, véase mi comentario al evangelio de Juan. Asimismo, *infra*, p. 131 s.

62.    Respecto a este enfoque del sacramentalismo juánico, véase mi comentario. Cullmann, *Johanninne circle (infra*, en el apéndice I), 14: «en cada suceso individual de la vida del Jesús encarnado, el evangelista trata de mostrar que, *al mismo tiempo*, el *Cristo presente en su iglesia* opera ya en la misma».

63.    J. O'Grady, *Individualism*, 254: «Puede muy bien ser verdad que la comunidad juánica y su portavoz vieran su contribución al cristianismo primitivo principalmente en poner de relieve el propósito y el significado en la medida en que la iglesia se encontraba en necesidad de estructura, de organización y de expresión ritual». Véase asimismo el equilibrado tratado de O'Grady, *Johannine ecclesiology. A critical evaluation:* BTB 7 (1977) 36-44.

3. *¿Era la comunidad juánica una secta?*

Un séptimo grupo puede detectarse en el evangelio, a saber, la misma comunidad juánica. Comparando este grupo con otros, ya he delineado bastantes rasgos que eran únicos entre los cristianos juánicos. Pero queda todavía sin responder la pregunta que formulé al principio en la introducción de este libro: ¿constituían los cristianos juánicos una secta que habría roto la comunión *(koinonía)* con la mayoría de otros cristianos? Para contestar a esta pregunta, permítaseme recordar las relaciones juánicas con algunos de los grupos ya estudiados. Los cristianos juánicos no eran los únicos hostiles a la sinagoga y a sus jefes (grupo II: «los judíos») [64], si bien la acritud mostrada en Juan puede ser más aguda que la de otros escritos del nuevo testamento. El elemento sectario en la descripción juánica sería el sentido peculiar de extrañamiento de su propio pueblo (1, 11). En cuanto a la actitud de los cristianos juánicos respecto a los cripto-cristianos (grupo IV) y a los cristianos judíos (grupo V), una vez más hay que decir que ellos no eran los únicos cristianos del nuevo testamento que condenaban a otros cristianos como falsos [65]. Pero, más que otros, la comunidad juánica puede haberse orientado claramente hacia la exclusión de sus oponentes de la confraternidad cristiana, por ejemplo, situando a los cripto-cristianos entre «los judíos» (12, 42-43) y admitiendo que los judíos cristianos, que se asociaban con los hermanos del Señor, no seguían ya a Jesús y que no creían realmente en él (6, 66; 7, 5).

Aparte de estas repulsas específicas de los grupos II, IV, V, existen muchos rasgos sectarios en el sentido juánico de alienación y de superioridad. Como vimos, el Jesús juánico es un extraño que no es comprendido por su propio pueblo, ni es tampoco de este mundo. El discípulo amado, el héroe de la comunidad, es descrito como el sujeto peculiar del amor de Jesús y el único discípulo varón que no le abandonó jamás. Así, pues, implícitamente, los cristianos juánicos son los que mejor comprendieron a Jesús, por lo cual, al igual que él, son rechazados, perseguidos y no son de este mundo. Su cristología es más profunda y ellos pueden estar seguros de que poseen la verdad, puesto que son guiados por el Paráclito. Hasta cierto punto, incluso el estilo

64. Cf. nota 36 del cap. anterior, acerca de la actitud de Pablo. La actitud respecto a los fariseos en Mt·23 es muy hostil.
65. El temor en Hech 20, 30 es casi típico entre cristianos en el último tercio del siglo: «de entre vosotros mismos se levantarán hombres que enseñen doctrinas perversas para arrastrar a los discípulos en su seguimiento».

literario del cuarto evangelio refleja la peculiaridad juánica con su simbolismo abstracto (luz, vida, verdad) y con sus técnicas de malentendido (cf. *supra*).

Sin embargo, a pesar de estas tendencias hacia el sectarismo, yo defendería que la actitud juánica hacia los cristianos apostólicos (grupo VI: probablemente un amplio grupo en muchas áreas) prueba que la comunidad juánica, tal como se ve reflejada en el cuarto evangelio, no se convirtió realmente en una secta. Ellos no siguieron sus tendencias exclusivistas hasta el punto de romper la comunión *(koinonía)* con aquellos cristianos cuyas características se encuentran en muchos escritos del nuevo estamento de finales del siglo I. Si podemos juzgar por la presencia de Simón Pedro y de otros discípulos en la última cena, los cristianos juánicos consideraban a los cristianos apostólicos como pertenecientes a los «suyos» de Jesús, a los cuales se veían vinculados por el mandamiento: «amaos unos a otros como yo os he amado» (13, 34). Sus esperanzas para el futuro pueden expresarse por 10, 16, si es que este versículo es una referencia a los cristianos apostólicos, como afirma J. L. Martyn [66]: «tengo otras ovejas que no son de este redil. A éstas también debo atraerlas y escucharán mi voz y entonces no habrá más que un solo rebaño y un solo pastor». Todavía más probable es la sugerencia de que en la última cena (donde tanto el discípulo amado como Pedro se hallan presentes), cuando Jesús rogó por los que habían de creer en él por la palabra de sus discípulos: «que todos sean uno» (17, 20-21), ruega por que sean una misma cosa los cristianos apostólicos y los cristianos juánicos. Aquí la actitud juánica es precisamente lo opuesto al aspecto de una secta.

¡Ah! Se puede objetar que la oración juánica por la unidad con los cristianos apostólicos supone pagar un precio, a saber, que esos otros cristianos tendrían que aceptar la cristología de exaltación de la preexistencia juánica, si es que tenía que formarse un solo rebaño con un solo pastor. Si esto no ocurría, se puede argumentar, los cristianos juánicos rechazarían a los cristianos apostólicos de la *koinonía*, así como habían rechazado previamente a los judíos cristianos. Sin embargo, no tenemos por qué discutir esta posibilidad teórica, porque de hecho la iglesia adoptó la cristología juánica de la preexistencia, como veremos en el próximo capítulo.

Algunos estudiosos pueden considerar la suerte del discípulo amado de que el evangelio de su comunidad no fue reconocido como el tratado sectario que realmente era. Pero otros, entre ellos

---

66. *Glimpses (infra,* en el apéndice I), 171-172.

nosotros, verán esto como un reconocimiento por parte de los cristianos apostólicos de que el lenguaje juánico no era realmente un enigma y la voz juánica no era algo extraño, reconocimiento éste facilitado por corrientes de cristología de la pre-existencia en medio de comunidades no juánicas [67]. Lo que los cristianos juánicos consideraban que era una tradición que procedía de Jesús parece haber sido adoptado por muchos otros cristianos como una aceptable variante de la tradición que ellos tenían de Jesús.

67. Cf. p. 45-46 *supra*, acerca de los motivos de la preexistencia en Pablo y en Hebreos.

Tercera fase:
# Cuando se escribieron las cartas

# LUCHAS INTERNAS JUANICAS

La historia de la comunidad del discípulo amado se continúa
después del período evangélico en las cartas. Permítaseme empezar
con una descripción sumaria de las cartas y de las razones para si-
tuarlas cronológicamente después del evangelio.

Las cartas segunda y tercera de Juan son breves y escritas por la
misma persona, que se denomina a sí mismo «el presbítero». En
2 Jn, mientras él se asocia a una iglesia (v. 13) [1], señala directrices a
otra iglesia (v. 1: «a la Señora electa y a sus hijos») acerca de la
exclusión de la gente que puede llegar negando que Jesucristo se
encarnó (v. 7.10-11). En 3 Jn, el presbítero escribe a Gayo alabán-
dole por la hospitalidad que mostró a los misioneros itinerantes (v.
1.5.8) y diciéndole que reciba a Demetrio que va a llegar (v. 12).
Para el presbítero, la razón para dirigirse a Gayo es que su carta anterior a «la iglesia» (v. 9) había sido ignorada por Diotrefes que desea ser un jefe de la iglesia. De hecho, Diotrefes rehúsa dar la
bienvenida a ningún misionero y expulsa de la iglesia a cuantos llegan a ella (v. 10b). En ambas cartas el presbítero promete visitarles
pronto; pero en 3 Jn, avisa que, si llega, tratará el asunto de la
hostilidad de Diotrefes hacia él (v. 10a).

El autor de 1 Jn nunca se identifica a sí mismo, y su escrito es
más un tratado que una nota personal. Su interés dominante es
reforzar a los lectores contra un grupo que está haciendo labor
de demonio y de anticristo (2, 18; 4, 1-6), un grupo que se ha
apartado de la comunidad (2, 19), pero que sigue tratando de
lograr más adictos. Sus errores son tanto cristológicos como éticos.
Al no reconocer que Jesucristo vino en la carne, ellos niegan la importancia de Jesús (4, 2-3); y aunque pregonan la comunión con

---

1.   El término «iglesia» se justifica por el uso en 3 Jn 6, 9.10.

Dios, no dan ninguna importancia al cumplimiento de los mandamientos y pretenden estar libres de culpa y de pecado (1, 6.8; 2,
4). En particular, no muestran amor a los hermanos (2, 9-11; 3,
10-24; 4, 7-21) [2].

Esta breve descripción de las cartas plantea cuestiones obvias. ¿Es
el presbítero de 2 y 3 Jn asimismo el autor de 1 Jn? ¿Cuál es el orden cronológico de las cartas y cómo se relacionan con el evangelio?
¿Cuál fue la historia de la secesión? Cualquier comentarista debate
estos puntos y, en mi próximo comentario a las cartas juánicas [3], daré
argumentos detallados acerca de las posturas que yo adopto aquí.

Voy a suponer que las tres cartas fueron escritas por un hombre
al que yo denominaré indistintamente el autor o el presbítero [4]. El
hecho de que las mismas posturas doctrinales y morales son comba-
tidas en 1-2 Jn, y que tanto 2-3 Jn se refieren a la aceptación de
maestros itinerantes, las relaciona entre sí y hace probable que esas
tres cartas procedan de la misma fase de la historia juánica [5]. En
cuanto al autor, es razonablemente cierto que no fue el discípulo
amado [6]. «El presbítero» sería una autodesignación que no cabría
esperar del discípulo amado; y difícilmente puede imaginarse a
miembros de la comunidad juánica ignorando la figura de su fundador hasta el punto de que los secesionistas ignoren al autor de 1
Jn, y Diotrefes ignore las cartas del presbítero. Mientras que existen
mayores semejanzas estilísticas y teológicas entre el evangelio y las
cartas, existen asimismo diferencias menores que hacen dudoso que
el autor de las cartas fuera el evangelista (es decir, el escritor principal del evangelio). Una tesis más popular ha sido el identificar al
autor con el redactor del evangelio. Obviamente, la prueba para esta tesis depende de qué partes del evangelio se atribuyan al re-

2. La primera carta destaca mucho el amor para reforzar la adhesión interior de
la comunidad contra la conversión por parte de los secesionistas.

3. Volumen 30 en la Anchor Bible (Garden City, N. Y. 1981) que sigue a los
dos volúmenes del comentario al evangelio ya publicados. Todas las referencias en
este capítulo se refieren al comentario del evangelio de Juan.

4. No afectaría a mi interpretación grandemente, si el presbítero de 2-3 Jn
fuera distinto del autor de 1 Jn, pero íntimo compañero del mismo.

5. Como se verá bien claro, pienso que 3 Jn fue la última que se escribió. De ordinario, se supone que 2 Jn fue escrita a una iglesia que todavía no estaba afectada por los
secesionistas que ya habían dividido la comunidad de 1 Jn. Sin embargo, Langbrandtner, *Weltferner Gott (infra,* en el apéndice I) piensa que 2 Jn fue escrita cuando
aparecían ya  las señales de disturbios y, luego, 1 Jn, después que se desarrollaron.

6. Quiero que se recuerde que no pienso que el discípulo amado escribiera
tampoco el evangelio. Thyen, *Entwicklungen,* identifica al presbítero con el
discípulo amado, pero solamente a costa de negar que este último fuera el fundador
de la comunidad o un testigo del ministerio de Jesús.

dactor [7]. En las que se atribuyen con mayor frecuencia (prólogo, cap. 21) yo no encuentro el agudo motivo de conflicto interno que distingue a las cartas [8]; y por ello yo diría que, si se supone la misma persona, los escritos respectivos se elaboraron en diferentes períodos de su vida [9].

Es posible asimismo que el autor de las cartas no fuera ni el evangelista ni el redactor, sino uno de los colaboradores menores del evangelio o que no se hallara implicado en modo alguno en la redacción del evangelio. Más adelante desarrollaré la tesis de una escuela juánica de escritores que compartían una posición y un estilo teológicos a la cual pertenecían el evangelista, el redactor y el autor de las cartas.

Una cuestión más importante para nuestro propósito es la cronología del evangelio y de las cartas. Algunos han señalado la presencia de motivos primitivo-cristianos en las cartas, que no son prominentes en el evangelio (escatología final, énfasis en la humanidad de Jesús, valor sacrificial de su muerte, etc.) y defienden una fecha anterior para las cartas. De un modo similar, los rasgos «judíos» de las cartas (paralelos verbales con los manuscritos del mar Muerto; utilización de categorías tales como falsos profetas, anticristo, idolatría) han contribuido a argumentar de que las cartas iban dirigidas a cristianos *judíos* grecoparlantes [10] a pesar de los tres nombres personales grecorromanos que se encuentran en 3 Jn (Gayo, Diotrefes, Demetrio). Tales conclusiones reflejan la falacia de fechar la composición de un escrito a base de sus más primitivos estratos de pensamiento y de vocabulario. Estoy totalmente

---

7. Por ejemplo, mientras que muchos atribuyen los cap. 15, 16 y 17 al redactor, J. Becker, en muchos artículos consagrados al discurso de despedida (ZNW 60 [1969] 56-83; 61 [1970] 215-246), encuentra tres o más concepciones teológicas y escritores diferentes en estos capítulos. Las semejanzas temáticas entre el discurso de despedida y 1 Jn no prueban la identidad del autor: el discurso de despedida se refiere a la relación de Jesús respecto a «los suyos», y así, el tema está más próximo a las cartas que lo está cualquier otra sección del evangelio pero sin el elemento de lucha que caracteriza el trato que dan las cartas a la vida juánica.

8. Yo no pienso que Jn 1, 14: «y el Verbo se hizo carne...» sea marcadamente antidoceta, como algunos afirmarían (cf. nota 43, *infra*). Existe una mayor posibilidad de que el cap. 21 pudiera tener alguna referencia interna.

9. Yo no veo demasiados indicios de una lucha interna en la concepción que tiene el redactor de la comunidad juánica; pero incluso Langbrandtner (que los ve —véase apéndice I, *infra*) reconoce que un cisma tiene lugar entre la época de la redacción y la de las cartas y que la seriedad de la situación ha empeorado en las cartas.

10. J. A. T. Robinson, *The destination and purpose of the johannine epistles:* NTS 7 (1960-61) 56-65. Véanse mis observaciones en la nota 25 de la introducción acerca de la metodología de Robinson.

acuerdo en que existen tanto motivos antiguos como motivos judíos en 1 Jn, pero esto sucede porque el autor, con el fin de corregir a sus oponentes, destaca expresamente lo que se proclamaba «desde el principio» (1, 1). Tal evidencia nos dice únicamente que la tradición juánica tenía formas más antiguas y surgió en medio de cristianos judíos; no nos dice nada acerca de cuándo y para quién fueron escritas las cartas. Otro argumento para fechar las cartas antes que el evangelio es que 1 Jn ignora algunos de los énfasis de la más alta cristología del evangelio y minimiza la función del Espíritu paráclito. Esto es verdad, pero eso no nos dice nada para concretar las fechas. Los oponentes de 1 Jn, como veremos, se ha concentrado en la cristología alta de la tradición juánica y defienden su (exagerada) cristología apelando al Espíritu que es el que enseña; y así es totalmente comprensible que el autor no destaque elementos que favorezcan a sus oponentes. Nuevamente se defiende que el prólogo de 1 Jn (1, 1-4) no es tan avanzado como el prólogo de Juan. Yo diría que los oponentes ensalzan mucho el motivo de la pre-existencia del himno que nosotros denominamos el prólogo del evangelio, y así el prólogo de la carta se entiende casi como un correctivo que debe leerse junto con el himno de la comunidad para prevenir la errónea interpretación del mismo.

Lo realmente decisivo en la cuestión de la fijación de la fecha es que mientras el evangelio refleja la actuación de la comunidad juánica con los de fuera, las cartas se refieren a los de dentro. Los secesionistas ahora representan al mundo (1 Jn 4, 5); y ellos, más bien que «los judíos», son fustigados como hijos del diablo (3, 10). Si las cartas fueron escritas antes del evangelio, habría existido una comunidad juánica ya dividida y diezmada que luchaba con los de afuera cuando el evangelio fue escrito; pero no tenemos indicación de esto. Por otra parte, trataré de demostrar que es precisamente el mensaje que se encuentra encerrado en el evangelio lo que condujo a la escisión de la comunidad, porque había dos grupos que lo interpretaban de distintas maneras. Psicológicamente es fácil explicar por qué la lucha con los de fuera desapareció de la visión de las cartas: cuando una comunidad se resquebraja interiormente, eso se convierte rápidamente en la batalla primaria por la supervivencia. Por eso parece mejor operar con la hipótesis de que las cartas fueron escritas después de la situación contemplada por el evangelista en el evangelio. Si la obra de este último se fecha aproximadamente hacia el año 90 d.C. las cartas pueden ser fechadas hacia el año 100 d.C., a medio camino entre el evangelio y los escritos de Ignacio de Antioquía (hacia el año 110 d.C.), que figurará destacadamente en nuestras discusiones.

## 1. *La situación de vida contemplada en las cartas*

Estudiaré aquí tres aspectos de la vida e historia de la comunidad juánica que presuponen las cartas: a) su expansión geográfica en las diferentes iglesias; b) la función docente desempeñada por la escuela juánica; c) la naturaleza de la división que tuvo lugar entre el autor y los secesionistas.

### a) *Las iglesias juánicas*

Las cartas segunda y tercera de Juan se escriben a diferentes iglesias que se encuentran distantes de donde se halla el autor (que pretende visitarlas), y así nosotros sabemos que la comunidad juánica no se situaba en un solo lugar geográfico. Sin duda que comprendían diferentes poblaciones y ciudades [11]. Y puesto que éste era el período en el que las comunidades cristianas se reunían en iglesias domésticas que sin duda no darían cabida a muchos miembros, en una población o ciudad dadas, podía haber varias iglesias domésticas de cristianos juánicos [12]. Existe una seria posibilidad de que Gayo y Diotrefes de la tercera carta de Juan, aunque viviendo en la misma ciudad, pertenecieran a diferentes iglesias juánicas [13], y que el presbítero tratara de conseguir hospitalidad para sus emisarios en una iglesia después de haber obtenido la negativa en otra. El área geográfica en general difícilmente puede haber sido un «remanso tranquilo»; el evangelio nos incitaría a pensar que en la misma región había asimismo iglesias no juánicas (cristianos judíos, cristianos apostólicos), así como sinagogas y algunos seguidores de JBap.

Gran parte de esta evidencia puede explicarse si existía un amplio centro metropolitano (¿Efeso?) con muchas iglesias domésticas de cristianos juánicos a los cuales se dirigía primariamente 1 Jn; y a razonable distancia, había también poblaciones provinciales con iglesias juánicas a las cuales se dirigían las cartas 2 y 3

11. El cristianismo era un fenómeno urbano hasta que se fue difundiendo por zonas rurales en el siglo II. Cf. A. Malherbe, *Social aspects* 63.

12. Pablo parece que admite un número de iglesias familiares o domésticas en la comunidad de Roma (Rom 16, 5.14.15) y tal vez asimismo en Tesalónica (1 Tes 5, 27). Este tema es tratado en el cap. 3 de la obra de Malherbe, *Social aspects*, 60-91 y por P. Stuhlmacher, *Die Brief an Philemon*, Zürich 1975, 70-75.

13. A. Malherbe, *The inhospitality of Diotrephes*, en *N. A. Dahl Festschrift*, 222-232, esp. 226-227. Obsérvese que Gayo tiene que ser informado de lo que está haciendo Diotrefes.

de Juan [14]. Admito una razonable distancia debido a los viajes mencionados en 3 Jn, para los cuales se pide ayuda financiera. La lucha entre el autor y los secesionistas habría tenido lugar en el centro importante ya que 1 Jn trató de apoyar a los leales al autor de aquel lugar [15]. Evidentemente, los secesionistas trataron de conquistar asimismo las comunidades provinciales; y así el autor envió la 2 Jn a una de esas comunidades [16], poniéndoles en guardia contra los misioneros que enseñaban falsas ideas. Partiré de la hipótesis de que en otra población Diotrefes había decidido que él no quería emisarios ni del autor ni de sus oponentes y así 3 Jn fue enviada a otra iglesia doméstica en la misma ciudad para conseguir hospitalidad para los emisarios del autor.

### b) *La escuela juánica*

¿Cuál era la función en estas iglesias del autor que se llama a sí mismo «el presbítero»? [17]. Hacia finales del siglo I, en muchas áreas se estaba desarrollando una estructura eclesial en la que grupos de «presbíteros» eran responsables de la administración y del cuidado pastoral de una iglesia [18]. Que el autor de 2 y 3 Jn fuera precisamente uno de un grupo de presbíteros responsables del cuidado

14. Así también R. Schnackenburg, *Die johanneische Gemeinde und ihre Geisterfahrung*, en *Die Kirche des Anfangs (H. Schürmann Festschrift)*, Leipzig 1977, 277-306, esp. 281. Sugiere que debemos utilizar el término «comunidad juánica» para el grupo en el gran centro, y «cristiandad juánica» para todo el complejo, incluyendo las poblaciones provinciales.

15. Eventualmente, él pudo haber enviado copias a las comunidades de las ciudades provinciales cuando se vieron afectadas por la secesión. Lo que se excluye es la tesis de W. G. Kümmel, *Introduction to the new testament*, Nashville 1975, 437 (ed. orig. Heidelberg [19]1978), que afirma que no se habría dirigido a personas específicas la carta 1 Jn, y que pudiera haber sido un tratado dirigido a toda la cristiandad. La historia completa de la comunidad juánica y su literatura apunta a una situación muy específica, aun cuando los temas tengan una importancia más amplia. Más equilibrada es la concepción de E. C. Hoskyns, *The fourth gospel*, London [2]1947, 55: «así en su interés por un grupo particular de cristianos, él enuncia las verdades definitivas de la relación entre Dios y el hombre... Es una carta católica, aun cuando fuese escrita para ciertos cristianos grecoparlantes».

16. Adviértase el trato delicado de la otra iglesia juánica: «a la Señora elegida y a sus hijos».

17. «Anciano» es otra traducción de *presbýteros*, un término que significa simplemente *hombre viejo* o *mayor*, aunque tiene connotaciones de dignidad y de experiencia. Probablemente, una designación intercambiable con *presbýteros* era *epískopos*, traducido de diversas maneras como «supervisor, superintendente, obispo».

18. Atestiguado en Hech 14, 23; 20, 17.28-30; 1 Pe 5, 1; Sant 5, 14; 1 Tim 3, 1-7; 5, 17-22; Tit 1, 5-11; 1 Clem 44; Did 15, 1 (obispos). Para una descripción de la situación, cf. mi obra *Priest and bishop. Biblical reflections*, New York 1970, 34-40.63-73.

pastoral de la comunidad juánica en la ciudad más importante no explica de una manera adecuada su autodesignación como «*el* presbítero» (con artículo), ni su función predominante en la batalla contra los secesionistas, ni cómo podía él mezclarse en asuntos de otras iglesias distintas a la suya porpia, que es de suponer que tuvieran sus propios presbíteros. Se ha intentado responder a estas objeciones afirmando que él era «*el* más importante presbítero en una red regional de iglesias» [19]. Sin embargo, esto presupondría más o menos un modelo de estructura eclesial de «un solo obispo», o de un solo arzobispo. Pero no encontramos atestiguado este modelo en otras partes del nuevo testamento o antes del siglo II y yo dudaría en afirmar su desarrollo más antiguo en una comunidad que, por otra parte, parece prestar muy poca atención a una estructura definida. El hecho de que, como veremos, «el presbítero» no puede realmente corregir a sus oponentes, es una objeción inevitable contra esta teoría, en mi opinión.

Para explicar el título en las cartas, se ha indicado otro uso de la palabra *presbýteros,* como atestiguado en diferentes formas del siglo II en Papías e Ireneo [20]. El término puede ser utilizado para designar la generación de maestros que *siguieron* a los testigos oculares, personas que podían enseñar con autoridad porque habían visto y oído a otros que, a su vez, habían visto y oído a Jesús [21]. Tal concepto de maestro con autoridad en la tradición juánica tendría, sin embargo, un matiz muy distinto puesto que el Paráclito, el Espíritu santo, es el maestro por excelencia (Jn 14, 26; 16, 13). El maestro humano, incluso el mismo discípulo amado, podía servir únicamente como aquel que da testimonio de la tradición que interpreta el Paráclito (19, 35; 21, 24; 1 Jn 2, 27). De hecho, probablemente, la comunidad juánica aprendía existencialmente del Paráclito a través de la obra del discípulo amado, puesto que el Paráclito era el Espíritu que actuaba detrás de la interpretación de la tradición tal como era transmitida por el discípulo amado. Después

---

19. K. P. Donfried, *Ecclesiastical authority in 2-3 John,* en *L'évangile de Jean,* 325-333, esp. 328.

20. W. C. van Unnik, *The authority of the presbyters in Irenaeus works,* en *N. A. Dahl Festschrift,* 248-260. Mientras que la postura de Ireneo es clara, la de Papías lo es menos, como señala J. Munck, *Presbyters and disciples of the Lord in Papias:* HTR 52 (1959) 223-243. Sin embargo, incluso para Papías, los presbíteros son maestros con autoridad.

21. Esta función de los presbíteros no es necesariamente contradictoria con la primera función estudiada anteriormente como pastores, porque 1 Tim 5, 17 atribuye un doble honor al presbítero que trabaja predicando y enseñando. El término puede haber variado de significado y la función administrativo-pastoral puede haber sido un desarrollo secundario.

de la muerte del discípulo amado, la comunidad entendió que la obra del Paráclito continuaba en los discípulos del discípulo amado, que fue el que transmitió la tradición y ayudó a formularla [22].

Este segundo sentido de *presbýteros* modificado por la óptica juánica, podría explicar por qué el presbítero de las cartas juánicas habla como parte de un colectivo «nosotros» que da testimonio de lo que fue visto y oído desde el principio (1 Jn 1, 1-2); y esto nos introduce de lleno en el tema de la «escuela juánica». Recientemente, R. A. Culpepper estudió el término «escuela» como lo empleaban otros grupos en la antigüedad (los pitagóricos, la academia de Platón, el liceo de Aristóteles, los esenios, etc.) y desarrolló una serie de características apropiadas al término, características que se dan en la situación juánica [23]. De hecho, Culpepper desea extender el témino «escuela» a todo lo que hemos venido llamando la comunidad juánica, donde todos participan de la tradición procedente del discípulo amado y todos dan testimonio (Jn 15, 27). Yo reconozco que existe una comunalidad juánica de discipulado que apoya la postura de Culpepper [24]. Por eso, cuando el autor de las cartas utiliza el «nosotros», muchas veces incluye a sus lectores en el mismo nivel; ellos son sus «hermanos» (una designación que aparece quince veces en 1 Jn). Sin embargo, hay otras ocasiones en las que el «nosotros» representa a portavoces de tradición e intérpretes que son distintos de un «vosotros», que son los destinatarios (1 Jn 1, 1-5), es decir, aquellos a los que se dirige el autor con la expresión «hijitos» (designación que aparece siete veces en 1 Jn). A pesar de un sincero esfuerzo juánico por una democracia de discipulado o seguimiento [25], inevitablemente algunos habrían estado más próximos históricamente al discípulo amado, aun cuando algunos habrán sido más activos en escribir y en dar testimonio. Para este grupo es para el que yo reservo el término de «escuela juánica» dentro de la «comunidad juánica» más amplia.

22. Cf. H. Schlier, *Der Heilige Geist als Interpret nach dem Johannesevangelium:* Internationale Katholische Zeitschrift 2 (1973) 97-108. Asimismo Culpepper, *Johannine school,* 265-270.

23. *Ibid.,* 258-259.288-289. Los criterios incluyen grupos de discípulos que buscan sus orígenes en un fundador y que preservan su doctrina con reglas y prácticas relativas a la pertenencia y a la continuidad en la comunidad.

24. *Ibid.,* 274-275. Culpepper subraya la importancia de la comunidad en la composición del evangelio. Pienso, sin embargo, que va demasiado lejos al hacer de la comunidad la autora del evangelio. El evangelista era un pensador y autor dramático dotado de especiales cualidades. El es quien fue el autor y no la comunidad, de ahí la necesidad de distinguir entre escuela y comunidad.

25. Cf. P. Moreno Jiménez, *El discípulo de Jesucristo según el evangelio de san Juan:* Est Bib 30 (1971) 269-311.

En particular, yo utilizo este término para los que se sienten tan cercanos al discípulo amado que procuran transmitir su tradición a través de una interpretación escrita. Esos incluyen al evangelista, al redactor del evangelio (y algunos otros escritores implicados en ello), al autor de las cartas y a los portavoces de tradición con los que se asocian en sus escritos, en una palabra, al «nosotros» de Jn 21, 24 («sabemos que su testimonio es verdadero») y al de 1 Jn 1, 1-2 («lo que hemos oído... os lo proclamamos»)

El «presbítero» habla como un gran experto por la experiencia de tal escuela juánica. Puede afirmar «lo que era desde el principio... lo que hemos oído, lo que hemos visto con nuestros ojos, lo que contemplamos y palparon nuestras manos», no porque él mismo hubiera sido un testigo ocular, sino debido a la gran proximidad de la escuela juánica de discípulos con el discípulo amado. En una reacción en cadena, Jesús había visto a Dios; el discípulo amado había visto a Jesús; y la escuela juánica comparte esta tradición [26]. En la época en que fue escrito el evangelio, el testimonio del discípulo amado era suficiente [27], y la comunidad estaba unida al aceptar este testimonio contra todos los de fuera. Pero, como vamos a ver ahora, cuando fueron escritas las cartas, ambas partes pretendían estar interpretando la tradición del discípulo amado; y así el presbítero trata de corregir a sus adversarios hablándoles como parte de una escuela juánica de discípulos que realmente conoce la mente del discípulo amado y que por eso son testigos de «lo que ocurrió desde el principio» (1 Jn 1, 1).

## c) *El cisma intra-juánico*

El autor de la primera carta dice que un grupo se ha apartado de las filas de su comunidad (2, 19). ¿Pero quiénes eran? Antes de encontrar una respuesta a esta pregunta, he de recordar al lector que les miramos desde el punto de vista del autor cuando los de-

---

26.  M. de Jonge, *Jesus*, 205: «el *pluralis apostolicus* pasa al *pluralis ecclesiasticus*, y el *pluralis ecclesiasticus* es inconcebible sin el *pluralis apostolicus*».

27.  Adviértase lo que se dice en 19, 35 y especialmente en 21, 24: «éste es el discípulo que da testimonio de *esto, que lo escribió,* y sabemos que su testimonio es verdadero». La mayor parte de los especialistas piensan que el discípulo amado *no escribió el evangelio,* así como tampoco el autor de la carta tocó a Jesús con sus propias manos (1 Jn 1, 1: «lo que palpamos con nuestras manos»). Sin embargo, de una manera vicaria, la experiencia del discípulo amado es la experiencia de los discípulos de su escuela (el discípulo amado sí tocó a Jesús) y lo que ellos hacen, él lo hace (uno de ellos fue el que escribió el evangelio). Véase la cita de Moody Smith referida a la nota 13, del capítulo de los orígenes.

nominamos adversarios, secesionistas o cismáticos [28]. Si se hubieran guardado sus escritos, sospecho que habrían acusado al autor y a su grupo de que se salieron de sus filas; y, de hecho, 1 Jn 4, 5 sugiere en último extremo que pudieron haber llegado a convertirse en el grupo más amplio de los cristianos juánicos. Nuestro único conocimiento de ellos se desprende de la presunción de que mantenían ideas contrarias a lo que el autor de 1 Jn defiende [29] y tal acceso reflejo ofrece muchos peligros. Por ejemplo, es inseguro que toda idea a la que el autor se opone en la carta es aceptada por los secesionistas. El autor puede utilizar la carta para corregir ideas erróneas prescindiendo de las que ellos pudieran tener. Sin embargo, es una hipótesis de trabajo el separar las afirmaciones contra las que el autor polemiza directamente [30], y el ver si, tomadas en su conjunto, tienen una consistencia intelectual. Mi opinión es que efectivamente es así, y en las páginas que siguen trataré de reconstruir la cristología, la postura ética, la escatología y la pneumatología (es decir, la doctrina acerca del Espíritu) de los secesionistas juánicos, vistas por el autor de 1 Jn. Se puede presuponer que las disputas que provocaron la secesión condujeron a los adversarios a formular afirmaciones lapidarias que expresaban su pensamiento. El autor recogió y reunió esas afirmaciones casi como eslóganes y las utilizó en su refutación. Tal postura adversaria inevitablemente agudizó y presentó sin matizar la teología de los secesionistas. Por eso, al presentar sus concepciones, debo intentar mostrar que ellas no carecían de lógica y de cierto poder de persuasión, *dados sus presupuestos*. Y yo hago esto no por cierta simpatía personal por su postura tal como la reconstruyo, sino para que el lector pueda ver

28. Hay que interpretar cuidadosamente todo el conjunto de 1 Jn 2, 19: «de nosotros han salido, pero no eran de los nuestros. Si de los nuestros fueran, hubieran permanecido con nosotros». Esto no implica que ellos fueran recién convertidos que hubieran apostatado. Más bien, refleja la actitud de Juan hacia la elección divina: el bien y el mal existen ya cuando la luz viene al mundo y la proclamación de la revelación de Jesús simplemente revela qué tipo de gente son. El abandono de los secesionistas muestra una secreta orientación que ellos tenían ya mucho antes.

29. No estoy de acuerdo con la teoría que de que el autor sacó las afirmaciones con las que él no coincide de una fuente escrita anterior (así von Dobschütz, Bultmann, H. Braun), una teoría que pocos son los que la siguen hoy. Los que sostienen esta teoría discuten si la fuente era gnóstica (Bultmann), moderadamente gnóstica (H. Braun) o relativamente ortodoxa con el autor como el gnostizador (von Dobschütz). Kümmel, *Introduction*, 439-440, dice: «la suposición de que existió una *Vorlage* (fuente) no se halla por eso probada y es improbable... 1 Jn, en la forma en que la tenemos, es la obra de un solo autor».

30. Esto lo hizo de un modo competente J. Bogart, *Orthodox and heretical perfectionism in the johannine community as evident in the first epistle of John*, Missoula 1977, 126-131.

la motivación interior de pensamiento juánico por ambas partes del frente de batalla en esta guerra civil.

¿Pero cuáles eran los presupuestos de los secesionistas? ¿Qué es lo que catalizó la división teológica que encontramos firmemente grabada en 1 Jn? En muchas tentativas para esbozar un trasfondo que explicaría la teología secesionista, se admite una influencia exterior que les condujo a su desviación del verdadero evangelio juánico. También ha estado de moda el identificar a los secesionistas con algún conocido movimiento herético del siglo II [31], por ejemplo, con el gnosticismo. Por supuesto, nadie niega que el pensamiento reconstruido de los openentes de 1 Jn tiene ciertas semejanzas con el pensamiento gnóstico conocido por nosotros en el siglo II [32]. Pero, ¿se convirtió el movimiento secesionista en gnóstico después del cisma o influyeron los intrusos gnósticos en la teología secesionista antes del cisma? Recientemente, K. Weiss [33] señaló que algunos de los signos más característicos de los sistemas gnósticos se hallan a todas luces ausentes en el pensamiento de los secesionistas, que, de hecho, contiene aspectos que el gnosticismo posterior atacó. Un refinamiento de la teoría gnóstica es que los secesionistas eran docetistas que negaban la realidad de la humanidad de Jesús. Se propuso a Cerinto como su jefe, basándose en tradiciones del tardío siglo II, según las cuales era enemigo de Juan, hijo del Zebedeo. Ya estudiaremos estas sugerencias con mayor detalle más adelante (en la sección de cristología), pero destacaría aquí que el pensamiento secesionista reconstruido no se ajusta

31. «Herético» (o heterodoxo), como piensan escritores como Ireneo cuya posición prevaleció en la iglesia; pero no necesitamos pensar que esos movimientos se entendían a sí mismos como movimientos que se apartaban de la ortodoxia. Permítaseme advertir que W. Bauer, *Orthodoxy and herexy in earliest christianity*, Philadelphia 1971 (original alemán 1934) estaba dando palos al aire cuando refutaba la idea simplista de que lo que se consideraba como ortodoxia en el tardío siglo II se había considerado así desde el principio. Una cuestión más importante, a la que Bauer nunca respondió realmente, es si lo que aparecía como ortodoxia era más verdadero que su opuesto a las *implicaciones* de lo que se sostenía desde el principio. Para un trato más perceptivo de esta cuestión, cf. D. J. Hawkin, *A reflective look at the recent debate on orthodoxy and heresy in earliest christianity*: Eglise et Théologie 7 (1976) 367-378; J. D. G. Dunn, *Unidad y diversidad en el NT*, Salamanca (en preparación).
32. W. S. Vorster, *Heterodoxy in I John:* Neotestamentica 9 (1975) 87-97, advierte contra la tendencia a equiparar como gnóstico cualquier pensamiento divergente del nuevo testamento.
33. *Die 'Gnosis' im Hintergrund und im Spiegel der Johannesbriefe*, en K. W. Tröger (ed.), *Gnosis und Neues Testament*, Berlin 1973, 341-356. Los secesionistas creen que conocen a Dios (1 Jn 2, 4) y el Dios gnóstico es incognoscible; el mundo va tras de ellos (4, 5) y el gnóstico es antimundano o va contra el mundo; ellos no manifiestan gran empuje escatológico, etc.

exactamente ni con el pensamiento docetista ni con el de Cerinto, tal como lo conocemos *a posteriori*[34]. Sus paralelos más parecidos se hallan en el pensamiento de los oponentes de Ignacio de Antioquía (reconstruido a base de la crítica que hace de ellos), algo que no es soprendente si Ignacio trata de las situaciones de la iglesia unos diez años después de que fueron escritas las cartas juánicas.

Dejando a un lado, por el momento, el caso gnóstico, examinemos la tesis de que las ideas peculiares secesionistas procedían de un grupo nuevo que había sido admitido en la comunidad juánica. A veces eso se atribuye a un influjo de paganos o de gentiles[35], frecuentemente con la convicción errónea de que no había gentiles en la comunidad juánica cuando fue escrito el evangelio. Otros piensan en un grupo de judíos que hablaban griego, cuyas ideas contendrían una mezcolanza de religión filosófica helenística[36]. Debido a la mención de falsos profetas (1 Jn 4, 1) y a la urgencia en la que insiste el autor de discernir los espíritus, otros han pensado incluso en una invasión de carismáticos itinerantes. No hay modo de rechazar tales hipótesis, pero no dejan de ser poco más que sospechas. El autor es muy crítico respecto a sus oponentes y adversarios, pero ni siquiera una vez sugiere que existiera alguna influencia exterior sobre ellos, un punto polémico éste que difícilmente habría pasado por alto si fuera eso verdad. Y, por eso, yo prefiero dejar a un lado toda explicación de influencia externa y explicar el pensamiento secesionista completamente desde la realidad interna del marco juánico.

En mi opinión, la hipótesis que mejor explica las posturas, tanto del autor de las cartas como de los secesionistas, es ésta: *ambas partes conocían la proclamación del cristianismo que ha llegado hasta nosotros a través del cuarto evangelio, pero ellos la interpretaron de una manera diferente*[37]. Los adversarios no eran gente ex-

34. Acertado en este punto es K. Weiss, *Orthodoxie und Heterodoxie im 1. Johannesbrief:* ZNW 58 (1967) 247-255, esp. 253-254.

35. J. Painter, *John. Witness and theologian,* London 1975, 115.

36. Bogart, *Orthodox* 19, siguiendo a Robinson (nota 10, *supra*) describe el pensamiento de los secesionistas así: «deducciones sacadas de la doctrina del cuarto evangelio por un movimiento gnóstico dentro del judaísmo de la diáspora que hablaba griego». M. H. Shepherd, *The jews in the gospel of John. Another level of meaning:* ATR 3 (1974) 95-112, piensa que la oposición juánica a los judíos implicaba más que las tesis que son claras en el evangelio mismo, porque los oponentes en 1 Jn eran un grupo judío de tendencia doceta (como en Colosenses e Ignacio).

37. Lo he expresado con esta frase deliberadamente para evitar la pretensión de que las partes opuestas conocían el mismo cuarto evangelio. He sido cauto por la negativa de las cartas a citar a Juan directamente y con frecuencia (1 Jn 1, 4; Jn 15,

traña que pudieran detectarse en la comunidad juánica, sino personas de pensamiento juánico que justificaban su postura por el evangelio juánico y sus implicaciones. No es que yo afirme que, inevitablemente, el evangelio juánico condujera, bien a su postura, bien a la postura del autor; ni es claro que cualquiera de las dos posturas sea una distorsión total del evangelio juánico. La iglesia posterior, al aceptar 1 Jn en el canon de la Escritura, mostró que aprobaba la interpretación del autor en vez de la de sus adversarios y, por mi parte, como creyente cristiano, acepto este juicio [38]. Sin embargo, sospecho que el evangelio juánico, tal como llegó, tanto al autor como a los secesionistas, era relativamente «neutral» en algunos de los puntos que entraban entonces en discusión, es decir, no contenía respuestas directas, porque ésas eran cuestiones nuevas. En la tradición había textos para una y otra postura y así cada una de las partes en discordia pretendía mostrar que su interpretación del evangelio era la correcta [39].

Yo destacaría que esta hipótesis explica no sólo las concepciones y puntos de vista de los secesionistas (como lo veremos sistemáticamente más adelante), sino también el estilo de argumentación del autor. Por ejemplo, él no niega los principales eslóganes de sus oponentes, sino que los cualifica. Si las afirmaciones de los secesionistas provienen de la tradición juánica, son asimismo verdaderas para el autor; y así él debe tratar de mostrar que sus adversarios no viven las implicaciones de esos principios (véase 1 Jn 2, 4. 6. 9, etc.). Por supuesto, esto significa que el autor tiene desventajas en su argumentación, y sus refutaciones son curiosamente indirectas [40]. Mi hipótesis coincide asimismo con el llamamiento del autor, casi frustrado, a que se recurra *a lo que era desde el principio* (1, 4; 2, 7, etc.). Sus oponentes pueden creer que conocen el evangelio juánico, pero a juicio del autor ellos lo distorsionan precisamente por-

11; 1 Jn 3, 11; Jn 15, 12) y así prefiero contentarme con hablar de su dependencia de la cristiandad juánica conocida ahora *por nosotros* a través de Juan. Esto es lo que quiero significar en las páginas siguientes cuando hablo del «evangelio juánico».

38. Técnicamente, la introducción en el canon no deja claro si la doctrina verdadera del autor resulta de preservar las implicaciones correctas del evangelio contra la distorsión de sus oponentes o de su propia corrección de tendencias peligrosas que se encuentran en el mismo evangelio.

39. Cf. mi artículo *The relationship to the fourth gospel shared by the author of 1 John and by his opponents*, en *Text and interpretation (M. Black Festschrift)*, University of Cambridge 1979, 57-68.

40. Es digna de notarse la falta de referencia en las cartas a los evangelios sinópticos, aun cuando una cita del contenido ético de esos evangelios habría corroborado grandemente el argumento del autor. O bien esos evangelios no eran conocidos o bien no tenían autoridad para la comunidad juánica.

que ignoran la tradición que subyace al mismo. Precisamente en los años anteriores al cisma, se fue conformando el pensamiento juánico en lucha con los de fuera y particularmente con los «judíos»; por consiguiente, lo que entraba en juego era sobre todo lo que negaban los de fuera. El pensamiento de los secesionistas se basa en esta perspectiva unilateral y no es fiel a aquellos presupuestos de la tradición que nunca entraron en disputa con los de fuera. Y así, al recurrir a los comienzos, el autor retrocede a corrientes que encuentran poco énfasis en el cuarto evangelio [41] pero que eran parte del antiguo patrimonio de la comunidad; incidentalmente, un patrimonio compartido con otros grupos cristianos (tal como se estudian en las p. 28 s *supra*). Resume su postura en la fórmula lapidaria de 1, 5: «éste es el evangelio que de él nosotros hemos oído, y os anunciamos» [42], un eslogan que implica que las interpretaciones contrarias de los secesionistas, a pesar de su credibilidad superficial, son distorsiones novedosas más que el auténtico evangelio juánico. El «nosotros» es importante en este eslogan, porque atribuye a la parte del autor la autoridad de la escuela juánica.

Ya es hora de detenernos en un estudio detallado sobre las posturas del autor y de los secesionistas. En cada punto, trataré de diagnosticar la postura de los secesionistas, para ver si puede haber derivado del evangelio juánico. Luego, veré asimismo si el modo en que el autor se opone a los secesionistas en este punto es más inteligible, si da una interpretación contraria del mismo evangelio juánico. Al referirme al evangelio juánico, aludiré a Juan *exactamente como lo tenemos*. Es tentador excluir ciertos pasajes del cuarto evangelio debido a que ellos probablemente no estaban en la tradición conocida por los secesionistas, sino que fueron añadidos por el redactor (o bien más tarde o bien como una revisión antisecesionista) [43]. Sin embargo, esto podría situarme ante un círculo vicioso: yo podría probar que los secesionistas se remonta-

---

41.  Por ejemplo, la escatología final, el uso del lenguaje apocalíptico, la muerte salvífica, la cristología más baja.

42.  En 1, 5 y en 3, 11 se usa el término *angelía*. La palabra más familiar para «evangelio» *(euangélion)*, nunca aparece en los escritos juánicos (cf. Ap 14, 6) y yo sugiero que *angelía* puede ser el equivalente técnico juánico.

43.  G. Richter (cf. apéndice I) piensa que la frase de Juan 1, 14: «la Palabra se hizo carne» fue añadida por el redactor como un ataque a los oponentes de 1 Jn que no reconocían ni admitían que «Jesús vino en la carne» (4, 2; asimismo 2 Jn 7). Yo trataré de explicar la postura de los secesionistas aun cuando esta frase se hallara en el himno de la comunidad juánica (prólogo) conocido por ellos. K. Berger *Zu das Wort ward Fleisch Joh. I 14a:* NovT 16 (1974) 161-166, arguye contra Richter, a partir de la evidencia del siglo II, que tal frase podría leerse fácilmente: «la Palabra apareció en la carne».

rían a la tradición juánica debido a que yo habría excluido de mi fuente principal de esta tradición (el cuarto evangelio) cualquier afirmación que pudiera contradecir la postura de los secesionistas. Prefiero por el momento ignorar la posibilidad (más aún, certeza) de redacción del cuarto evangelio para comprobar si la postura de los secesionistas tiene sentido si ellos sostenían como evangelio todo el conjunto de la tradición juánica que nosotros conocemos en el cuarto evangelio.

## 2. *Las áreas conflictivas*

Las áreas de cristología, ética, escatología y pneumatología fueron, a mi juicio, los puntos principales de conflicto entre el autor y sus oponentes. Puede aprenderse mucho acerca de las personas, examinando aquello que ellas consideran de suficiente importancia como para luchar por ello. Y como las dos ramas de descendencia juánica discuten desde su patrimonio, advertimos algunos de los puntos fuertes y de los puntos débiles de la comunidad del discípulo amado.

### a) *Cristología*

Una cristología muy alta era el punto central en las luchas históricas de la comunidad juánica con los judíos y con otros cristianos, tal como hemos podido deducir de nuestro estudio sobre la situación en la época en que fue escrito el evangelio. Una creencia en la pre-existencia del hijo de Dios era clave para la afirmación juánica de que el verdadero creyente poseía la vida propia de Dios; y el cuarto evangelio fue escrito para apoyar la fe de los cristianos juánicos precisamente en este punto (20, 31). Inevitablemente, una fe defendida tan ardientemente habría sido transmitida, dentro de la comunidad, como el mensaje principal cristiano, y se podrían esperar dos efectos colaterales de tal trasfondo teológico. En primer lugar, el énfasis en la divinidad de Jesús, agudizado a través de polémicas, ensombrecería unos presupuestos que no provocaban ninguna dificultad (la humanidad de Jesús)[44]. En segundo lugar, el hecho de que la comunidad había querido aceptar un tremendo

---

44. En la primitiva cristiandad, no había disputas acerca de la humanidad de Jesús: los que le vieron vivir y morir no tenían ninguna razón para ponerla en tela de juicio y los judíos nunca la negaron. El problema para los cristianos era el de llegar a entender la relación del hombre Jesús respecto a Dios (su divinidad). Solamente después que llegaron a creer en la divinidad de Jesús, su humanidad llegó a ser un problema.

castigo por su cristología (la expulsión del judaísmo, del que eran hijos, y la persecución) significaría que podría esperarse muy poca tolerancia respecto de las desviaciones interiores juánicas en lo referente a la cristología; si la gente había muerto literalmente por una afirmación cristológica, el celo por la cristología podía convertirse en algo que lo absorbía todo y que provocaba sospechas. Una comprensión de estos efectos colaterales ayudará a hacer inteligible las posturas y la historia que trato de reconstruir ahora.

### 1.   La postura de los secesionistas

Las siguientes afirmaciones de 1 Jn son indicativas del conflicto cristológico que existe entre el autor y sus oponentes:

¿Quién es el embustero sino el que niega que Jesús es el Cristo? (2, 22; véase asimismo 2, 23, donde la negación se refiere al hijo de Dios).

Su precepto es que creamos en el nombre de su hijo Jesucristo (3, 23).

Quien confiese que Jesús es el hijo de Dios, Dios permanece en él y él en Dios (4, 15).

Todo el que cree que Jesús es el Cristo, ése ha nacido de Dios (5, 1).

El que vence al mundo es el que cree que Jesús es el hijo de Dios (5, 5).

Con toda claridad, el autor insiste en que Jesús es el Cristo (el Mesías), el hijo de Dios; y cualquiera que niegue esto es un embustero y un anticristo (2, 22). Así, pues, ¿en qué se diferencia el mensaje de la carta del mensaje del evangelio que fue escrito para subrayar «la fe que Jesús es el Cristo (el Mesías) el hijo de Dios?» (20, 31). A pesar de la semejanza de las fórmulas [45], existe una diferencia real. El evangelio describía la trayectoria terrena de Jesús con miras a identificar a este Jesús del ministerio (o de la vida pública) con el hijo de Dios pre-existente, contra otros que conocían a Jesús, pero que negaban tal identidad. La tesis era: ¿es el Jesús, cuya vida y muerte conocemos, el «pre-existente» hijo de Dios? La carta está escrita en un contexto, donde, tanto la comunidad a la que iba dirigida como los oponentes, utilizaban de un modo común la terminología «Cristo» e «hijo de Dios»; y el problema se centraba

---

45.   Esta semejanza es inteligible según mi hipótesis porque el autor tenía que permanecer fiel a las fórmulas que habían llegado en la tradición juánica aun cuando originariamente no pretendían solucionar el problema con el que ahora se enfrentaba. Para usarlas como argumentos contra sus oponentes, tenía que reinterpretarlas.

en cómo esta terminología tendría que relacionarse con la trayectoria terrena de Jesús. La nueva tesis aquí es: ¿es importante que el hijo de Dios viviera y muriera como lo hizo Jesús? El evangelio subrayaba que Jesús es el *hijo de Dios,* mientras que las cartas subrayan que *Jesús* es el hijo de Dios. El tema de la disputa se halla perfectamente expresado en 4, 2-3 [46]:

> Todo el que reconoce que Jesucristo vino en la carne
> refleja el Espíritu que pertenece a Dios,
> mientras que todo el que niega la importancia de Jesús
> refleja un Espíritu que no pertenece a Dios.

Pero, ¿qué significa «negar la importancia de Jesús» o el negar que «Jesús vino en la carne», lo cual, presumiblemente, es lo que hacían los secesionistas? Debe significar que los oponentes de tal manera subrayan el principio divino en Jesús, que la trayectoria humana del principio divino queda descuidada. Todos los estudiosos podrían coincidir en esto, pero no coinciden en qué medida los secesionistas minimizaban la trayectoria terrena de Jesús. ¿Eran ellos docetistas completos y totales que negaban cualquier realidad a la humanidad de Jesús, en el sentido de que esta trayectoria visible era una apariencia engañosa o de que sus emociones más humanas eran solamente aparentes? Nosotros ahora tenemos una evidencia mucho mayor de tal docetismo cristiano en las obras gnósticas descubiertas en Egipto a mediados de los años 1940 [47]. La *Trimorfica Protenoia* (XIII 50, 12-15) escrita alrededor del 200 muestra a un Verbo celestial que dice en voz alta: «Yo simulé a Jesús. Yo lo arrebaté del maldito madero y lo establecí en las mansiones de su Padre. Y los que vigilan sus moradas no me reconocieron». En el *Apocalipsis de Pedro* (VII 81: 15-25) del siglo II, un Jesús vivo se mofa de sus perseguidores que atormentan al Jesús externo. El *Tratado tripartito* (I 113, 37), que tiene afinidades con el gnosticismo valentiniano, habla de un Verbo (*Logos*) «no engendrado e impasible, que vino al ser en la carne». Los estudiosos han pensado par-

---

46.   Yo acepto como original para la tercera línea el griego *pan pneuma ho lyei ton Iēsoun,* contra la lectura más corriente de *pan pneuma mē homologei ton Iēsoun,* «mientras que cualquiera que no reconoce a Jesús». Mi elección es también la de Zahn, Harnack, Büchsel, Preisker, Bultmann y Schnackenburg.

47.   Estas obras, escritas en copto y que datan del siglo IV son la traducción de obras griegas más antiguas. Se hallan recogidas en J. M. Robinson (ed.), *The Nag Hammadi Library,* New York 1977.

ticularmente en la teoría doceta adopcionista atribuida por Ireneo a Cerinto [48]: «después del bautismo de Jesús, el Cristo descendiendo del Poder que está sobre todo, bajó sobre él en forma de paloma... Al final, sin embargo, el Cristo se apartó de nuevo de Jesús... el Cristo, siendo como era espiritual, no podía sufrir». Se ha afirmado que 1 Jn 5, 6 trataba de refutar tal noción: «Jesucristo, él es el que vino por el agua y por la sangre, no en agua sólo, sino en el agua y en la sangre».

El gran obstáculo para identificar el pensamiento de los secesionistas con tales concepciones atestiguadas últimamente es que el autor de la carta no debería haber tenido ninguna dificultad en refutar a sus oponentes partiendo del cuarto evangelio. No existe la más mínima sugerencia en el cuarto evangelio de que Jesús poseyera sólo un cuerpo aparente, o de que el Verbo (o Cristo) y Jesús funcionaran como dos entidades separadas durante el ministerio. La escena con Tomás en 20, 24-29 que se refiere a las señales de los clavos y a la herida del costado, muestra que, en el pensamiento de Juan, el cuerpo de Jesús era real incluso después de la resurrección. ¿Cómo los oponentes podían haber sido parte de una comunidad que conoció esta tradición y, sin embargo, haber defendido el tipo de docetismo que estamos estudiando? [49]. Y, además, si eran cerintianos, ¿por qué, al refutarlos, diría el autor que Jesús «vino por el agua», lo cual solamente una concepción adopcionista del bautismo podía afirmarlo? Considero como un enfoque erróneo interpretar a los secesionistas juánicos a través de un conocimiento de herejías posteriores.

Un enfoque más fructífero es ver si partiendo del cuarto evangelio se puede desprender una interpretación de la trayectoria terrestre de Jesús que daría sentido a las afirmaciones cristológicas de los secesionistas y explicar por qué el autor las consideró peligrosas.

Yo sostengo que los secesionistas creían que *la existencia humana de Jesús, aunque era real, no era importante en el plan salvífico.*

---

48.   *Adversus haereses* I XX xxvi 1. En otras partes (III iii 4), Ireneo nos dice que Juan, el discípulo del Señor, llamó a Cerinto «el enemigo de la verdad», información que se dice procede de Policarpo de Esmirna. Pienso que Ireneo guarda un correcto recuerdo de que Cerinto desempeñó un papel en la historia juánica; pero, como explicaré más adelante, Cerinto refleja un estadio posterior del desarrollo doceta secesionista *después del* cisma descrito en las cartas.

49.   Incluso el docetismo combatido en las cartas ignacianas parece muy sistemático y avanzado para haber sido defendido sobre la base de Juan sin desarrollos posteriores. En *Trall* 9, 10 y *Esmirn* 2, Ignacio ataca a los incrédulos que afirman que los sufrimientos de Jesús sólo ocurrieron en apariencia.

Permítaseme reconstruir esta creencia en unas pocas afirmaciones sumarias antes de entrar en una explicación detallada de cómo pienso que eso puede relacionarse con la información que nos suministran el evangelio y las cartas. Para los secesionistas, la existencia humana era únicamente una plataforma en la trayectoria del Verbo divino y no un componente intrínseco en la redención. Lo que Jesús hizo en Palestina no era verdaderamente importante para ellos, ni siquiera el hecho de que él muriera en la cruz [50]; la salvación no hubiera sido diferente si el Verbo se hubiera encarnado en un representante humano que hubiera vivido una vida diferente y que hubiera muerto de muerte distinta. La única cosa verdaderamente importante para ellos era la vida eterna dada a los hombres y mujeres del mundo a través de un Hijo divino que pasó por este mundo. En pocas palabras, la suya era una teología de encarnación privativa. Pero ahora permítaseme mostrar cómo tal interpretación pudo haberse basado en el pensamiento juánico, tal como lo conocemos por el cuarto evangelio.

*En primer lugar, Juan ofrece una imagen de Jesús que hasta cierto punto relativiza su humanidad.* (Permítame el lector que le recuerde una vez más que no estoy explicando lo que el evangelista quería decir, sino cómo podría leerse el evangelio por los secesionistas, a veces de un modo contrario a los presupuestos del evangelista). Al estudiar la cristología juánica, los teólogos han aislado frecuentemente Jn 1, 14ab: «el Verbo se hizo carne y habitó entre nosotros». Sin embargo, esta afirmación no puede separarse de las líneas siguientes: «y hemos visto su gloria, gloria como de Unigénito del Padre» (14cd). No hay duda, partiendo de 1, 14, de que el Jesús juánico posee una humanidad real [51], pero el énfasis recae sobre la gloria de Dios que aparece y brilla a través de esa humanidad. En los evangelios sinópticos, solamente en la transfiguración aparece la gloria de Dios con transparencia a los tres discípulos que no la entienden completamente. Pero, para Juan, el primer milagro que realizó «reveló su gloria, y sus discípulos creyeron en él» (2, 11). Se puede decir que, para Juan, toda la vida de Jesús fue transfiguración. No necesito repetir aquí todo lo que he dicho acerca de la distintiva alta cristología juánica de la preexistencia, tan alta que Jesús puede utilizar el nombre divino de *yo soy,* y sus oponentes judíos le acusan de hacerse Dios. Más bien permítaseme concentrarme en cómo la cristología de la preexistencia oculta la imagen juánica de la vida terrena de Jesús.

50. Weiss, *Die Gnosis,* 342-343.348, defiende que los secesionistas no tenían sentido de la historia de la salvación y que su teología era un vacío soteriológico.
51. Sin embargo, cf. la opinión de Berger en la nota 43 *supra.*

El Jesús juánico apenas parece que come o bebe en el sentido normal, porque cuando habla de alimento (4, 32), de pan (6, 33 s), o de agua (4, 7-14; 7, 38; 9, 7) se trata de símbolos de realidades espirituales. Ama a Lázaro con un amor al que se hecha en falta la simpatía humana; no se apresura a ir a verlo cuando se halla enfermo (11, 5-6), y la muerte de Lázaro se convierte en un momento gozoso para proponer una enseñanza acerca de la fe (11, 11-15). El ver a la hermana de Lázaro llorando parece que le causa enojo (11, 33) y no es claro, si cuando él mismo lloró (11, 35), era pena por su amigo o por la falta de fe [52]. El Jesús juánico conoce todas las cosas (16, 30) de manera que no necesita recibir información. Cuando le dice a Felipe «¿dónde compraremos pan para dar de comer a toda esta gente?» (6, 5), el evangelista se siente impelido a insertar en el siguiente versículo: «esto lo decía para probarle, porque él bien sabía lo que había de hacer». «El cuarto evangelio posee su propia explicación sobre el misterio que se halla implicado en la elección de Judas; ésta no fue una elección equivocada de un discípulo que parecía que prometía y que luego fracasó. Más bien, la primera vez que se menciona a Judas se nos dice: «porque sabía Jesús desde el principio quiénes eran los que no creían y quién era el que había de entregarle» (6, 64.70-71) [53].

El Jesús juánico es uno con el Padre (10, 30) y así él no puede realmente orar al Padre en el sentido de buscar un cambio en la voluntad divina. Cuando habla con Dios con ocasión de la resurrección de Lázaro [54], dice: «Padre, te doy gracias porque me has escuchado; yo sabía que siempre me escuchas; pero por la muchedumbre que me rodea, lo digo, para que crean que tú me has enviado». La tradición sinóptica presenta así la oración de Jesús en Getsemaní: «Padre, todas las cosas son posibles para ti; aparta de mí este cáliz; con todo, no se haga mi voluntad, sino la tuya» (Mc 14, 36; Mt 26, 39; Lc 22, 42). El Jesús juánico muestra una actitud completamente diferente: «Y ¿qué diré? ¿Padre, líbrame de esta hora? Mas para esto he venido yo a esta hora. Padre, glorifica tu nombre» (12, 27-28). En otras palabras, el Jesús juánico rehúsa orar

52. Véase mi comentario al evangelio de Juan (Madrid 1979).
53. En Mc 14, 17-21, incluso en la última cena, mientras que Jesús sabe que uno de los doce le va a traicionar, no es claro que sepa de quién se trata.
54. R. Bultmann, *The gospel of John*, Philadelphia 1971 (original alemán 1941) 408, señala que la actitud de Jesús, en 11, 41-42, no es arrogante desde el momento en que su seguridad de ser oído procede de que está ante Dios siempre en actitud de petición. Esto es verdad, pero la petición es siempre escuchada debido a la unidad de voluntad y, en este sentido, una total comunión entre Jesús y el Padre.

a la manera en que ora el Jesús de los sinópticos, porque en el cuarto evangelio no existe distinción entre la voluntad de Jesús y la del Padre y el nombre del Padre le ha sido dado a Jesús [55].

E. Käsemann ha descrito la cristología del cuarto evangelio como un docetismo ingenuo e irreflexivo que, sin embargo, no fue reconocido ni por el evangelista ni por su comunidad [56]. Pienso que Käsemann se equivocó yendo más allá de la evidencia al juzgar que ésta era la cristología del evangelio [57] y es un anacronismo aplicar el término «docetismo» al evangelio [58]. Sin embargo, él muestra hasta qué punto *puede* leerse el evangelio, y puede sin duda haberse aproximado en el siglo XX al modo en que los oponentes de 1 Jn interpretaron la tradición juánica en el siglo I, concretamente en términos de una trayectoria terrena que no supone realmente una apropiación por parte de Jesús de las limitaciones de la condición humana.

*Segundo: hay elementos en Juan que aminoran la importancia salvífica del ministerio público de Jesús.* En la teología juánica, el Verbo trajo la vida eterna de Dios a los hombres y mujeres de la tierra; pero los secesionistas pueden haber pensado que esta vida eterna se hizo posible simplemente a través de la presencia del Verbo en el mundo y no a través de la dependencia de lo que el Verbo hizo mientras estaba presente en dicho mundo. El factor realmente importante para ellos sería que el Verbo se hizo carne, no el tipo de vida que vivió o la muerte con que murió. En 17, 3, el Jesús

55. La lectura correcta de Jn 7, 11 es probablemente: «guárdalos salvos con tu nombre que me diste» (asimismo 17, 12).

56. *Testament,* 26.

57. Smalley, *John,* critica a Käsemann a todas luces: «mientras que algunos elementos en la imagen juánica de Jesús son capaces de una interpretación doceta si se toman en sí mismos, el efecto total difícilmente puede verse como una divinidad sin humanidad».

58. Si uno quiere incurrir en anacronismo al estudiar la situación juánica en términos de posiciones teológicas desarrolladas en un período posterior, yo preferiría ver en la descripción de Jesús por parte de Juan más el peligro de monofisismo que de docetismo. La humanidad del Jesús juánico no es ni una falsa apariencia ni temporal; sin embargo, no es semejante a la nuestra. El Jesús juánico no es «uno que en todos los aspectos fue tentado como nosotros pero sin pecar» o uno «que aprendió obediencia por haber sufrido, siendo perfecto» (Heb 4, 15; 5, 8-9). De un modo más aceptable que Juan, la carta a los hebreos mantuvo en tensión una alta cristología y una plena humanidad. El reconocimiento de que la cristología de Juan no es perfecta, si la juzgamos por los cánones del concilio de Calcedonia, no provoca conflicto, si se entiende de un modo inteligente la inspiración del cuarto evangelio: ningún autor bíblico captó el misterio completo de Jesús. La iglesia que habló en Calcedonia del verdadero Dios y el verdadero hombre, totalmente semejante a nosotros excepto en el pecado, era una iglesia que tenía tanto a Marcos como a Juan en su canon de Escritura.

juánico dice: «ésta es la vida eterna: que te conozcan a ti, único Dios verdadero, y a tu enviado Jesucristo». Y 17, 8 subraya: «porque yo les he comunicado las palabras que tú me diste y ellos ahora las recibieron y conocieron verdaderamente que salí de ti y creyeron que tú me has enviado». Tales afirmaciones centran la salvación en el envío por parte de Dios, más que en cualquier tipo de acciones del Hijo en la tierra.

El autor de 1 Juan ataca especialmente la cristología de sus oponentes en la oscura afirmación de 5, 6, donde alaba a Jesucristo: «él es el que vino por el agua y por la sangre, Jesucristo». Generalmente se piensa que «por el agua y por la sangre» subraya el bautismo y la muerte de Jesús [59]. El autor no subrayaba estos acontecimientos para probar que Jesús era humano; más bien los utilizaba como marco del ministerio salvífico de Jesús [60]. Es importante que el Hijo viniera al mundo, pero su venida salvífica suponía asimismo su bautismo y su muerte. Si los oponentes ponían poco o ningún énfasis en el bautismo y en la muerte de Jesús como salvíficamente importantes, ¿pueden haber justificado su postura a partir de lo que conocemos de la tradición juánica en el cuarto evangelio?

De hecho, Juan es el único de los cuatro evangelios que no describe el bautismo de Jesús. Una referencia indirecta (1, 30-34) hace del bautismo el momento de la revelación de la presencia del Hijo pre-existente de Dios, ya que JBap dice: «detrás de mí viene uno que es anterior a mí, porque era primero que yo. Yo no le conocía, pero para que él fuese manifestado a Israel he venido yo y bautizo en agua». El bautismo administrado por JBap no es considerado ya como un bautismo de arrepentimiento para el perdón de los pecados (Mc 1, 4); ahora sirve para confirmar la revelación de la preexistencia que encontramos en el himno del prólogo [61].

La pasión y la muerte en el cuarto evangelio no implican lo mismo que en otros escritos del nuevo testamento [62]. Ya señalábamos esto en el capítulo 2 de Jn. Los evangelios sinópticos hacen de la actitud de Jesús respecto al templo la causa de su condenación a

59. Cualquier referencia a los sacramentos del bautismo y a la eucaristía sería secundaria y más estrechamente relacionada con 5, 7-8.

60. Adviértse cómo se utilizan el bautismo y la muerte en Marcos (1, 11; 15, 39): en el bautismo, Dios revela al lector quién es Jesús (concretamente, el hijo de Dios); en la muerte, se revela a uno que participa en la historia evangélica quién es Jesús.

61. De hecho, en 1, 15 Juan aporta el testimonio de JBap a la pre-existencia y lo refiere al prólogo como un comentario a «el Verbo se hizo carne» (1, 14). Cf. *infra*, p. 145-146.

62. R. E. Brown, *The passion according to John:* Worship 49 (1975) 126-134.

muerte (Mc 11, 15-18; 14, 55-61), pero Juan sitúa la purificación del templo al comienzo del ministerio de Jesús y la separa totalmente de la pasión. Para Juan, la escena del templo la relaciona con la resurrección de Jesús (2, 19.21-22). Esto establece el tono por el cual la pasión y la muerte van a ser interpretadas como victoria. No existe victimación del Jesús juánico en la pasión, puesto que él dice: «porque yo doy mi vida para tomarla de nuevo. Nadie me la quita, soy yo quien la doy de mí mismo. Tengo poder para darla y poder para volver a tomarla». Esta afirmación de Jesús en 10, 17-18 es totalmente diferente del punto de vista que aparece en Heb 5, 8, según el cual, Jesús aprendió la obediencia mediante el sufrimiento. El Jesús juánico no se postra en tierra para suplicar en Getsemaní (Mc 14, 35), más bien son los soldados romanos y la policía judía los que caen a tierra en el huerto cuando él expresa su mayestático *«yo soy»* (18, 6). En la escena del juicio, el Jesús juánico deja bien claro que Pilato no posee un poder independiente sobre él (19, 11) y se nos dice que el juez siente miedo ante el que es juzgado (19, 8). En la cruz, Jesús se ve rodeado por un grupo inicial de discípulos (19, 25-27), que son el comienzo de la iglesia. Mantiene tal control que sólo cuando afirma «todo está acabado», inclina la cabeza y entrega su espíritu (19, 30)[63]. Esta soberana afirmación está muy lejos del grito de Jesús en Marcos: «Dios mío, Dios mío ¿por qué me has abandonado?» (15, 34), un grito que habría sido inconcebible en los labios del Jesús juánico, que proclamó ante el abandono de sus discípulos: «no estoy solo, porque el Padre está conmigo» (16, 32). En su muerte en la cruz, el Jesús juánico está siendo ya «elevado» triunfalmente y atrayendo a los hombres hacia sí (12, 32-33; cf. 3, 14-15). Este es un cuadro totalmente diferente del que ofrece el himno paulino, donde la muerte en la cruz es el punto más bajo en la humillación del siervo de Yahvé (Flp 2, 8).

63. De muchas maneras la crucifixión es para Juan tanto una ascensión como un pentecostés. Juan no niega la antigua tradición de que la donación del Espíritu vino después de la glorificación de Jesús (cf. 20, 22)[63]. Pero puesto que él ve la muerte o «el ser elevado» de Jesús como parte de la glorificación, ofrece una comunicación proléptica del Espíritu en la cruz. La *entrega* del Espíritu por el Jesús que muere (19, 30) y el fluir de sangre y agua del costado traspasado del cuerpo crucificado (19, 34) debe leerse a la luz de 7, 38-39 y de la promesa de Jesús de cumplir la Escritura: «desde su seno fluirán corrientes de agua viva». Juan nos explica esta promesa: «esto dijo del Espíritu que habían de recibir los que creyeran en él, pues aún no había sido dado el Espíritu, que habían de recibir los que creyeran en él, porque Jesús no había sido glorificado».

La noción de sacrificio cede a la de revelación, como deja bien claro T. Forestell [64]: «la cruz de Cristo es valorada en Jn precisamente en términos de revelación, en armonía con la teología de todo el evangelio, más bien que en términos de un sacrificio vicario y expiatorio por el pecado».

Si Juan destaca el bautismo y la pasión como momentos de la revelación, los secesionistas parece que interpretaron esto de un modo exclusivo. El bautismo es ahora únicamente un recuerdo público de que el Hijo vino al mundo. La muerte es solamente el retorno esencial del Hijo al Padre, un paso de este mundo a la presencia del Padre y a la gloria que él tenía antes de que el mundo existiera (13, 1; 17, 4-5). ¿Cómo podrían entender una afirmación juánica como aquella «yo doy mi vida por esas ovejas» (10, 15)? [65]. Presumiblemente, ellos se habrían visto como aquellas ovejas que reconocen la voz de Jesús y a las que él conoce (10, 4.14-15). Ellos podrían haber interpretado este exponer su vida por ellos y el hecho de *tomarla de nuevo* (10, 17) a la luz de 14, 2-3: «cuando yo me haya ido y os haya preparado el lugar, de nuevo volveré y os tomaré conmigo, para que donde yo estoy, estéis también vosotros». Su muerte les mostraba que ellos también pasarían de este mundo al Padre.

## 2.   Refutación por parte del autor

¿Cómo puede el autor de 1 Jn refutar a oponentes que proponen una cristología que no es una interpretación imposible del evangelio juánico? Ciertamente, él no puede disentir de una tradición que, tanto para él como para los secesionistas, constituye «evangelio». Por ejemplo, él no es libre para negar la preexistencia del hijo de Dios aun cuando los secesionistas pueden haber destacado tal concepción para aminorar la importancia de la trayectoria carnal de Jesús. El autor cree asimismo que «la vida eterna que estaba en el Padre se nos manifestó» (1 Jn 1, 2), que «el hijo de Dios apareció» (3, 8), que «Dios envió al mundo a su unigénito Hijo»

---

64.   *The word of the cross: salvation as revelation in the fourth gospel,* Roma 1974, 191. Asimismo S. Talavero Tomar, *Pasión y resurrección en el cuarto evangelio,* Salamanca 1976, esp. 173-223: la pasión es una revelación de Jesús como el rey que vino al mundo, pero cuyo reino no es de este mundo. U. B. Müller, *Die Bedeutung des Kreuzestodes Jesu im Johannesevangelium:* KD 21 (1975) 49-71: la muerte física de Jesús no tiene especial relevancia excepto como una manifestación de la *dóxa* («gloria»).

65.   Esta es una afirmación más ambigua que la de Mc 10, 45: «el Hijo del hombre vino... a dar su vida por la redención de muchos».

(4, 9.14), que Jesús es uno que *vino* (5, 5.20) y que Jesús es «verdadero Dios» (5, 20) [66]. Sin embargo, el autor discutirá las conclusiones erróneas que sus oponentes sacaron de esta teología de la encarnación comúnmente admitida, y así procura introducir afirmaciones que implican la preexistencia con otras afirmaciones que subrayan la trayectoria del Verbo hecho carne: un énfasis más formal y explícito del que se encuentra en el cuarto evangelio.

Un buen ejemplo del cambio de énfasis puede hallarse comparando el prólogo de la primera carta con el prólogo del evangelio. Muchos términos iguales aparecen en ambos («principio», «palabra», «vida»), pero con diferente significado. Mientras que para el evangelio (1, 1) el «principio» es antes de la creación, para la carta (1, 1), «lo que era desde el principio» es paralelo a lo que «hemos visto, oído y sentido», en otras palabras, el comienzo del ministerio cuando Jesús por primera vez establece una relación con sus discípulos [67]. El autor de 1 Jn no altera la tradición juánica al dar tal significado a «comienzo», porque aparece en el evangelio en 2, 11; 6, 64; y en 16, 4. De hecho, un paralelo particularmente adecuado de 1 Jn 1, 1 es Jn 15, 27: «y vosotros daréis también testimonio, porque desde el principio estáis conmigo». Lo que él hace para refutar a sus oponentes es dar preferencia a un uso juánico de «comienzo» y así, contrarresta su exagerado énfasis en el otro, (concretamente, el significado de la creación anterior y sus implicaciones para la preexistencia). En cuanto a los términos «mundo» y «vida», en el prólogo del evangelio se nos dice primeramente (1, 1-5) que el Verbo estaba en presencia de Dios y que lo que llegó a ser en él era la vida (haciéndose eco de la historia de la creación en Gén 1-3). Solamente más tarde, en el prólogo del evangelio, tenemos una referencia a la encarnación cuando la Palabra se hizo carne (1, 14). Pero en el prólogo de la carta (1, 2), el autor subraya la vida eterna, no sólo «como existía en la presencia del Padre», sino también como ella «nos fue revelada a nosotros». De hecho, la primera referencia en la carta a «la palabra de vida» (1, 1) la hace equivalente a «lo que hemos oído», «una vida visiblemente revelada como hemos visto y damos testimonio». Es decir, para el autor

66. En mi opinión, la mejor lectura de este versículo aplica la designación de «verdadero Dios» a Jesús; cf. mi *Jesus God and man*, New York 1972, 18-19.

67. Cf. I. de la Potterie, *La notion de 'commencement' dans les écrits johanniques*, en *Schürmann Festschrift*, 379-403, esp. 396-402. Este es asimismo el significado de «comienzo» en 1 Jn 2, 7.24; 3, 11; 2 Jn 5, 6. Por supuesto, el autor del epistolario es consciente del trasfondo del Génesis (y de la creación) en el que se utiliza ese término como tal, por ejemplo, 1 Jn 3, 8 que puede compararse con Jn 8, 44 como un eco de Gén 2, 17; 3, 19.

de la carta, la «palabra de vida» es el mensaje evangélico de la trayectoria de Jesús donadora de vida entre los seres humanos. Finalmente, incluso el énfasis sobre la encarnación es diferente en los dos prólogos, como podemos ver si comparamos el comentario del evangelio acerca del Verbo hecho carne en 1, 14 c, «hemos visto su gloria», con el comentario a la carta en 1, 1: «hemos oído y visto con nuestros propios ojos... hemos contemplado y palpado con nuestras manos». El énfasis recae ahora en la cualidad observable y tangible de la proclamación y de ahí en la trayectoria humana de Jesús [68], como asegurada por el testimonio de la escuela juánica.

¿Y cómo se las arregla el presbítero ante la negativa de los secesionistas a atribuir un valor salvífico a la muerte de Jesús? No cabe duda, como hemos visto, de que el mayor énfasis en el evangelio se da a la muerte como revelación. Pero diseminadas en el evangelio (6, 51; 11, 51-52; 12, 24; 18, 14), se encuentran algunas referencias a la importancia salvífica de la muerte de Jesús que podrían servir a los propósitos del autor [69]. En particular, podemos recordar que, en Jn 1, 29, JBap describe a Jesús como «el cordero de Dios que quita el pecado del mundo». Los secesionistas pueden haber interpretado esto simplemente como si Jesús destruyera el pecado aportando la luz, pero el autor de 1 Jn veía indudablemente aquí una referencia a la muerte redentora de Jesús, ya pensara en esa imagen como perteneciente al siervo doliente o al cordero pascual [70]. Esto confirmaría su teología de la expiación: «la sangre de Jesús, su hijo, nos limpia de todo pecado» (1, 7); «él mismo es una expiación para nuestros pecados, y no sólo para nuestros pecados, sino para los de todo el mundo» (2, 2; cf. Jn 11, 51-52). La afirmación de 1 Jn 3, 16: «en esto hemos conocido la caridad, en que él dio su vida por nosotros», nos muestra cómo el autor comentaría a Jn 10, 15: «doy mi vida por las ovejas», el pasaje examinado anteriormente desde el punto de vida secesionista. El autor ve a Jesús entregando la vida no simplemente para retomarla, sino como expiación: «en esto consiste la caridad, no en que nosotros

68.   P. Bonnard, *La première épître de Jean est-elle johannique?*, en *L'évangile de Jean*, 301-305 es excelente en este punto.

69.   G. Richter, *Die Deutung des Kreuzestodes in der Leidensgeschichte des Johannesevangeliums (Joh 13-19)*: Bib Leb 9 (1968) 21-36, sostenía que había dos interpretaciones de la muerte de Jesús en Juan. Aparte de la que ya hemos estudiado (nota 64, *supra*), había otra concepción que consideraba la muerte de Jesús como un ejemplo moral de amor y de humildad; y la pespectiva de 1 Jn estaba más próxima a la segunda interpretación.

70.   Cf. mi comentario al evangelio de Juan para las tres diferentes interpretaciones del «cordero de Dios».

hayamos amado a Dios, sino en que él nos amó y envió a su hijo, víctima expiatoria de nuestros pecados» (1 Jn 4, 10). La importancia del derramamiento de sangre en la vida de Jesús se halla subrayada en el pasaje que hemos anotado hace un momento: Jesucristo «vino por el agua y la sangre, no en agua sólo, sino en el agua y en la sangre» (5, 6) [71]. El Jesús verdaderamente humano que fue bautizado y que derramó su sangre es a quien el autor caracteriza como «el verdadero Dios y la vida eterna» (5, 21). Con mucha más claridad, según eso, que en el evangelio, el Jesús de 1 Jn es un redentor, aun cuando, como verdadero juánico, el autor nunca olvida la función de Jesús como revelador: «Cristo apareció para destruir el pecado» (3, 5).

La importancia del tema de la fe es obvia en el cuarto evangelio con la aparición noventa y ocho veces del verbo *pisteúein*, «creer», dando un término medio de cinco veces en cada capítulo. Probablemente, los secesionistas no tenían dificultad en creer en Jesús, y así no hay ninguna razón para que la carta subraye la fe (nueve veces aparece el *pisteúein*, o, aproximadamente dos veces en cada capítulo). En las cartas, el énfasis se desplaza hacia el *homologuein* («confesar»), una palabra que no es extraña al evangelio (tres veces), pero que, proporcionalmente, es mucho más frecuente en las cartas (seis veces). El autor y sus oponentes podrían coincidir en que la vida eterna consiste en conocer a Jesucristo como el enviado por Dios (Jn 17, 3).

Pero el autor trata de purificar a sus oponentes, insistiendo en una *confesión* pública de que este envío o esta venida ocurrió en carne humana (1 Jn 4, 2; 2 Jn 7). Sin esta modalidad humana, la vida eterna no se nos habría revelado (1, 1-2).

b) *Etica*

Si la cristología constituyó el principal campo de batalla entre el autor y los secesionistas, hubo también escaramuzas en las implicaciones de la cristología en la conducta cristiana. De las condenaciones de las posturas éticas que el autor de 1 Jn considera como falsas, podemos reconstruir de una manera refleja tres aspectos del pensamiento de los secesionistas. En primer lugar, los secesionistas

---

71.  Se pensó que este pasaje se refiere a Jn 19, 34, donde del costado de Jesús fluyeron sangre y agua. Los secesionistas podrían haber interpretado tal flujo como un símbolo de que la muerte no habría afectado al poder dador de vida de Jesús. Sin embargo, 19, 35 es una adición parenética que subraya el realismo del incidente; y muchos estudiosos piensan que un redactor añadió este paréntesis en armonía con 1 Jn 5, 6. Véase p. 92 s *supra*, acerca de la relación entre el redactor y el autor de las cartas.

se vanagloriaban de una intimidad con Dios, hasta el punto de considerarse perfectos o sin pecado. Los siguientes puntos de los que se vanagloriaban, y que hallamos citados en 1 Jn, reflejan, al parecer, sus concepciones:

Si dijéramos: «que vivimos en comunión con él» (1, 6)
Si dijéramos: «que no tenemos pecado» (1, 8)
Si dijéramos: «que no hemos pecado» (1, 10)
El que dice: «que le conoce» (2, 4)
Quien dice: «que permanece en él» (2, 6)
El que dice: «que está en la luz» (2, 9)
Si alguno dice: «amo a Dios» (4, 20)

En segundo lugar, los oponentes no ponen mucho énfasis en el cumplimiento de los mandamientos (2, 3-4; 3, 22.24; 5, 2-3). En tercer lugar, los oponentes son débiles a propósito del amor fraterno. Consideremos cada uno de esos puntos, buscando la razón que pudieron ver en Juan los secesionistas para adoptar esa posición y observemos después cómo el autor de las cartas responde, asimismo, permaneciendo fiel a Juan.

1.   La intimidad con Dios y la ausencia de pecado

La mayor parte de las pretensiones o de las cosas de las que se vanagloriaban los oponentes puede justificarse fácilmente a partir del cuarto evangelio. El permanecer en comunión con Dios y el permanecer o habitar con él, es uno de los grandes dones que el Jesús juánico otorga a los que creen en él [72]. Su oración final suena así: «para que todos sean uno, como tú, Padre, estás en mí y yo en ti... para que el amor con que tú me has amado esté en ellos y yo en ellos» (17, 21.26; asimismo 6, 56; 14, 23; 15, 4-5). La pretensión «conozco a Dios» no es sorprendente en una tradición donde Jesús promete que los que le conocen realmente conocerán asimismo al Padre (14, 7; 17, 3.25-26). La pretensión de estar en la luz se entiende puesto que Jesús «es la luz que vino al mundo» (3, 19), y puesto que cualquiera «que obra la verdad viene a la luz» (3, 21). Como el mismo Jesús asegura: «el que me sigue no anda en tinieblas, sino que tendrá luz de vida» (8, 12; asimismo 12, 35-36).
Pero en 1 Jn 1, 8.10, existe una doble pretensión de los oponentes de ausencia de pecado que, a primera vista, puede parecer extraña a la tradición juánica [73]. Y puede resumirse así: «estamos

_____

72.   Acerca del concepto juánico de la inhabitación divina, cf. mi comentario al evangelio de Juan.
73.   Todas las demás pretensiones de los secesionistas que enumeramos anteriormente son negadas por el autor cuando falta una condición ética. Por ejemplo,

libres de pecado» (*ouk éjomen hamartían*) y «no hemos pecado»
(*ouj hēmartēkamen*). La primera forma de esa pretensión es la más
fácil de referir al cuarto evangelio si recordamos que la
terminología «culpable de pecado» y «esclavos de pecado» se utiliza
allí para los no creyentes. En Jn 8, 31-34, Jesús se dirige a sus oponentes judíos como sigue: «en verdad, en verdad os digo que todo
el que comete pecado es un esclavo del pecado», mientras que «si
permanecéis en mi palabra, seréis en verdad discípulos míos y conoceréis la verdad, y la verdad os librará». Puesto que, en contraste
con el no creyente, el creyente se ve libre de pecado, los secesionistas lo que hacen es modificar ligeramente la frase al afirmar que están libres de la culpa de pecado. De hecho, eso ocurre en la escena
del ciego de nacimiento y allí se da la expresión «culpa de pecado»
(*éjein hamartían*). El hombre que nació ciego (y por eso se le acusa
de haber nacido en pecado 9, 34) encuentra la luz. A los fariseos,
por el contrario, se les dice que si reconocieran su ceguera, no
serían «culpables de pecado», pero puesto que se vanagloriaban de
ver, por ello su pecado permanece (9, 41). Una consecuencia lógica
es que el ciego que reconoció su ceguera no es culpable de pecado
y su pecado no permanece [74]. El evangelista deseaba que el lector
del evangelio se identificara con el ciego y los secesionistas hicieron
precisamente esto considerándose a sí mismos como los que habían
sido iluminados y así no eran culpables de pecado.

¿Pero podrían los secesionistas justificar, a partir del evangelio
juánico, la otra pretensión de carecer de pecado, «nosotros no hemos pecado»? ¿Significa esta pretensión que ellos no han pecado
nunca en sus vidas o que ellos no han pecado desde que se hicieron
creyentes? [75]. Esta última pretensión podría tener una base en Juan
por una analogía entre el cristiano y Jesús. Jesús es el hijo de Dios;
los que creen en él son hijos de Dios (Jn 1, 12). Los secesionistas
pueden haber creído que, al hacerse hijos de Dios, se hallan li-

---

niega la pretensión de estar en comunión con Dios solamente cuando la persona
que hace eso continúa caminando en las tinieblas. Pero el autor parece que niega
por completo la doble pretensión de estar libre de pecado y de no haber pecado,
porque no menciona ninguna condición ética que pudiera darse para que las pretensiones fueran correctas.

74. Cf. asimismo Jn 8, 24: «si no creyereis, moriréis en vuestro pecado»; 15,
22: «si no hubiera venido y les hubiera hablado, no tendrían pecado»; y 16, 8-9: «el
Paráclito convencerá al mundo en lo referente al pecado... porque no creyeron en
mí». Todos estos pasajes implican que los creyentes no serán ya culpables de pecado.

75. La distinción carecería de importancia y de significado para los que leyeran
a Jn 3, 17-21 viendo que la luz aportada por Jesús hace meramente visible lo que la
gente es ya en ese momento, de forma que «el que actúa en la verdad» se refiere a
uno que no tiene ya pecado cuando encuentra a Jesús.

bres de pecado, lo mismo que el hijo de Dios carecía de pecado
(8, 46): «¿quién de vosotros puede convencerme de pecado?». ¿Y
no se les había enseñado a todos los cristianos juánicos que habían
recibido el Espíritu que les da un poder sobre el pecado (20,
22-23)? [76]. ¿No se les había enseñado que el que cree en el Hijo no
es juzgado (3, 18; 5, 24)? Después de todo, Jesús había dicho a
Pedro: «el que se ha bañado, no necesita lavarse... está todo lim-
pio» (13, 10).

El hecho de que la tradición juánica se incline a una tesis de
ausencia de pecado después de haberse convertido en creyente se ve
ilustrado por el hecho de que, mientras que el autor de la primera
carta rechaza la pretensión de los oponentes «nosotros no hemos
pecado» (1, 10), él llega claramente a hacer casi la misma afirmación *precisamente en imitación de la ausencia de pecado de Cristo.*
En 3, 5-6, dice: «sabéis que apareció para destruir el pecado y que
en él no hay pecado. Todo el que permanece en él no peca». En
otro texto, asocia la ausencia de pecado con el ser engendrados o
haber nacido de Dios: «quien ha nacido de Dios no peca, porque
la simiente de Dios está en él y no puede pecar porque ha nacido
de Dios» (3, 9). Si tanto los oponentes como el autor parece que
pretenden una ausencia de pecado y un perfeccionismo, ¿cuál es la
diferencia que existe entre ellos? El autor ve la ausencia de pecado
como la implicación o consecuencia propia de haber nacido de Dios
y por eso como una *obligación* que incumbe al cristiano. Yo entiendo que su «no puede ser un pecador» significa no puede ser
*constante* o *habitualmente* un pecador, porque, en otras partes, él
reconoce que los cristianos puede que no alcancen esa meta. Como
refutación al perfeccionismo de sus oponentes, dice: «hijitos míos,
os escribo esto para que no pequéis. Si alguno peca, abogado tenemos ante el Padre, a Jesucristo justo» (2, 1). Los oponentes, por su
parte, en su perfeccionismo, ven la ausencia de pecado como una
verdad realizada y no simplemente como una obligación. Para
ellos, el creyente carece de pecado y ellos no pueden admitir la posibilidad de excepción: «si alguno peca» [77].

Como paréntesis, permítaseme advertir que hago estas observaciones en parte de acuerdo y en parte en desacuerdo con el reciente

---

76. Sobre el significado, extensión o alcance y ejercicio del poder sobre el pecado que se implica en este texto, cf. mi comentario al evangelio de Juan.

77. Sin embargo, incluso para los secesionistas, la incapacidad de pecar
procedería de la creencia en Jesús. Como veremos más adelante, un paso siguiente
en el camino emprendido por ellos sería el afirmar una impecabilidad ontológica
que procedería del hecho de la iluminación que vino al mundo como destello divino: y este paso llevaría a los secesionistas al gnosticismo.

libro de J. Bogart sobre el tema (nota 30, *supra*). Ambos reconoce-
mos las semillas de perfeccionismo en el cuarto evangelio y un desarrollo del perfeccionismo de diversas maneras en el autor y en sus
oponentes (modos que Bogart denomina ortodoxo y herético). Pero
estoy en desacuerdo con una tendencia que puede advertirse en el
pensamiento de Bogart que él expresa así (p. 134): «¿se halla el
perfeccionismo herético *inherente* aquí (en el evangelio de Juan)?
¿Derivó *naturalmente* de él? No, porque la teología (esto es, la
doctrina de Dios y de la creación), la antropología y la soteriología
que subyacen en el evangelio de Juan no son gnósticas». Más adelante (p. 135), Bogart expresa de una manera más explícita su sospecha: «en la época en que fue escrita 1 Jn, algunos cristianos
juánicos se habían hecho gnósticos... tal vez la comunidad juánica
sufría un influjo de gentiles pre-gnósticos que nunca habían aceptado las doctrinas básicas bíblicas de Dios y el hombre». Esta suposición es totalmente improbable y, en mi opinión, totalmente innecesaria. (El realmente introduce en el período entre el evangelio
y las cartas un desarrollo que solamente podemos probar en el
período *posterior a* las cartas; lee en el comienzo del cisma el destino de los secesionistas después del cisma). Pienso asimismo que Bogart descuida un camino intermedio entre estas dos alternativas: o
el cuarto evangelio conduce de un modo inherente y natural al perfeccionismo herético o ha habido un influjo exterior que aboga por
el perfeccionismo herético. La cuestión real es si el incipiente perfeccionismo del evangelio podría probablemente (aunque erróneamente) haber sido interpretado de manera que produjera el perfeccionismo de los secesionistas. Ya he tratado de demostrar que pudo
ocurrir esto, pero asimismo pudo leerse de tal manera que produjera el perfeccionismo del autor y así coincido con Bogart en que no
existe una dirección inherente hacia pensamiento secesionista en el
evangelio.

## 2. El cumplimiento de los mandamientos

Otro modo por el que el autor de 1 Jn reta al perfeccionismo
de los oponentes es refiriéndolo al «cumplimiento de los mandamientos» (2, 3; 3, 22.24; 5, 2-3). Sin más, llama embustera o men-
tirosa a la persona que pretende «conocer a Dios» sin guardar los
mandamientos (2, 4). Pero ¿qué es lo que quiere decir el no guardar los mandamientos en la ética de los secesionistas? Distingamos
primeramente entre práctica y teoría. En la práctica, ¿eran los secesionistas libertinos, que vivían una vida inmoral? Hay un pasaje en
1 Jn (2, 15-17) donde el autor amonesta contra el espíritu munda-
no: «concupiscencia de la carne, concupiscencia de los ojos y orgu-

llo de la vida». Pero es muy difícil asegurar que este pasaje se dirija a los oponentes [78], puesto que puede ser simplemente una amonestación pastoral general a sus propios seguidores. Por otra parte, el autor nunca menciona vicios especiales de los secesionistas, y esto, en una época en la que en la cristiandad existían catálogos de vicios que se hallan bien atestiguados, especialmente en los escritos de enfrentamiento [79]. El autor llama a sus oponentes «falsos profetas» (4, 2), la misma acusación que encontramos en 2 Pe 2, 1 contra los oponentes al autor petrino; pero no hay nada en 1 Jn que se parezca, ni siquiera remotamente, a la oratoria que 2 Pe 2, 13-14 dirige contra la conducta de los oponentes: «pues hacen sus delicias de los placeres de cada día; hombres sucios, corrompidos, se gozan de sus extravíos mientras banquetean con vosotros. Sus ojos están llenos de adulterio, son insaciables de pecado, seducen a las almas inconstantes, tienen el corazón ejercitado en la avaricia, son hijos de maldición». Tal reticencia juánica posibilita el que los secesionistas sean culpables principalmente en teoría. Su teoría, evidentemente, puede en último término ser traducida a la práctica y ése puede ser el peligro por el que el autor se lanza con tanta energía contra la teoría.

La más probable explicación de la actitud de los secesionistas respecto a los mandamientos es que ellos no atribuían *ninguna importancia salvífica a la conducta ética* y que esa postura surgía de su cristología. Si ellos no atribuían importancia salvífica a la vida terrena de Jesús, a la manera en la que él vivió y murió, ¿por qué la vida terrena del cristiano tendría que ver con la salvación? Después de todo, ¿no dijo el Jesús juánico: «no sois del mundo porque yo os escogí del mundo» (15, 19) y «ellos no son del mundo, como no soy del mundo yo» (17, 16)? Si la vida eterna consiste en conocer a Dios y a aquel que él envió (17, 3), se podría tener intimidad con Dios sin subrayar lo que uno puede hacer en el mundo.

Nunca he coincidido con Rudolf Bultmann [80] en que el Jesús juánico es un revelador sin una revelación. Pero el hecho de que Bultmann pudiera hacer tal imputación indica hasta qué punto la

---

78. Los comentaristas generalmente advierten que el significado de «mundo» en este pasaje [que nosotros diríamos «mundanidad»] no es precisamente el mismo significado de 4, 5, donde los oponentes se dice que pertenecen al mundo, es decir, al reino del diablo.

79. Gál 5, 19-21; 1 Cor 6, 9-11; 2 Cor 12-20; Rom 13, 13; 1 Pe 4, 3. Es probable que tales catálogos fueran pre-paulinos y parte de la doctrina primitiva cristiana (JBC art. 79 § 161).

80. *Teología del nuevo testamento*, Salamanca 1981, 484: «él no revela ninguna otra cosa, sino que él es el revelador».

cristología domina la proclamación juánica. En una exhaustiva obra acerca del concepto juánico de verdad, I. de la Potterie [81] muestra que el concepto hebreo «construir la verdad» (AT, Qumran), que significa practicar fielmente lo que prescribe la ley, fue interpretado en la literatura juánica para referirse a la adhesión a la verdad de Jesús. Los primitivos cristianos discuten acerca de la relación entre fe y obras (Pablo, Santiago) y esa disputa se resuelve en Jn 6, 28-29 de forma que la fe en Jesús es la única obra de Dios. El cuarto evangelio es notablemente deficiente en lo que se refiere a una doctrina moral precisa, si se compara con los evangelios sinópticos. Mateo puede reunir las exigencias éticas de Jesús en el sermón de la montaña, elaborando así el código legal escatológico del Mesías; pero tal colección no se encuentra en Juan. En Mt 7, 16, el criterio de conducta se halla destacado: «por sus frutos los conoceréis»; en Jn 15, 5, este lenguaje de dar fruto se traslada a la unión con Jesús: «el que permanece en mí y yo en él ése produce mucho fruto» [82].

En los tres sinópticos el seguimiento se ve caracterizado por el *cumplir* la voluntad o la palabra de Dios (Mc 3, 35; Mt 12, 50; Lc 8, 21), pero, para Jn 8, 31: «si permanecéis en mi palabra, seréis en verdad discípulos míos». El énfasis en el arrepentimiento-conversión (*metánoia/metanoein*) que es una parte importante de la proclamación sinóptica del reino (Mc 1, 4.15; 6,12) no se encuentra en Juan [83]; lo que limpia es la palabra pronunciada por Jesús (15, 3).

En Juan no se menciona ningún tipo de pecados específicos de la conducta humana, sino solamente el gran pecado que es rehusar el creer en Jesús (8, 24; 9, 41). Especialmente interesante, si reflexionamos en sus implicaciones, es la afirmación del Jesús juánico acerca del mundo (15, 22): «si no hubiera venido y les hubiera hablado, no tendrían pecado». Según eso, es posible que la falta de interés de los secesionistas por los mandamientos pudiera haber sido provocada por el predominio de la cristología y por la falta de direcciones éticas específicas en la tradición juánica.

¿Pero cómo puede el autor de la carta refutarlos cuando también él se halla asociado a esa tradición? Es interesante notar que no trata de dar directrices éticas específicas, presumiblemente porque él no tiene ninguna que pudiera ser aceptada con fuerza de

81. *La vérité dans saint Jean* I, 1977, 480-483.516.
82. Juan conoce asimismo la importancia de las buenas y de las malas acciones, pero eso curiosamente se halla entremezclado con la cristología (3, 19-21; 9, 3).
83. La idea del arrepentimiento o cambio de vida parece que se presupone en 5, 14; 8, 34.

autoridad [84]. Más bien apela al ejemplo general de la vida terrena de Jesús como un modelo para la vida del cristiano, un argumento que está en armonía con la diferencia entre su cristología y la de sus oponentes. No niega ni puede negar la posibilidad de permanecer en Dios —éste es el evangelio para él así como para sus oponentes—, pero hace correlativa a tal inhabitación la necesidad de «vivir *como* él vivió» (1 Jn 2, 6). No niega la esperanza de ver a Dios tal como él es, pero exige que la persona que tiene esa esperanza «se purifique *como* él es puro» (3, 3). La señal del que no es hijo del diablo es el obrar rectamente *«como* él es justo»* (3, 7). Este *kathós* (*«precisamente como»*) ético, aunque ayuda, no deja de ser vago en detalles; y así aquí tenemos una ilustración de lo que quiero decir cuando afirmo que el autor tenía dificultades para refutar a sus oponentes. La misma tradición no refutó claramente las nuevas cuestiones que suscitaron los secesionistas.

3.   El amor fraterno [85]

Si los oponentes no hacían hincapié en el aspecto salvífico de los mandamientos, ¿podrían justificar realmente su postura a partir del evangelio juánico, puesto que el Jesús juánico habló de mandamientos a sus discípulos? Sin embargo, tales referencias en Juan se hallan siempre vinculadas a la exigencia del amor (13, 34-35; 14, 15.21; 15, 10.12.17). Es como si, para la tradición juánica, no existiera más que un solo mandamiento que resumiera a todos los demás: «éste es mi mandamiento: que os améis como yo os he amado» (15, 12). «En esto os reconocerán como mis discípulos: si os amáis los unos a los otros» (13, 35). Asimismo, el autor de la carta, aunque habla acerca de mandamientos (en plural), esto lo traduce por amor fraterno (3, 22-24; 4, 21-5, 3). El único mandamiento específico que puede citar es «amémonos mutuamente conforme al mandamiento que nos dio» (3, 23); «y nosotros tenemos de él este precepto: que quien ama a Dios ame también a su hermano» (4, 21). Es el «antiguo mandamiento» que la comunidad tenía desde el

---

84.   Véase la nota 40, *supra,* sobre la significativa negación del autor a citar la tradición sinóptica.

85.   Utilizo la expresión «amor (y odio) de *hermanos*», consciente de que sería mejor en el lenguaje moderno hablar de hermanos y hermanas. La parte femenina de la comunidad se presupone en el pensamiento juánico, pero el subrayarla constantemente aquí mencionando a las hermanas podría sugerir que existía un problema antifeminista implicado en el cisma; y no existe evidencia de esto. En la próxima sección sugeriré que algunos de los secesionistas pueden haberse pasado al montanismo, en el que el lugar destacado de las mujeres profetas se convirtió en origen de polémicas.

principio (2, 7); en efecto, él lo puede identificar como el «evangelio» juánico (3, 11; cf. nota 42, *supra*). Consiguientemente, la única acción mala que el autor menciona al atacar a los secesionistas y su descuido en guardar los mandamientos es su fallo en lo que se refiere al amor a los hermanos (2, 9-11; 3, 11-18; 4, 20).

Sin embargo, examinemos más atentamente esta cuestión: si los oponentes odiaban a sus hermanos, ¿cómo podrían justificar esa actitud a partir del evangelio juánico? De hecho, ¿eran lo secesionistas desobedientes al mandato del Jesús juánico de amarse unos a otros, y se daban cuenta realmente que odiaban a sus hermanos? Algunos estudiosos responderían afirmativamente, emitiendo la hipótesis de que los secesionistas no verían ninguna conexión entre el amar a los hermanos y el amar a Dios. Otros estudiosos sugieren que los secesionistas pusieron tal énfasis en la relación individual con Dios que no tenían ya sentido de comunidad.

Pienso que es mucho más probable que ellos tuvieran tanto sentido de comunidad como el que tenía el autor de 1 Jn [86] y que proclamaban que había que amar a los hermanos precisamente como lo había mandado el Jesús juánico. La clave del problema radica en la definición de «hermanos». Para el autor de las cartas, «hermanos» eran aquellos miembros de la comunidad juánica que estaban en comunión *(koinōnía)* con él y que aceptaban su interpretación del evangelio juánico [87]; los secesionistas se habían marchado y ya no eran hermanos. De hecho, su marcha era un signo de la falta de amor hacia los hermanos del autor. Casi con toda seguridad, exactamente los mismos sentimientos podrían hallarse entre los secesionistas. Para ellos, los hermanos serían los que estaban unidos *contra* el autor y su grupo; los últimos no eran ya hermanos desde el momento en que ellos se habían apartado de la auténtica tradición juánica, tal como era enseñada por los maestros secesionistas. Y era el autor y su grupo los que no guardaban el mandamiento de Jesús de amar a los hermanos, puesto que habían roto la *koinōnía* separándose. El duro tono de 1 Jn respecto a los secesionistas habría sido una prueba tangible de que el que la escribió no amaba a los hermanos.

86. La tendencia del autor y de otros escritores juánicos a hablar como «nosotros», se halla asimismo en las afirmaciones atribuidas a los secesionistas (1 Jn 1, 6.8.10) y todo el tono de la carta es tratar a los oponentes como un grupo que se separó al mismo tiempo.

87. No existe ningún tipo de arrogancia personal en esta actitud, puesto que el autor se considera a sí mismo como parte del «nosotros» de la escuela juánica de los testigos y portadores de la tradición.

Aquí llegamos a la gran anomalía de la primera carta. Ninguna voz más elocuente surgió en el nuevo testamento en pro del amor entre los hermanos y hermanas cristianos; con evangélico fervor él afirma: «pues el que no ama a su hermano, a quien ve, no es posible que ame a Dios, a quien no ve» (4, 19). Sin embargo, esta misma voz es extremadamente amarga al condenar a sus oponentes que han sido miembros de su comunidad y que ya no lo eran. Ellos son diabólicos, anticristos, falsos profetas y son la encarnación de la falta de ley o iniquidad (*anomía*; 2, 18.22; 4, 1-6; 3, 4.5) escatológicas. Aunque a los miembros de la comunidad se les exhorta a amarse mutuamente, el modo como deben tratar a los disidentes se halla ilustrado en 2 Jn 10-11: «si alguno viene a vosotros y no lleva esa doctrina, no le recibáis en casa ni le saludéis, pues el que le saluda comunica con sus malas obras»[88]. A los miembros de la comunidad se les intima a orar por sus hermanos que pecan, «pero sólo por los que no pecan de muerte» (1 Jn 5, 15-17); el pecado mortal o de muerte por el que no hay que rogar, sin duda es la apostasía a la que el autor ataca[89].

Si los oponentes tenían virtualmente la misma teología de «amor a los hermanos» que tenía el autor de la cartas, entonces estamos viendo nuevamente en ambos grupos el desarrollo de sus tendencias en la proclamación juánica del cristianismo. Así como la cristología juánica que conocemos por el cuarto evangelio podía convertirse en violenta cuando era interpretada a la enésima potencia, así también las tendencias dualistas presentes en esa proclamación podrían hacerse peligrosas al transplantarse al debate intercristiano. El Jesús de Mateo dice: «amad a vuestros enemigos y orad por los que os persiguen» (Mt 5, 44); pero no existe tal máxima en la tradición juánica. El mandato del amor *no* se halla en términos de amor al prójimo (como en Mt 19, 19), sino en términos de amarse unos a otros (Jn 13, 34-35; 15, 12.17); y Jn 15, 13-15 permite que el «uno al otro» o el «mutuamente» sea interpretado en términos de los que son discípulos de Cristo y obedecen los mandamientos. La actitud del Jesús juánico que se negó a orar por el mundo (17, 9) se traduce fácil-

88.   Diotrefes de 3 Jn 9-10 trata a los emisarios del presbítero exactamente de la misma manera que el presbítero urge y exige a la iglesia de 2 Jn que trate a los emisarios de los secesionistas; y, por supuesto, al presbítero no le gusta nada esto.
89.   El carácter «mortal» del pecado sugiere que, en 3, 12-14, los secesionistas se hallan vinculados con la muerte y el asesinato. El pasaje en 5, 16-17 es la forma juánica de la tradición sinóptica acerca de la blasfemia contra el Espíritu santo que no se perdona (Mc 3, 29 y paralelos).

mente en la primera carta (5, 16) en una negativa a orar por otros cristianos que han cometido el pecado de muerte, apostatando de la comunidad juánica.

Efectivamente, si comparamos el evangelio y la primera carta, vemos que el lenguaje dualístico empleado por Jesús en su ataque al mundo o a «los judíos» (amor/odio; luz/oscuridad; verdad/mentira; de arriba/de abajo; de Dios/del diablo) se ha trasladado al ataque a los cristianos con los que el autor está en desacuerdo. (Y si tengo razón, es probable que fuera asimismo utilizado por sus oponentes en su ataque a él). Permítaseme ilustrar este desplazamiento terminológico. En el evangelio, Jesús asegura a sus seguidores que ellos no caminan en tinieblas (8, 12; 12, 46), porque «las tinieblas» son el reino de los que no aceptan a Jesús (1, 5; 3, 19.21; 12, 35). Pero en la carta, de los que no están de acuerdo con la ética del autor, aunque proclamen que siguen a Cristo, se dice que caminan en tinieblas (1 Jn 2, 9-11). En el evangelio, el Paráclito prueba que el mundo está equivocado acerca de la justicia (Jn 16, 8.10). En la carta, los oponentes se vanagloriaban de ser justos (1 Jn 3, 7); pero el autor ofrece un criterio para probar quién es efectivamente justo o recto (3, 7-8; 2, 29), con la clara implicación de que los secesionistas no se ajustan a este criterio. En un amargo pasaje del diálogo evangélico, Jesús ataca a los judíos que creen en él (judíos cristianos), diciendo que ellos pertenecen al diablo, su padre, que es un asesino y un embustero (Jn 8, 44). En la carta, en el mismo momento en que habla acerca de la necesidad de amar a los hermanos (3, 10-11), el autor utiliza esta misma terminología para los secesionistas [90]: ellos son hijos del diablo; son iguales que Caín que pertenecía al maligno y que era asesino desde el principio; tienen el espíritu de engaño y son mentirosos (3, 8-15; 4, 1-6; 2, 22). El evangelio (12, 39-40) refiere Is 6, 10 a «los judíos»: Dios cegó sus ojos; pero la carta lo aplica (2, 11) a los secesionistas: «las tinieblas han cegado sus ojos». Ciertamente, la batalla ética de la carta se combate con las mismas armas terminológicas utilizadas en el evangelio.

Si examinamos el evangelio, encontramos un sentido extraño del «nosotros» contra el «ellos», especialmente hacia aquellos que hicieron sufrir a los cristianos juánicos. Por comprensible que sea este sentido, su articulación dualística es peligrosa; y, de hecho, eso estimuló a los cristianos de los siglos posteriores a ver una división dualística de la humanidad en creyentes (cristianos) y no creyentes,

---

90. Su uso en el evangelio para judíos *que creyeron* puede haber facilitado el uso contra cristianos que creían.

en un «nosotros» que se salvan, y un «ellos» que no se salvan. Inevitablemente, tal perspectiva dualística derivará en divisiones dentro del «nosotros», y los cañones que en otro tiempo apuntaban hacia afuera para proteger la fortaleza de la verdad contra el mundo se volverán para apuntar hacia adentro contra aquellos que traicionan la verdad desde dentro (para los cuales siempre hay un rencor más particular). Los que creen que Dios otorgó a su pueblo los libros bíblicos como guía deberían reconocer que parte de esa guía consiste en aprender de los peligros atestiguados en ellos, así como de sus grandes concepciones. Como mostraré más adelante, el autor de las cartas prestó a la iglesia un gran servicio al preservarle el cuarto evangelio; y lo hizo mostrando que el evangelio no tiene que ser leído como lo leían los secesionistas. En su lucha contra los secesionistas, tuvo que adoptar serias medidas.

Sin embargo, hay que reconocer que su defensa de la verdad, tal como él la vio, tenía un precio. En su actitud hacia los secesionistas en un pasaje como 2 Jn 10-11, dio pábulo a aquellos cristianos de todos los tiempos que se sienten justificados para odiar a otros cristianos por amor a Dios.

c) *Escatología*

Al tratar este tema, tenemos ciertas dificultades porque no existen claras afirmaciones escatológicas que condene el autor. Sin embargo, existen implicaciones escatológicas en las pretensiones de los oponentes a la perfección que ya señalamos en nuestro estudio de la ética. Estas pretensiones se armonizan con la escatología realizada que vimos que predomina en el evangelio (p. 49 s *supra*), una escatología que pone de relieve lo que Dios ha hecho ya para aquellos que creen en su Hijo. Ellos han sido juzgados ya de una manera favorable y no necesitan someterse a un nuevo juicio (Jn 3, 18; 5, 24); han llegado a la luz (3, 21; 8, 12; 11, 9; 12, 46); poseen ya la vida eterna (6, 54; 8, 12; 10, 10.28; 17, 3); son hijos engendrados por Dios (1, 13; 3, 3-8); están en unión con él y con Jesús (6, 56; 14, 23; 15, 4-5; 17, 21); conocen ya y ven a Dios (3, 3; 12, 45; 14, 7.9; 17, 3). Los secesionistas habrían leído tales afirmaciones juánicas como algo que estaba en armonía con su cristología y su ética: toda esta salvación realizada se había cumplido por la venida del Verbo al mundo, y los cristianos que han recibido tales privilegios no necesitan preocuparse de lo que hacen en el mundo. Presumiblemente, no habría habido lugar en la teología de los secesionistas para una escatología futura. Mediante el conocimiento de Jesús tenían ya la vida eterna, y sin duda que tomarían al pie de

la letra aquello que dice Jn 11, 26: «todo el que vive y cree en mí no
morirá para siempre»; y ellos simplemente pasarían de este mundo,
al que nunca pertenecieron realmente (17, 14), para unirse a Jesús
en las mansiones que él había preparado para ellos (14, 2-3).

Y puesto que el autor de las cartas es también leal a la tradición juánica, no hay que sorprenderse de que defendiera también
una escatología realizada. Y por eso defiende también que:

> el maligno ha sido vencido (1 Jn 2, 13-14)
> se ha revelado la vida eterna (1, 2)
> caminamos ya en la luz (1, 7; 2, 9-10)
> el amor divino ha alcanzado su perfección (2, 5)
> existe la comunión con Dios (1, 3)
> somos verdaderamente hijos de Dios (3, 1)
> Dios habita en el creyente (4, 15)

Pero el autor avanza dos pasos para impedir que tal escatología
realizada deje cómodos a sus adversarios. *Primero,* añade un requisito ético para las pretensiones de una escatología realizada. Sí, nosotros estamos en comunión con Dios, pero si caminamos en la luz
(1, 7). El amor divino ha alcanzado su perfección, pero en quien
guarda y recibe la palabra de Dios (2, 5). Es la persona que ama a su
hermano la que realmente permanece en la luz (2, 10). Los que ac-
túan justamente pertenecen a Dios y son hijos de Dios (3, 10). *En
segundo lugar,* apela a la escatología futura. Tal escatología no es
extraña al cuarto evangelio como ya lo hemos visto (p. 49 s *supra*),
aun cuando en ésta se insiste menos. Yo sugería que era un motivo
más antiguo que el evangelista había reinterpretado a la luz de su
cristología de exaltación. Después de todo, no había necesidad de
convencer a «los judíos» de que Dios reservaba bendiciones futuras
para su pueblo. Lo que realmente necesitaba ser puesto de relieve,
en los debates con ellos, era que Dios había enviado ya a su Hijo y
que, por ello, algunas de sus bendiciones se habían realizado ya. Pero ahora, en las disputas internas juánicas que hicieron que surgieran
las cartas, el autor una vez más, revive el *stratum* primitivo del pensamiento juánico que se había presupuesto en el evangelio y que se
destacaba menos, precisamente porque no era objeto de discusión[91].

91. Es digno de notar, sin embargo, que, al apelar a la escatología futura, el
autor de las cartas nunca cita los pasajes de escatología futura del evangelio.
¿Ocurría esto porque no estaban en el evangelio tal como él los conocía (una explicación que favorecería el acceso redaccional a tales pasajes, acceso rechazado en la
nota 60 de la primera fase) o fue porque ellos habían sido neutralizados en el evangelio al ser reinterpretados a la luz de la escatología realizada?

Dirijamos brevemente nuestra mirada a la manera y al motivo por los que el autor apela a la escatología final. En 3, 2, manteniéndose fiel a la tradición principal del evangelio, el autor de la primera carta dice: «carísimos, ahora somos hijos de Dios». Pero en lo que realmente insiste es en lo que añade: «aunque aún no se ha manifestado lo que hemos de ser. Sabemos que, cuando aparezca, seremos semejantes a él, porque le veremos tal cual es». ¿Por qué subraya la esperanza de una futura revelación? Continúa explicando en el versículo siguiente: «y todo el que tiene en él esta esperanza se purifica como él es puro». En otras palabras, subraya y destaca las bendiciones futuras porque son contingentes en la forma que viven los cristianos, y por eso la escatología futura puede utilizarse como un correctivo de la ética de los secesionistas. Un motivo ético similar se advierte en 2, 28: «ahora, pues, hijitos, permaneced en él, para que cuando apareciere, tengamos confianza y no seamos confundidos por él en su venida». Y de un modo semejante en 3, 18-19: «hijitos, no amemos de palabra ni de lengua, sino de obra y de verdad. En esto conoceremos que somos de la verdad y nuestros corazones descansarán tranquilos en él, porque si nuestro corazón nos arguye, mejor que nuestro corazón es Dios que todo lo conoce» (cf. asimismo 4, 17). Para el autor de las cartas, los dones que se proclaman en la escatología realizada juánica no son un fin en sí mismos (como lo son para sus oponentes), sino la fuente de confianza para el futuro, puesto que los que son ya hijos de Dios continúan viviendo una vida digna del Padre al que verán un día cara a cara.

La seriedad del cisma presta un tono sombrío a la escatología futura del autor, en la medida en que echa mano del lenguaje de la apocalíptica judía y cristiana. Los oponentes, con sus falsas doctrinas, son los anticristos y los falsos profetas que son los heraldos tradicionales de los últimos tiempos (2, 18.22; 4, 1-3)[92]. Su indiferencia al pecado es la ausencia de ley *(anomía)* definitiva de la batalla final (3, 4). En tal juego de imágenes, se aproxima a Mc 13, 22: «surgirán falsos cristos y falsos profetas», y a 2 Tes 2, 1-12, que habla del «misterio de iniquidad». Todas estas señales constituyen una prueba de que «ésta es la hora postrera» (1 Jn 2, 18) y sirven como un aviso, para aquellos que piensan poco en los mandamientos, de que se

---

92. El autor supone que el lector conoce ya tales signos apocalípticos: «habéis oído que el anticristo va a venir» (2, 18). Presumiblemente, tal conocimiento, no atestiguado en el cuarto evangelio, procedería de un período primitivo de la tradición juánica. Esto suscita la cuestión de si el Apocalipsis es otro testigo de la supervivencia de una corriente apocalíptica juánica (cf. nota 5, prefacio).

ma un tiempo de juicio cuando Cristo se manifestará (2, 28). Pero para los que se mantienen en el verdadero evangelio que ha sido proclamado desde el principio, sirven de aliento: «las tinieblas pasan y aparece ya la luz verdadera» (2, 8) [93].

### d) *Pneumatología*

El autor de 1 Jn asegura a sus lectores u oyentes: «no necesitáis que nadie os enseñe» (2, 27) y advierte que, desde el momento en que «muchos pseudoprofetas han surgido en el mundo», ellos deben examinar las manifestaciones del Espíritu para probar si el espíritu que reflejan pertenece a Dios (4, 1). Esto nos lleva a sospechar que los oponentes se pueden haber designado a sí mismos maestros y profetas y que han podido pretender hablar bajo la guía del Espíritu. En su lista de carismas y de manifestaciones del Espíritu, Pablo (1 Cor 13, 28) sitúa a los profetas y doctores o maestros en el segundo y en el tercer lugar después de los apóstoles; y Hech 13, 1 muestra a los profetas y a los doctores en función rectora en la iglesia de Antioquía, donde no había apóstoles [94]. No está claro si tal disposición prevaleció también en las iglesias domésticas juánicas y si había profetas y doctores en la comunidad del autor o precisamente entre los secesionistas (en este último caso, la mera existencia de tales figuras puede haber sido considerada como una aberración antitradicional por el autor) [95].

¿Podrían los profetas y doctores secesionistas que pretendían hablar por el Espíritu justificar sus funciones apelando a la tradición juánica que conocemos a través del evangelio? El Espíritu aparece de una manera prominente en muchos libros del nuevo testamento, pero la función personal del Espíritu en el cuarto evangelio bajo el título de «Paráclito» es única. Ya he demostrado en otro lugar [96] que el Paráclito se parece de tal manera al Jesús juánico que podemos afirmar que el Paráclito es la presencia viva de Jesús después de su ascensión a los cielos, y que el Paráclito desempeña la misma función reveladora en relación a Jesús que la que desem-

93. En Jn 3, 19, la luz y las tinieblas están presentes simultáneamente; 1 Jn contempla una sucesión. G. Klein, *Das wahre Licht scheint schon*; ZTK 68 (1971) 261-326 utiliza esta diferencia como una indicación de distintos autores.

94. Al menos no había miembros de los doce, que es lo que Lucas expresa de ordinario cuando usa el término «apóstoles».

95. La negación de la necesidad de maestros en 1 Jn 2, 27 se indica para proteger a la comunidad del autor de los maestros secesionistas, pero no es una indicación absoluta de que nunca hubiera habido maestros en la historia previa de la comunidad.

96. Apéndice V, en mi comentario al evangelio de Juan (Madrid 1979).

peñó el mismo Jesús con relación al Padre. El concepto del Paráclito que permanece para siempre (14, 16) relativiza en el pensamiento juánico el retraso de la parusía. No es tan trágico que Jesús no haya vuelto todavía, porque de una manera real volvió *en* y *por* el Paráclito. El Jesús juánico dice a sus discípulos: «os conviene que yo me vaya, porque, si no me fuere, el abogado no vendrá a vosotros» (16, 7). Es el Paráclito, el Espíritu santo, el que enseña al creyente todas las cosas (14, 26), y le conduce por el camino de toda verdad (16, 13). Y es el Paráclito el que junto al creyente juánico da testimonio de Jesús (15, 25-26). Presumiblemente, los profetas y doctores secesionistas justificarían su proclamación cristológica en términos de tal testimonio bajo la guía del Espíritu que es en gran medida una parte de la tradición juánica.

Entre paréntesis, permítaseme advertir que no encuentro ninguna evidencia para suponer que los profetas y doctores secesionistas fueran carismáticos en el sentido de ser entusiastas, extáticos o mánticos. Ciertamente, el autor de la carta nunca indica esto. (A veces la sugerencia refleja una falsa comprensión de la noción juánica de carisma; en 1 Cor 14, 1-2, el carisma del profeta es considerado claramente como distinto de la experiencia más extática de hablar en lenguas). Diría que, tanto en tiempo como en ambiente, la situación juánica puede ser próxima a la que se describe en la *Didajé* donde, aunque se hallan tanto profetas como doctores (13, 1-2; 15, 2), la línea de demarcación es muy sutil [97], puesto que el profeta enseña (11, 10-11). En efecto, el profeta puede diferenciarse del doctor o maestro sólo en ser un doctor o maestro que no es residencial (10, 7-11, 1), de manera que no hay siempre un profeta en una comunidad (13, 4). Yo sugiero que enseñar con palabras o hechos y no en éxtasis es la característica del profeta, tanto en la *Didajé* como entre los secesionistas juánicos [98].

¿Cómo se las arregla el autor de las cartas con la pretensión de los profetas y doctores secesionistas de ser guiados por el Espíritu en sus enseñanzas? Es verdaderamente digno de advertirse lo que él *no* dice. El primer aspecto de su elocuente silencio es la negativa de 1 Jn a mencionar al Espíritu con cierta frecuencia, de manera que

---

97. La línea de demarcación es asimismo muy sutil entre el apóstol y el profeta en *Didajé* 11, 3-6: el apóstol que permanece tres días es un falso profeta.

98. H. Conzelmann, *Was von Anfang war*, en *Neutestamentliche Studien für Rudolf Bultmann*, Berlin 1954, 194-201, esp. 201 n. 22 tiene razón en contra de Käsemann, en este punto. El *jrîsma* o unción de 1 Jn 2, 20.27 que todo creyente juánico tiene de Cristo no es una forma de carisma entusiástico, sino una capacidad, guiada por el Espíritu, de interpretar la tradición.

el escritor no ofrece a los oponentes ningún consuelo. El Espíritu es mencionado solamente en dos secciones de la carta. La primera es 3, 24-4, 6.13 cuando el autor insiste en una prueba y en criterios para distinguir entre el Espíritu de Dios y el espíritu diabólico de mentira. La segunda es 5, 6-8, un pasaje que se dirige de nuevo contra sus oponentes, donde el testimonio del Espíritu se ve vinculado al testimonio dado por el bautismo y la muerte de Jesús. Por otra parte, la carta pasa por alto otras muchas funciones que se atribuyen al Espíritu en el evangelio. Por ejemplo, en el evangelio, el cristiano es hijo de Dios al ser engendrado por Dios (1, 13) o al nacer por el Espíritu (3, 5-8); en 1 Jn, sólo se menciona el nacer de Dios (3, 9; 4, 7; 5, 1.18). Presumiblemente, el autor no negaría que el Espíritu era el Paráclito, pero nunca lo menciona. Más bien, insiste en lo que sólo se sugiere en el evangelio, a saber, en que Jesús es el Paráclito (cf. Jn 14, 16: «otro Paráclito»). Esto lo vemos en la única referencia al Paráclito (2, 1-2) que presenta a Jesús en esta función cuando intercede por nosotros ante el Padre y ha expiado nuestros pecados.

El segundo aspecto del elocuente silencio del autor es su negativa a corregir la doctrina de sus oponentes por la afirmación autoritaria del «yo» de un oficial de la iglesia al que se le ha confiado la responsabilidad de guardar la fe. Cuando estudiábamos lo que eran las iglesias de los cristianos apostólicos, vimos la creciente institucionalización de los oficios eclesiásticos a finales del siglo I. En particular, el vacío docente que resulta de la muerte de los apóstoles se llenó en muchos lugares por grupos de presbíteros-obispos en cada ciudad. Al presbítero se le aconseja que sea fiel «guardián de la palabra; que se ajuste a la doctrina de suerte que pueda exhortar con doctrina sana y argüir a los contradictores» (Tit 1, 9). Ya vimos que la comunidad juánica se diferenciaba de las iglesias apostólicas en este punto, porque, en la tradición juánica, la postura del Paráclito como el maestro autorizado y el don del Paráclito a todo creyente habrían relativizado el oficio docente de cualquier oficial de la iglesia [99]. Pienso que esta situación explica la incapacidad del autor de las cartas de corregir a sus oponentes en función de su oficio, aun cuando él se llama a sí mismo presbítero. Debe más bien apelar al criterio interior del cristiano que está en conformidad con la

99. Mientras que el testimonio del discípulo amado era muy importante en la comunidad juánica (Jn 19, 35; 21, 24), nunca se hace referencia a él como a un apóstol. Puesto que la eficacia de su testimonio se atribuía al Paráclito, no existía sensación de una aguda necesidad para sustituirle una vez que murió (21, 20-23).

tradición juánica: «en cuanto a vosotros, tenéis la unción del Santo y conocéis todas las cosas» (1 Jn 2, 20) [100]. «La unción que de él habéis recibido perdura en vosotros y no necesitáis que nadie os enseñe» (2, 27).

Si los oponentes pretenden ser maestros guiados por el Espíritu, el autor recuerda a sus lectores que todo cristiano juánico es un maestro a *través* de y *en* el Espíritu paráclito (al que denomina solamente, de una manera indirecta, como «el que unge», debido a que sus oponentes ponen de relieve su posesión especial del Espíritu) [101]. Adopta esta forma en vez de decir que él mismo es un maestro especial guiado por el Espíritu. Si tiene su importancia como maestro, lo es por su inclusión en el «nosotros» de los portadores de tradición de la escuela juánica, un grupo que no suplanta al Paráclito, sino que es el instrumento del Paráclito. Los secesionistas están equivocados, no debido a un «yo» con autoridad: «os digo que estáis equivocados» por parte del autor [102], sino debido a que ellos han roto la comunión *(koinonía)* con los creyentes, todos los cuales están ungidos por la Palabra y por el Espíritu, y por ello reconocen instintivamente la verdad cuando aquellos escritores y predicadores que han estado íntimamente asociados con el discípulo amado hablan y dicen: «os proclamamos el evangelio que tenemos desde el principio».

Este es un método realmente indirecto de corrección, y obviamente a eso se opondrían los secesionistas, los cuales proponían su propio «nosotros» como justificación para su interpretación de la tradición y podrían apelar a los creyentes juánicos en virtud de su «unción» para reconocer la labor del Espíritu en los maestros secesionistas. Ante esto, todo lo que el autor puede hacer es examinar las manifestaciones del Espíritu para probar qué parte tiene razón y qué parte refleja el Espíritu de Dios como opuesto al del anticristo (4, 1-3). Probablemente, al hacer esta demanda, el autor se arries-

---

100.    En esta traducción, doy preferencia a la lectura *pántes* (masc. nominativo: «todos», sobre *pánta* (neutro acusativo, «todas las cosas»). Los que aceptan la última lectura traducen: «conocéis todas las cosas».

101.    Todos los expertos admiten que el Espíritu se halla implicado en esta «unción» o *«jrîsma» (jrîsma)* aunque algunos piensan que la unción se atribuye directamente al Espíritu, mientras que otros piensan que se da a través de la palabra de Jesús y que la función del Espíritu se ha de encontrar en la interiorización de la palabra. Cf. J. Michl, *Der Geist als Garant des rechten Glaubens*, en *Vom Wort des Lebens (M. Meinertz Festschrift)*, Münster 1951, 142-151, La cláusula en 1 Jn 2, 27 «su unción os enseñará todas las cosas», parece el eco de Jn 14, 26: «el Paráclito, el Espíritu santo al que el Padre enviará en mi nombre, os enseñará todas las cosas».

102.    El único que utiliza el «yo» con autoridad en la tradición juánica es Jesús, el «yo soy».

gaba, porque se exponía a sí mismo a la acusación de blasfemia contra el Espíritu santo (Mc 3, 29 y paralelos). Aunque la iglesia de la *Didajé* se halla asimismo afligida por falsos profetas y maestros, el autor de la obra se niega a una comprobación: «no tentéis ni juzguéis a ningún profeta que habla en el Espíritu, porque cualquier pecado se perdonará, pero este pecado no se perdonará» (*Did.* 11, 7).

En cualquier caso, la prueba que ofrece el presbítero juánico es una prueba doctrinal que favorece su propia posición: «podéis conocer el Espíritu de Dios por esto: todo espíritu que confiese que Jesucristo ha venido en carne es de Dios, pero todo espíritu que no confiese a Jesús, ése no es de Dios» (4, 2-3). Inevitablemente, los oponentes habrían prestado poca atención a tal criterio que, como admite francamente el autor, equivale a estar de acuerdo con él y con su grupo del espectro juánico: «nosotros somos de Dios. El que conoce a Dios nos escucha, el que no es de Dios no nos escucha» (4, 6).

Que la prueba del autor fue poco efectiva se ve porque admite que «el mundo» escucha a sus oponentes (4, 5). «El mundo» es la ignominia normal con la que Juan se refiere a los no-creyentes, pero ahora se desplaza de los «de fuera» que rehúsan creer en Cristo a los secesionistas que rehúsan creer en Cristo tal como es proclamado por el autor. «Ellos son del mundo, por eso hablan del mundo y el mundo los oye» (4, 5). «Ahora se han levantado en el mundo muchos seductores que no confiesan que Jesucristo ha venido en carne» (2 Jn 7). Pero, más allá de la mera ignominia, estas referencias al éxito en el mundo parecen indicar que, numéricamente, los oponentes iban ganando terreno sobre los adictos al autor [103]. En su propia estimación, por supuesto, los secesionistas no habrían pensado que su éxito era algo que pertenecía al mundo. Después de todo, el mundo estaba formado por los que preferían la oscuridad a la luz (Jn 3, 19) y los secesionistas presumían estar en la luz (1 Jn 2, 9). El éxito les habría probado que ellos eran la verdadera comunidad juánica que cumplía la oración de Jesús que preveía una cadena de conversiones (Jn 17, 20). Estarían convencidos de que sus conversos eran el regalo del Padre a Jesús que de esa manera continuaba dando a conocer su nombre como un signo para el mundo

---

103. En cuanto a la causa de este éxito, se puede teorizar que la cristología y la ética de los secesionistas eran menos ofensivas que una interpretación del evangelio que destacaba la cruz y los mandamientos. La idea de que la salvación vino simplemente a través de la presencia del Verbo en el mundo pudo haber atraído a los adictos de las religiones mistéricas y de varias filosofías religiosas helenísticas.

(17, 23.26). Por el lado perdedor de las estadísticas, el autor ve el éxito de sus oponentes desde otra óptica.

Puesto que el Paráclito es el «Espíritu de verdad que el mundo no puede recibir, porque no le ve ni le conoce» (14, 17) y es un Espíritu que prueba que el mundo está equivocado (16, 8-10), el éxito de los secesionistas en este mundo es una señal de que ellos han fracasado en el discernimiento de los espíritus. El suyo no es el Espíritu de la verdad; ellos pertenecen al príncipe de este mundo. Jesús advirtió a sus seguidores, «si el mundo os aborrece, sabed que me aborreció a mí primero que a vosotros. Si fueseis del mundo, el mundo amaría lo suyo» (15, 18-19). El éxito es una señal de que los oponentes no pertenecen a Cristo: es una señal que se añade a la convicción pesimista del autor de que «la última hora» está ya cercana (1 Jn 2, 18).

Cuarta fase:
# Después de las cartas

# DISOLUCION JUANICA

El autor de las cartas parece haber sido un profeta al proclamar que la ruptura entre sus adictos y los secesionistas marcó «la última hora». Los escritos juánicos y algunos elementos de pensamiento juánico son atestiguados en el siglo II, pero después de las cartas no hay huella de una comunidad juánica distinta y separada. No se puede negar la posibilidad de que una comunidad proveniente o bien de los adictos al autor o de los secesionistas (o bien comunidades descendientes de ambos) sobrevivieran, pero no dejaron huellas en la historia; sin embargo, es mucho más probable que ambos grupos se vieran absorbidos respectivamente por la «gran iglesia» [1] y por el movimiento gnóstico. Los adictos al autor habrían aportado su propia contribución juánica a la gran iglesia; los secesionistas habrían aportado su contribución juánica al gnosticismo; pero en cada uno de esos casos, la comunidad juánica habría adaptado de tal manera su propio patrimonio heredado en favor de un grupo más amplio, que la peculiar identidad de la cristiandad juánica, que conocemos por el evangelio y las cartas, habría dejado de existir. Yo pienso mostrar ordenadamente la evidencia de esta tesis paso a paso; pero, atendiendo a la conveniencia del lector, permítaseme comenzar resumiendo lo que, a mi modo de ver, ocurrió.

Si la rama de la comunidad juánica del autor se mezcló gradualmente con los cristianos apostólicos en la gran iglesia, llevó consigo la alta cristología juánica de la preexistencia, precisamente porque en su lucha con los secesionistas, el autor de las cartas había salvaguardado esta cristología contra cualquier interpretación que pu-

---

1. Como ya he explicado anteriormente, utilizo este término para la iglesia del siglo II que procedía de los cristianos apostólicos del siglo I, y donde las iglesias se hallaban asociadas más estrechamente entre sí por una creciente estructura común de episcopado y presbiterado en mutuo reconocimiento. Ignacio, *Esmir.* 8, 2 dice: «dondequiera que aparece el obispo, esté presente la congregación, lo mismo que donde está Jesucristo, está la iglesia católica» (*hē katholikē ekklēsia*).

diera conducir al docetismo o al monofisismo. Sin embargo, el mismo hecho de que una eclesiología centrada en el Paráclito no había ofrecido ninguna protección real contra los cismáticos, en último término hizo que sus seguidores aceptaran la estructura de autoridad docente de los presbíteros-obispos, la cual, en el siglo II, se convirtió en la estructura dominante en la gran iglesia, pero que era totalmente extraña a la tradición juánica. Los secesionistas, privados del tipo de influencia moderadora que los adictos al autor podían haber ejercido si no hubiera ocurrido el cisma[2], avanzaron en su cristología «ultra-alta» hacia el auténtico docetismo. Pensando que la trayectoria terrestre de Jesús no tenía ninguna importancia salvífica real, cesaron totalmente de pensar en ella cómo real. Y considerándose a sí mismos como hijos de Dios por la fe en Jesús y por elección de Dios, comenzaron entonces a ver esa elección como algo anterior a sus vidas terrenas y se consideraron a sí mismos originariamente divinos a imitación de Jesús. Al igual que el Hijo, ellos también vinieron al mundo, pero habían perdido su camino, mientras que él no lo perdió; y ahora su función era mostrarles el camino hacia el cielo. El hecho de que estos secesionistas se llevaron consigo el evangelio juánico, ofreció a los docetistas y a los gnósticos, cuyo pensamiento compartían ahora, una nueva base sobre la cual construir una teología; en realidad sirvió de catalizador en el crecimiento de un pensamiento gnóstico cristiano. La gran iglesia, que había aceptado elementos de la tradición juánica cuando aceptó a los cristianos juánicos que compartían las concepciones del autor, se mostró al principio con recelo respecto al cuarto evangelio, debido a que había dado lugar a errores y se usaba para apoyar el error. Sin embargo, por fin, habiendo añadido las cartas al evangelio como guía para la correcta interpretación del mismo, la gran iglesia (ilustrada por Ireneo hacia el año 180 d.C.) catalogó al evangelio como ortodoxo contra sus intérpretes gnósticos. Permítaseme ahora demostrar el desarrollo que he resumido hasta el momento.

## 1. *Historia del cuarto evangelio en el siglo II*

Nuestra opinión apunta al hecho de que una amplia aceptación del cuarto evangelio se dio antes entre los cristianos heterodoxos

---

2. Inevitablemente, la reacción de los secesionistas a las duras palabras de 1 Jn les habría llevado todavía más lejos en la dirección condenada: después de un cisma, las posturas tienden a endurecerse.

que entre los ortodoxos [3]. Nuestro comentario más antiguo conocido sobre el evangelio es el del gnóstico Heracleón (160-180 a.C.) [4]. El evangelio era muy apreciado por los gnósticos valentinianos (por ejemplo, por Ptolomeo), de forma que, en su refutación, Ireneo tuvo que poner en tela de juicio su exégesis de Juan [5].

Las *Odas de Salomón* tienen afinidades con Juan y algunos especialistas piensan que son gnósticas o semi-gnósticas [6]. Se da gran afinidad con las ideas juánicas en la biblioteca gnóstica, publicada recientemente, de Nag Hammadi. Por ejemplo, existe una cristología del Verbo (Logos) en el *Tratado tripartito,* y una cristología del «yo soy» en el *Segundo apocalipsis de Santiago;* asimismo en la *Protenoia trimórfica* (donde va unida a una relación docética de la muerte de Jesús). Montano (hacia el 170 d.C.), que condujo en Asia menor un movimiento de profecía extática y llena del Espíritu santo, se consideraba a sí mismo como la encarnación del Paráclito juánico.

Por otra parte, es difícil probar una utilización clara del cuarto evangelio en los escritos primitivos de la iglesia considerados como ortodoxos. No existe ninguna cita explícita de Juan en Ignacio de Antioquía [7]. Más curiosa es la ausencia de alguna cita en la carta de Policarpo de Esmirna a los filipenses (alrededor del 115-135 d.C.); porque de Policarpo dice Eusebio que oyó a Juan, y Policarpo, por otra parte, parece conocer unos dieciocho libros del nuevo testamento. Cuando más se acerca Policarpo a los escritos juánicos puede verse en un eco de 1 Jn 4, 2-3 (2 Jn 7): «cualquiera que no confiese que Jesucristo vino en la carne es un anticristo» *(Phil* 7, 1). Esta elección es totalmente explicable si la carta era considerada co-

---

3.   Utilizada al comienzo del siglo II, esta terminología describe a los cristianos que fueron *posteriormente* considerados como heterodoxos u ortodoxos, por ejemplo, según los cánones de Ireneo. Bajo el término «heterodoxo» incluyo a toda la variedad de gnósticos, docetas, encratitas y todos los elementos montanistas.

4.   Existe un debate sobre si Heracleón era un representante del gnosticismo *valentiniano* y hasta qué punto. Cf. E. H. Pagels, *The johannine gospel,* 17-19.

5.   *Adversus haereses* III, xi. De una manera semejante, en la tradición alejandrina en el siglo III, fue Orígenes, quien, en su comentario sobre Juan, mostró que el evangelio era capaz de ser interpretado de una manera ortodoxa contra Heracleón.

6.   Sin embargo, cf. J. H. Charlesworth, *The Odes of Salomon not gnostic:* CBQ 31 (1969) 357-369.

7.   F. M. Braun, *Jean le théologien* I, Paris 1959, 270-282, ofrece puntos de contacto entre el *pensamiento* ignaciano y juánico, pero admite que no hay citas literales. Otros estudiosos, como J. N. Sanders y C. K. Barrett, niegan que Ignacio conociera el cuarto evangelio.

mo más segura que el evangelio [8]. Mientras que Justino mártir, en la mitad del siglo segundo, ciertamente conoció una cristología del Logos, no es claro que conociera o utilizara el cuarto evangelio. Frecuentemente se advierte que Taciano (alrededor del 170 d.C.), un discípulo de Justino, utilizó el cuarto evangelio en su armonización de los evangelios, el *Diatessaron;* pero Taciano era un encratita que desdeñaba el valor de la carne y así se le debió situar en el lado heterodoxo [9]. Los pasajes que se encuentran en el *Evangelio secreto de Marcos* citado en una carta, recientemente descubierta, de Clemente de Alejandría, que puede reflejar un conocimiento de Juan a mediados del siglo segundo, probablemente debe situarse en el lado heterodoxo, puesto que el *Evangelio secreto* se refiere en parte a los carpocratianos [10].

Sospechas sobre algunos elementos en el *corpus* juánico de escritos se reflejan en el ataque de Gayo, un presbítero de Roma, en relación a la ortodoxia del Apocalipsis y en el referido ataque de los *Alogoi* ( = «ningún Logos») sobre el evangelio, atribuyéndolo a Cerinto [11]. El uso ortodoxo más antiguo del cuarto evangelio que no cabe discutir se encuentra en Teófilo de Antioquía en su *Apología a Autólico* (hacia el 180 d.C.). La aceptación del evangelio en el canon antes del 200 d.C., tal como se halla atestiguado por el Fragmento Muratoriano, se debió sólo a que se aseguraba que tenía orígenes apostólicos. También Ireneo se esfuerza en relacionarlo con Juan, el discípulo del Señor, y lee cuidadosamente el evangelio a través del prisma de 1 Jn [12].

Esta curiosa historia del cuarto evangelio se hará más inteligible si admitimos que la parte mayor de la comunidad juánica, los secesionistas, se llevaron consigo el evangelio en su itinerario intelectual hacia el docetismo, el gnosticismo y el montanismo, mientras que los adictos al autor llevaron consigo el evangelio cuando se mezclaron con la gran iglesia. Esto explicaría por qué aparecen ideas juánicas, pero no citas, en los escritos más antiguos de la

8. Muy útil en esta historia del cuarto evangelio, es N. K. Bakken, «The gospel and epistles of John. A study of their relationship in the precanonical period», New York 1963 (disertación doctoral no publicada que tuvo lugar en el Union Seminary). El advierte: «en cuanto que Policarpo toca estas materias, se mueve en el espíritu de las cartas de Juan y por el lado de las diferencias que las distinguen del evangelio, pero es extremadamente dudoso que él conociera las cartas o se sirviera de ellas».

9. R. M. Grant, *The heresy of Tatian:* JTS 5 (1954) 62-68.

10. R. E. Brown, *The relation of the secret gospel of Mark' to the fourth gospel:* CBQ 36 (1974) 466-485.

11. Epifanio, *Panarion* LI (CGS 31, 248 s.), derivando de Hipólito.

12. *Adversus haereses* III xvi 5, 8, citando a 1 Jn 2, 18.

iglesia primitiva: debido a que una mayoría de los que proclamaban el evangelio como suyo propio se hicieron heterodoxos, habría surgido una repugnancia entre los ortodoxos en citar el evangelio como Escritura [13]. Sin embargo, el ejemplo de 1 Jn demostró que había un camino ortodoxo de leer el evangelio y la campaña de la carta contra los secesionistas estimuló en último término a escritores, como Ireneo, a utilizar el evangelio en una polémica contra los gnósticos que eran los descendientes espirituales de los secesionistas [14]. Y así, la última contribución del autor de 1 Jn a la historia juánica pudo haber sido el salvar el cuarto evangelio para la iglesia [15].

En esta teoría, la tradición de Ireneo acerca de una oposición entre Juan y Cerinto (nota 48, cap. anterior) y las tentativas de los estudiosos por identificar a los oponentes de Juan como seguidores de Cerinto tienen un aspecto de verdad. De hecho, el patrimonio heredado del autor de 1 Jn al interpretar a Juan fue utilizado en la polémica, un poco posterior, de las iglesias (antes del año 120 d.C.) contra Cerinto, cuyas ideas pueden muy bien haber supuesto una exageración o endurecimiento de las posturas de los secesionistas [16]. El intento de remontar el cuarto evangelio desde Ireneo pasando por Policarpo al discípulo Juan puede ser un modo muy simplificado de afirmar que una lectura ortodoxa de Juan existió en la iglesia desde el siglo I para seguir luego en el siglo II. En resumen, el evangelio no era un escrito heterodoxo que se hizo ortodoxo por primera vez a finales del siglo II, aun cuando había sido mal utilizado por los gnósticos durante todo el siglo II. Poseía una línea de ortodoxia que se remontaba a los tiempos apostólicos, una línea derivada a través de unos descendientes innominados de la comunidad juánica que habían sido leales teológicamente al autor de 1 Jn.

Partiendo de la evidencia externa acerca del modo en que fue recibido el cuarto evangelio en el siglo II, permítaseme trazar ahora

---

13. J. N. Sanders, *The fourth gospel in the early chrurch*, University of Cambridge 1943, 31, sugiere que la vaguedad de las referencias de Justino a Juan puede ser explicada por la posición insegura del evangelio.

14. Con esto trato de significar que algunos gnósticos estaban influenciados por el modo secesionista de leer el cuarto evangelio.

15. Bakken vio mucho de esto, pero su pretensión de que 1 Jn fuera escrita para hacer aceptable el evangelio a los ortodoxos invierte la propia cronología. La carta *de facto* desempeñaba esa función en la historia, pero fue escrita antes de que tuvieran lugar las grandes polémicas entre los ortodoxos y los gnósticos.

16. Poco se conoce con certeza sobre Cerinto o la fecha en que vivió, aunque se le enumera constantemente entre los primeros gnósticos. Cf. G. Bardy, *Cérinthe:* RB 30 (1921) 344-373.

el posible desarrollo teológico del grupo secesionista en las diferentes formas de heterodoxia del siglo II y luego, el posible desarrollo de los adictos al autor.

## 2. Los secesionistas y la heterodoxia del siglo II

Cuando yo estudio o examino un posible lazo entre los secesionistas de 1 Jn y los gnósticos, docetistas, cerintianos y montanistas del siglo II, deseo insistir firmemente en la palabra «posible». Todo lo que se puede mostrar es cómo estos grupos heterodoxos *podían* haber derivado algunas de sus ideas de la tradición juánica que se filtraba a través de la óptica secesionista.

Permítaseme comenzar con este fenómeno totalmente diverso conocido como gnosticismo [17]. Una tesis común en los sistemas gnósticos supone la preexistencia de seres humanos en la esfera divina antes de su vida en la tierra. En el cuarto evangelio, solamente el hijo de Dios preexiste; otros se convierten en hijos de Dios por la fe, el agua y el Espíritu, durante su vida terrena. Su *status* como «no de este mundo» es conferido u otorgado, no es ontológico. Pero, como observó Wayne Meeks [18], existía un dinamismo en esta concepción que podría llevar a la concepción gnóstica de una relación preexistente respecto a Dios. La insistencia y el énfasis juánico en la preexistencia de Jesús y en su filiación divina como el modelo para el *status* del cristiano como hijo, era la matriz de la que podía haber surgido la tesis gnóstica. Según Ireneo [19], el iniciado gnóstico conectaba su propio *status* con una teología de la preexistencia: «yo derivo mi ser de aquel que es preexistente y retorno a mi propio lugar de donde salí». Un catalizador particular en un desarrollo hacia el gnosticismo pudo haber sido la insistencia juánica acerca de la predestinación de los hijos de la luz [20], de manera que ellos son ya atraídos a Dios antes de que llegue Jesús y descubra su predisposición (Jn 3, 17-21). Existe un sentido de inevitabilidad acerca de

17. M. F. Wiles, *The spiritual gospel. The interpretation of the fourth gospel in the early church*, University of Cambridge 1960, 96-111, enumera cuatro aspectos de Juan que serían muy aceptables para los gnósticos: 1) el carácter filosófico del prólogo; 2) el dualismo; 3) el descenso de los cielos y 4) el determinismo.

18. *Man from heaven*, esp. 72: «una vez que el cuarto evangelio había identificado Cristo-Sabiduría con el Logos masculino y una vez que la dinámica social de la secta anti-mundo se puso en movimiento, todas las fuerzas estaban presentes para la producción de un mito del modelo valentiniano».

19. *Adversus haereses* I, xxi 5.

20. H. M. Schenke, *Determination und Ethik im ersten Johannesbrief*: ZTK 60 (1963) 203-215 defiende que ya en el evangelio existía un sentido gnóstico de determinación.

los que llegan a creer, puesto que ellos han sido ya entregados por Dios a Jesús (3, 27; 6, 44.64; 15, 16). Los gnósticos simplemente habrían tenido que dirigir la orientación hacia Dios y hacia la luz hasta la preexistencia. De una manera similar la pretensión de los secesionistas: «no hemos pecado» habría sido entendida, en un ambiente gnóstico, como algo que procedía del propio ser de hijos de la luz más bien que de su fe en la palabra de Jesús que santifica. Al igual que el mismo Jesús, el creyente sería por naturaleza opuesto al pecado. Aunque en la época de la primera carta, los secesionistas hablaban como un «nosotros» comunitario, la auténtica secesión pudo haber conducido a dar un gran énfasis al individualismo latente en el pensamiento juánico, de manera que la salvación se convertiría en una cuestión individual (como ocurría en los gnósticos), separada de la idea de pertenecer a un pueblo salvado [21].

Volviendo del gnosticismo en general a Cerinto en particular, reflexionemos un poco acerca de su tesis de que Cristo (un poder divino) descendió a Jesús después del bautismo y se apartó de él antes de la crucifixión. En mi opinión, esto va más allá de la tesis detectable en los secesionistas de 1 Jn, los cuales, al parecer, aceptaban la realidad, pero no el significado salvífico del bautismo y de la muerte. Sin embargo, una vez que se daba una tendencia a restar énfasis a los dos acontecimientos, había elementos en Juan que pudieron haber conducido a la concepción de Cerinto. Con mucha frecuencia leemos Jn 1, 14: «el Verbo se hizo carne» a la luz de la narraciones de la infancia de Mateo y de Lucas y suponemos que el momento de hacerse carne o encarnarse debería ser automáticamente interpretado como la concepción/nacimiento de Jesús. Hay motivos para creer que el mismo evangelista consideraba toda la vida humana de Jesús *desde su comienzo* como la trayectoria del Verbo hecho carne [22]. Sin embargo, Reginald Fuller [23] prestó un gran servicio al puntualizar que Juan podía ser leído de otra manera. El evangelio nunca menciona claramente el nacimiento de Je-

---

21. E. Schweizer, *Church order,* 122-124 (11g-i) ve el pensamiento juánico como altamente individualista.

22. Adviértase que el *ginesthai* («el llegar a ser», ser engendrado o nacer) de Jn 1, 4 es utilizado en las descripciones cristológicas del *nacimiento* de Jesús en Gál 4, 4; Flp 2, 7; Rom 1, 3.

23. *Christmas, epiphany and the johannine prologue,* en *Spirit and light (E. M. West Festschrift),* New York 1976, 63-73. El propone que el desplazamiento del *Lógos asarkós* (Palabra sin carne) al *Lógos ensarkós* (Palabra encarnada) ocurre en relación a JBap (69). Modifica su postura en parte en el artículo citado en la nota 66 de la primera fase.

sús. En el prólogo, antes de que nos diga que la luz vino al mundo (1, 9-10), se menciona a JBap. E inmediatamente después de la referencia al Verbo que se hace carne, existe otro versículo que se refiere a JBap (1, 15). Si se aisló el evangelio de Juan y se leyó bajo el prisma de los docetas, se pudo suponer que el momento de la llegada de la luz al mundo y el momento de hacerse carne el Verbo ocurrió sin duda después del bautismo de Jesús, cuando el Espíritu sobrevino sobre él, como dice JBap: «yo no le conocía; pero el que me envió a bautizar en agua me dijo: sobre quien vieres descender el Espíritu y posarse sobre él, ése es el que bautiza en Espíritu santo. Yo no le conocía, mas para que él fuese manifestado a Israel he venido yo, y bautizo en agua. Y Juan dio testimonio diciendo: yo he visto al Espíritu descender del cielo como paloma y posarse sobre él» (1, 30.32). Tenemos evidencia de que esto ocurrió en el tratado gnóstico de Nag Hammadi, el *Testimonio de la verdad* XI 3 (30, 24-28), que concluye del relato juánico de los acontecimientos que rodean el bautismo de Jesús: «y JBap dio testimonio del (descenso) de Jesús. Porque él es el único que vio (el poder) que bajó sobre el río Jordán».

La otra mitad de la cristología doceta de Cerinto (esto es, la de que la realidad divina abandonó a Jesús antes de la crucifixión) puede haberse originado de una falsa interpretación del énfasis de Juan en la crucifixión como de una «exaltación» de Jesús (12, 32-33; 3, 14; 8, 28). Juan ve la crucifixión como una marcha de Jesús al Padre; pero Cerinto pudo haber entendido que Juan quería decir que, antes de que muriera Jesús, el elemento divino ya había ascendido al cielo. Recuérdese que, en 13, 1, *al comienzo* de la última cena, Juan nos dice que había llegado para Jesús la hora de pasar de este mundo al Padre: y asimismo se hallan frecuentes afirmaciones de la inminente partida en la última cena (13, 36; 14, 2.19.28.30.31; 16, 5.7.16 s). Particularmente chocantes en referencia a la postura de Cerinto son estas afirmaciones de la última cena: «ahora es glorificado el Hijo del hombre» (13, 31); «dejo el mundo y vuelvo al Padre» (16, 28); «yo he vencido al mundo» (16, 33), especialmente cuando lo último se lee como una introducción a la gran oración del cap. 17, donde Jesús parece suspendido entre el cielo y la tierra. Es en esta oración (17, 11) donde Jesús dice: «yo ya no estoy en el mundo». ¿Es descabellado suponer que Cerinto tomó esto literalmente?

Más clara todavía es la línea de desarrollo juánica que desemboca en Montano. Sabemos que él leyó las promesas juánicas de la venida, de la donación y del envío del Paráclito (14, 15.26; 15, 26; 16, 7.13) como una predicción de su propia trayectoria inspirada por el Espíritu.

El énfasis que ponen los montanistas en la profecía podría ser una continuación del énfasis de los secesionistas (y por supuesto, del énfasis del libro del Apocalipsis). Montano se servía de dos profetisas, Prisca y Maximila, las cuales, extáticamente, revelaban las palabras del Señor [24]. En el apéndice II, llamo la atención sobre la importancia extraordinaria que da Juan a las mujeres como proclamadoras: la mujer samaritana con sus palabras convierte a todo un pueblo (4, 39); Marta profiere la solemne confesión: «tú eres el Cristo, el hijo de Dios» (11, 27), que Mt 16, 16 atribuye a Pedro; María Magdalena y no Pedro es la primera que ve al Jesús resucitado (20, 14) y la primera que proclama la resurrección (20, 18). Puede añadirse que fue probablemente la imagen que da Juan de María Magdalena la que encendió la chispa para que los evangelios gnósticos hicieran de ella la principal receptora de la revelación pos-resurreccional y la rival de Pedro [25].

Ya hemos visto algunas de las posibilidades e incluso probabilidades de una línea ideológica que a partir de la interpretación secesionista de la tradición juánica desemboca en la heterodoxia del siglo II. Veamos ahora la otra mitad de la comunidad juánica.

## 3. *Los seguidores del autor y la gran iglesia*

Así como no existen citas ortodoxas claras del cuarto evangelio antes del último cuarto del siglo II, las ideas juánicas se aceptan mucho antes [26]. Podemos centrar nuestra atención en Ignacio (alrededor del 110 d.C.). Al examinar el estado de la comunidad juánica cuando se escribió el evangelio, vimos que los «cristianos judíos de fe inadecuada» (Grupo V) que aparecen en el evangelio son muy semejantes de diversas formas a los judíos cristianos contra los que

24. Existe un ataque a una falsa profetisa y maestra («Jezabel») en Ap 2, 20-22, y a la figura del falso profeta de la bestia del país en Ap 13, 11-18; 19-20. Montano esperaba la venida de la Jerusalén celeste a la tierra cerca de Pepuza, en Asia menor, una expectación que quería basar en Ap 21, 2.

25. En el *Evangelio de Felipe* II 3 (63, 35-64, 5), ella se convirtió en la discípula a la que Jesús más amaba; en el *Evangelio de María* BG 8502 I (17, 7 s), Pedro se muestra celoso de María, así como se muestra celoso del discípulo amado en Jn 21, 20-23.

26. Dos precauciones se han de observar aquí. Yo utilizaré *Logos* como un ejemplo de una idea *juánica* cuando se aplica a Jesús, pero teóricamente es posible que un escritor del siglo II que utilizara este término, lo derivara de una fuente cristiana desconocida distinta de Juan. Asimismo cuando hablamos de ideas juánicas que son aceptables, se deben hacer probablemente distinciones geográficas. Se ha advertido frecuentemente que, mientras la cristología del Logos fue ganando aceptación en oriente en la primera mitad del siglo II, Roma parece haber resistido a ella durante mucho tiempo como sospechosa de docetismo.

luchó Ignacio veinte años más tarde. Ignacio luchó asimismo contra el docetismo y tal vez también contra un gnosticismo que iba emergiendo (por ejemplo, *Esmirn.* 4, 1). ¿Eran esos dos adversarios, los cristianos judíos y los docetistas, los mismos? Mientras que algunos estudiosos responderían afirmativamente [27], puede advertirse que Ignacio luchaba en dos frentes y que ambos adversarios suyos eran heterodoxos, pero situados en extremos opuestos [28]. Esto estaría muy relacionado con los dos frentes en los que luchó la comunidad juánica: durante el período del evangelio, los cristianos judíos se hallaban entre los que eran criticados por el evangelista debido a su cristología baja; durante el período de la carta, los secesionistas eran criticados por su inadecuado énfasis en la humanidad de Jesús. Así, existe una semejanza ambiental entre los escritos juánicos y las cartas de Ignacio.

En Ignacio encontramos elementos de una cristología alta similares a los de Juan. En *Magn.* 8, 2, Ignacio habla de «el único Dios que se manifestó a través de Jesucristo, su hijo». Esto no es muy distinto de lo que dice Jn 17, 3: «que te conozcan a ti, único Dios verdadero, y a tu enviado Jesucristo», combinado con la tesis de 14, 8 de que todo aquel que ve al Hijo ve al Padre. El pasaje de *Magnesios* continúa describiendo al hijo como «palabra de Dios que procede del silencio y que en todas las cosas agradaba a aquel que le envió». Tres elementos parecen ser aquí juánicos [29], concretamente, la referencia a Jesús como la «Palabra o el Verbo», la descripción que hace de él como enviado por Dios y la idea de haber venido, especialmente cuando el precedente capítulo de *Magnesios* (7, 2) deja bien claro que él vino del Padre (cf. Jn 16, 28). Es algo fascinante que, en otra parte (*Ef.* 19, 1), Ignacio muestra que conoce la virginidad de María, implicando así una cristología de la concepción virginal, que Juan no nos da a conocer y sí lo hacen Mateo y Lucas. Esta cristología mezclada de preexistencia (la Palabra) y de la concepción virginal puede resumirse en la elocuente frase de *Ef.* 7, 2: «de María y de Dios». Una cristología parecida, donde una figura preexistente se encarna en el seno de la virgen

---

27. E. Molland, *The heretics combatted by Ignatius of Antioch:* JEH 5 (1954) 1-6; L. W. Barnard, *The background of st. Ignatius of Antioch:* VC 17 (1963) 193-206. Esta era una concepción defendida antes por Lightfoot y Zahn.

28. V. Corwin, *St. Ignatius and christianity in Antioch,* New Haven 1960, 59. Esta tesis ha sido defendida nuevamente por P. J. Donahue, *Jewish christianity in the letters of Ignatius of Antioch:* VC 32 (1978) 81-93, que sostiene que en *Magn.* y *Filadelf.* Ignacio llevó a cabo la dialéctica paulina contra cristianos judíos, pero nunca acusó a esos oponentes de negar la realidad de la encarnación.

29. Sin embargo, no es juánica la imagen de la procedencia *del silencio*.

María, se ve atestiguada en la primera mitad del siglo II en la *Apología* de Arístides (15, 1) y en la *Apología de* Justino (T, 21, 33). Otra combinación ignaciana de lo no juánico y juánico se halla en *Tral.* 9, 2: Jesucristo «que resucitó verdaderamente de entre los muertos... sin el cual nosotros no tenemos verdadera *(alethinós)* vida». La última cláusula, con su caracterización de la vida eterna como «verdadera» contra la vida terrena, es auténticamente juánica; pero la idea del Jesús que es resucitado de entre los muertos [30] no es juánica, porque el Jesús juánico retoma su propia vida (Jn 10, 17-18). Yo atribuyo importancia a estos modelos unidos en Ignacio. Cuando estudiaba las relaciones entre los cristianos juánicos y los cristianos apostólicos, puntualizaba que la oración de Jesús: «que sean uno» (17, 21) expresaba el deseo de los cristianos juánicos de la unión con los cristianos apostólicos, si estos últimos aceptaban la cristología alta de la preexistencia del cuarto evangelio. Ignacio y los otros escritores del siglo II citados muestran evidentemente que la gran iglesia aceptó esta cristología y, de hecho, finalmente dio preferencia a la tesis de un Verbo pre-existente, pero sólo con el compromiso de no rechazar la concepción virginal y otras cristologías más bajas.

Otro posible eco ignaciano de la tradición juánica sería la referencia a la eucaristía como la *carne* y la sangre de Jesús *(Filadelf.* 4, 1) [31] especialmente cuando esto se combina con el alto sacramentalismo de Ignacio, donde la eucaristía es «medicina de inmortalidad, el antídoto para que no muramos, sino para que vivamos para siempre en Jesucristo» *(Ef.* 20, 2). Esto se aproxima mucho a Jn 6, 51-58, donde la carne y la sangre de Jesús son alimento y bebida reales y donde «el hombre que come de este pan vivirá para siempre». Así Juan e Ignacio habrían participado de la misma perspectiva en los dos puntos en los que ellos estarían en desacuerdo con las iglesias judeo-cristianas, concretamente, en una alta cristología y en una visión sacramental de la eucaristía [32]. Existen asimismo paralelos ignacianos a los temas que se encuentran en 1 Jn,

30. Acerca de la excepción aparente en Jn 2, 22; 21, 14 véase mi comentario al evangelio de Juan (Madrid 1979).

31. Yo hablo precisamente de un eco de la «tradición» y no del cuarto evangelio. Aunque en el nuevo testamento solamente este evangelio se refiere a la eucaristía como la carne de Jesús, tal terminología se remontaría indudablemente a una tradición semítica antigua que influyó tanto en Juan como en Ignacio.

32. Si, como he sugerido, Ignacio luchó en dos frentes, él habría luchado asimismo contra sus enemigos docetistas acerca de la realidad de la carne eucarística: «ellos se abstienen de la eucaristía y de la oración, porque no confiesan que la eucaristía es la carne de nuestro salvador Jesucristo que sufrió por nuestros pecados» *(Esmir.* 7, 1).

los cuales muestran que si Ignacio conoció el pensamiento juánico, habría estado de acuerdo con el énfasis de las cartas más bien que con el de los secesionistas (como podíamos esperar de sus actitudes antidocetas).

En *Tral.* 9, 1; 10, 1, Ignacio pone de relieve la verdadera humanidad de Jesús, que nació, que comía y bebía y que murió realmente. Ignacio pretende que lo que él sostiene acerca de todo esto se dio desde el principio y se justifica por sí mismo.

Sin embargo, existe un obstáculo muy serio para la tesis de que el grupo de los cristianos juánicos que estaban al lado del autor de la carta pudieran ajustarse al tipo de iglesias dirigidas por Ignacio y que llegaran a formar parte de lo que él llama «la iglesia católica» (la gran iglesia). Pueden existir semejanzas muy estrechas entre Ignacio y Juan en cuestiones de alta cristología y de eucaristía, pero ambos son muy diferentes entre sí en eclesiología, especialmente en cuestiones de estructura eclesial. Ya hemos visto que la comunidad juánica no parece que tuviera oficiales con autoridad eclesial (presbíteros-obispos) que pudieran controlar la doctrina sólo por la naturaleza de su oficio, y por ello se diferenciaban en este aspecto de las iglesias de las que se da testimonio en Lucas/Hechos, en las cartas pastorales y en Mateo [33]. La estructura de la iglesia ignaciana ha ido incluso mucho más allá con respecto a los oficios eclesiales de autoridad, e Ignacio insiste en la función del obispo individual (que ahora estaba sobre los presbíteros) casi hasta llegar a la obsesión. La jerarquía establecida tenía control sobre el bautismo y la eucaristía (*Esmirn.* 8, 1-2), y la autoridad humana se había convertido en el signo visible de la autoridad divina, como sugiere la siguiente cita:

> Todos vosotros seguid al obispo como Jesucristo sigue a su Padre y seguid a los que están en el presbiterado como si fueran los apóstoles: y reverenciad a los que están en el diaconado como si tuvierais a este repecto un mandamiento del Señor (*Esmirn.* 8, 1).
>
> Es bueno conocer a Dios y al obispo. El que honra al obispo es honrado por Dios: el que hace algo sin el conocimiento del obispo sirve al diablo (*Esmirn.* 9, 1).
>
> Tengamos cuidado de no oponernos al obispo, de forma que podamos estar sujetos a Dios (*Ef.* 5, 3).
>
> Cuando obedecéis a vuestro obispo como a Jesucristo, es claro para mí que vivís al modo del mismo Jesucristo (*Tral.* 2, 1).

---

33. Mt 18, 15-20 muestra la existencia de una clara autoridad en la iglesia de Mateo, incluso ésta de atar y desatar, aunque no se ha transmitido ningún nombre de los que la ejercen.

¿Podrían los cristianos juánicos haber aceptado tal eclesiología en la que al obispo se le atribuyen las prerrogativas del Paráclito? Ciertamente, esto podría haberse visto en desarmonía con la tradición juánica, pero pudo haber sido tolerado a regañadientes por un bien mayor cuando la dependencia juánica del Paráclito como maestro se mostró como ineficaz. Si el mundo escuchaba a los oponentes, como admite el autor de 1 Jn (4, 5); si el llamamiento a discernir los espíritus no tenía éxito para preservar a la mayor parte de sus seguidores de ser convertidos por los «progresistas» (2 Jn 8, 10); si la mayoría de las iglesias juánicas se orientaban a lo que el autor consideraba como errores cristológicos y éticos, en ese caso, ¿no pueden haber reconocido algunos de los adictos al autor que la verdad no podía ser preservada por un simple recurso a la unción por el Espíritu que enseña acerca de todas las cosas (1 Jn 2, 27)? La lección que aprendieron las iglesias paulinas (como advertimos en las cartas pastorales) puede también haber sido aprendida por algunos de los adictos al autor en las iglesias juánicas, a saber, que los presbíteros-obispos como maestros autorizados, eran un baluarte contra aquellos que presentaban una doctrina que «no presta atención a las saludables palabras de Jesucristo y a la doctrina que se ajusta a la piedad» (1 Tim 6, 3). Así, pues, propongo que, mientras la «iglesia católica» cuyo ejemplo tenemos en Ignacio, podía haber aceptado la alta cristología juánica de la preexistencia como una evaluación válida de Jesús, especialmente cuando se destacaba la vida terrena de Jesús que nos encontramos en las cartas, los adictos juánicos del autor de las cartas es posible que hubieran reconocido a su vez que la jerarquía puesta de relieve por la «iglesia católica» era un oficio docente válido, en la medida en que ejercía sus funciones en nombre del Paráclito que es el que enseña todo. Y a través de ese mutuo reconocimiento valorativo de la fuerza del otro (lo cual es opuesto al sectarismo), algunos de los cristianos juánicos y de los cristianos apostólicos pudieron haberse convertido en «un solo rabaño».

Signos de la aceptación de una autoridad eclesial más rigurosa pueden haberse dado ya en vida del autor de las cartas y probablemente para su disgusto, porque uno que se aferra tan firmemente a la tradición juánica que venía «desde el principio» no puede haber estado bien dispuesto a aceptar esta desviación. En 3 Jn, encontramos al presbítero enzarzado en lucha con Diotrefes, «que ambiciona la primacía entre ellos», según parece, no sobre los temas doctrinales que separaban al autor de los secesionistas, sino acerca de dos estilos de autoridad. Hace tiempo que se ha sugerido que este Diotrefes fue un obispo que surgió sobre el modelo ignaciano [34], aunque esta sugerencia se ha visto frecuentemente complicada con la atribución de heterodoxia bien al presbítero [35] bien a Diotrefes. Más bien podemos ver en ellos a dos personajes que proponen la *misma* cristología y ética juánicas que se diferenciaban en   cómo preservar mejor a los creyentes de las falsas doctrinas [36]. El presbítero envía a sus emisarios a dar testimonio y piensa que deberían ser recibidos; les acredita el hecho de que el presbítero les envió, porque «tú sabes que nuestro testimonio es verdadero» (3 Jn 5-8.12). Incluso en esa coyuntura, él puede apelar únicamente a la calidad, que se autentifica a sí misma, de su testimonio, y al apoyo implícito de la escuela juánica («*nuestro* testimonio»). No puede corregir o deponer a Diotrefes por simple mandato; sólo le puede desafiar, «por esto, si voy allá le recordaré las malas obras que hace, diciendo desvergonzadamente contra nosotros cosas falsas» (3 Jn 10). Pero existen asimismo falsos maestros y falsos emisarios que andan vagando alrededor, como muy bien sabe el presbítero; y él piensa que a ellos no se les debería admitir en ninguna iglesia doméstica (2 Jn 10). Diotrefes, como uno que reunía a gente en su iglesia doméstica, puede haberse topado con la dificultad práctica de distinguir a los maestros-emisarios verdaderos de los falsos, situación ésta que vemos verificada en *Didajé* 11; y él puede haber encontrado el discernimiento de los espíritus muy poco práctico y poco convincente. En ese caso, su decisión prudencial habría sido la de excluir a todos los maestros emisarios y sancionar a los que les recibieron (3 Jn 10). Así, pues, su propia interpretación acerca de la tradición se ha convertido, según eso, en la autoridad suprema para la iglesia en la que se ha puesto en primer lugar (3 Jn 9). En esta hipótesis, habría sido un jefe semejante a Diotrefes, más bien que el autor de las cartas, que hizo la transición a una estructura o a una forma de gobierno eclesial que la «iglesia católica» podría interpretar y aceptar.

Puede haber un último pasaje juánico que aporta luz sobre cómo algunos de los seguidores de la doctrina del autor de la carta llegaron a ser parte de la gran iglesia. Como señalaba hace unos momentos, la relación entre el redactor del evangelio y el autor de las cartas es oscura, precisamente porque no existe coincidencia

---

34. A. von Harnack, *Über den dritten Johannesbrief*: TU 15, § 3 (1897) 3-27.

35. E. Käsemann, *Ketzer und Zeuge: Zum johanneischen Verfasserproblem*: ZTK 48 (1951) 292-311.

36. Pastor, *Comunidad*, 64-65 tiene razón cuando insiste en que la única clara controversia en 3 Jn es sobre la aceptación de emisarios, una controversia que existe en 2 Jn. Por desgracia, sin embargo, Pastor no ve las implicaciones para la estructura eclesial en esta polémica que va más allá de los misioneros.

entre los especialistas acerca de la parte del evangelio actual que debe atribuirse al redactor. ¿Fue la redacción del evangelio y las cartas obra de la misma persona y cuál apareció primero? En general, para evitar la acusación de manipular el evangelio, he preferido tratarlo como un conjunto que fue anterior a las cartas; y así implícitamente he actuado con la tesis de que incluso la redacción final se realizó antes de que se escribiera 1 Jn. Pero si se admite la posibilidad de que el cap. 21 fue escrito por el redactor después del evangelio y, por eso, *grosso modo*, al mismo tiempo que las cartas [37], resultan interesantes ciertas sugerencias recientes de E. Ruckstuhl [38]. Este capítulo ciertamente defiende el recuerdo y el *status* del discípulo amado, de manera que no se hace traición al patrimonio juánico. El destino del discípulo amado fue planeado por Jesús; y él no es de menor dignidad que Pedro, aunque no murió mártir como Pedro. Pero el capítulo recomienda asimismo a Pedro al lector juánico. Ya he insistido en que el resto del cuarto evangelio no era anti-petrino, aunque deja bien claro que Simón Pedro (el paradigma de los cristianos apostólicos) no entendía a Jesús con la misma profundidad con la que le entendió el discípulo amado (el paradigma de los cristianos juánicos). Pero el cap. 21 se desvía de su camino para subrayar la función pastoral de Pedro. Ello no le exime del criterio juánico del amor a Jesús, pero la triple pregunta y la triple afirmación de amor (21, 15-17) asegura al lector juánico de que él es un genuino discípulo, y fue sobre esa base como el mismo Jesús le otorgó la autoridad pastoral [39]. Y puesto que al discípulo amado no se le atribuye un papel pastoral similar, podemos ver ahí una descripción simbólica de la diferencia estructural entre dos tipos de iglesias. Podemos estar seguros de que algunos de los seguidores del autor de las cartas (y tal vez el mismo autor) habrían considerado una aceptación de la estructura presbítero-episcopal como una traición inadmisible a la tradición juánica (y de hecho, eso con-

---

37. Thyen (*supra*) ve al redactor motivado por un aspecto de la polémica teológica tan visible en las cartas. Asimismo Langbrandtner, *Weltferner Gott* ( *infra*, en el apéndice I), 116: «debemos presuponer una polémica teológico-dogmática dentro de la comunidad juánica en la cual el redactor luchaba por una posición bajo el nombre del discípulo amado y a su amparo».

38. *Zur Aussage und Botschaft von Johannes 21*, en *Schürmann Festschrift*, 339-362, esp. 360-361.

39. En estos versículos, Juan utiliza *boskeín*, «alimentar», y *poimaineín*, «guardar»; el segundo incluye deberes hacia el rebaño como el guiarlo, guardarlo y alimentarlo, ya sea literalmente (Lc 17, 7) o figuradamente (Ez 34, 10; Hech 20, 28; 1 Pe 5, 2: los últimos pasajes asociados con la obra de los presbíteros). Equivalentemente, puede significar «gobernar, mandar» (2 Sam 7, 7; Sal 2, 9; Mt 2, 6).

dujo a que desapareciera esta rama de la comunidad juánica como un cuerpo distinto de iglesias). En el cap. 21 redaccional, podemos ver una voz más moderada que persuade a los cristianos juánicos de que la autoridad pastoral practicada en las iglesias apostólicas y en «la iglesia católica» fue instituida por Jesús y que podría aceptarse sin rebajar la categoría que atribuyó Jesús al discípulo (s) a quien (es) más amaba.

## 4. *Reflexión*

Me imagino que no le sabrá mal al inteligente lector si me permito hacer unas reflexiones un tanto prolijas acerca de los problemas que aparecen en el evangelio y en las cartas juánicas, estableciendo un paralelo con los problemas eclesiales de nuestro tiempo. Obviamente, las luchas entre iglesias de diversas tradiciones y las luchas dentro de iglesias particulares de diversas interpretaciones de la misma tradición tienden a seguir, *mutatis mutandis,* las mismas líneas durante los siglos. Algo que nos es familiar también es la angustia acerca de los oficios de autoridad eclesial y el reconocimiento a regañadientes, incluso en grupos liberados por el Espíritu, de que alguna forma de autoridad es el único modo de protegerse contra las pretensiones extravagantes en nombre del mismo Espíritu. Edwyn Hoskyns [40] expresa muy bien la opinión de que la historia juánica presenta, en microcosmos, las luchas de la iglesia a través de los tiempos: «por eso, el lector moderno no tomará el cuarto evangelio como su autor deseó que se tomase, si concluye que él estaba contra el gnosticismo, el docetismo o el ebionismo o incluso contra los judíos, y se queda, satisfecho con esa explicación, sin reconocer, al mismo tiempo, que aquellos antiguos movimientos de religión son todavía factores profundos y destructivos en nuestra vida común».

Lo que deseo reflejar es el resultado para la gran iglesia de la unión de los cristianos juánicos que se le incorporaron, y de la aceptación de los escritos juánicos en su canon de Escritura. En varias ocasiones, me he referido a la teología del cuarto evangelio como retadoramente diferente, volátil, peligrosa y como la más llena de riesgos del nuevo testamento. La historia de los secesionistas juánicos que pretendían apoyarse en este evangelio explicaría estos adjetivos. Durante siglos, el evangelio de Juan fue campo abonado para muchas formas exóticas de pietismo y de quietismo individualistas (y asimismo la inspiración para algunas formas del más profundo misticismo). La cristología juánica alimentó un mo-

---

40. *Fourth gospel,* 49.

nofisismo inconsciente ampliamente difundido, popular incluso hoy día, en el cual Jesús no es realmente semejante a nosotros en todo excepto en el pecado, sino omnisciente, incapaz de sufrir o de ser tentado y que preveía todo el futuro. (Al mismo tiempo, la cristología juánica fue el apoyo principal de la gran fe ortodoxa de Nicea).

La última prueba, sobre lo que Kysar llama el «maverick gospel» [41], fue la decisión hermenéutica de la iglesia de situarlo en el mismo canon de Marcos, Mateo y Lucas, evangelios éstos que implícitamente defienden aspectos opuestos a muchas posturas juánicas. Esto significa que la gran iglesia, «la iglesia católica» del lenguaje ignaciano, consciente o inconscientemente, eligió el vivir en tensión. No eligió a un Jesús que fuera Dios u hombre, sino ambas cosas; no eligió a un Jesús que fuera o concebido virginalmente como hijo de Dios o preexistente como hijo de Dios, sino ambas cosas, no eligió o bien un Espíritu que se otorga a un ministerio con autoridad docente o al Paráclito-maestro que se da a cada cristiano, sino ambas cosas; no a un Pedro o a un discípulo amado, sino a ambos. La tensión no se acepta fácilmente en la vida ordinaria, y nosotros tratamos generalmente de resolverla y solucionarla. Y así también ocurre en la historia de la iglesia. Pero, debido a la decisión de la iglesia respecto al canon, las tentativas de resolver sencillamente estas tensiones teológicas en una posición estática, por una parte o por otra, son infieles al conjunto del nuevo testamento.

Esto significa que una iglesia tal como la iglesia católica romana, con su gran énfasis en la autoridad y en la estructura, tiene en los escritos juánicos una conciencia «clara» contra los abusos de autoritarismo. (Asimismo también las iglesias «libres» tienen en las cartas pastorales una amonestación «clara» contra los abusos del Espíritu y en 1 Jn un aviso contra las divisiones a las que conduce una falta de autoridad estructurada). Al igual que una rama de la comunidad juánica, nosotros los católicos romanos hemos llegado a apreciar que la función pastoral de Pedro la quiso realmente el Señor resucitado, pero la presencia en nuestras Escrituras de un discípulo al que Jesús amó más que a Pedro es un comentario elocuente del valor relativo del oficio en la iglesia. El oficio de autoridad es necesario porque ha de realizarse una tarea y ha de preservarse una unidad, pero la escala de poder en los diversos oficios no es necesariamente la escala de la estima y del amor de Jesús. En es-

---

41.  *Maverick,* especialmente en Estados Unidos, es un animal sin marca o mostrenco; se dice también de una persona heterodoxa (*N. del T.*).

tos tiempos en que los católicos discuten acerca de la autoridad respectiva que deben poseer el papa, el obispo, el sacerdote o los laicos, y en que los cristianos discuten sobre si una mujer debería ser ordenada como ministro de la eucaristía, la voz de Juan surge amonestándonos. La mayor dignidad a la que se puede aspirar no es ni la papal, ni la episcopal ni la sacerdotal; la mayor dignidad es la de pertenecer a la comunidad de los discípulos amados de Jesucristo.

# Cuadros sintetizadores

CUADRO PRIMERO

## LA HISTORIA DE LA COMUNIDAD JUANICA

PRIMERA FASE:
ORIGENES
(de mediados de
los a. 50 a los tar-
díos 80)

GRUPO ORIGINARIO: En Palestina o cerca de este país, unos
judíos con las expectativas casi normales de entonces, incluyendo a
seguidores de JBap, aceptaron a Jesús sin dificultad como el Mesías
davídico, en quien se cumplían las
profecías, y que fue confirmado
por milagros. En medio de este
grupo había un hombre que había
conocido a Jesús durante su ministerio y que se convirtió en el
discípulo amado.

SEGUNDO GRUPO:
Judíos de tenden-
cias anti-templo
que creían en Jesús
y que consiguieron
conversos en Sama-
ria. Comprendían
a Jesús en un tras-
fondo o contexto
mosaico más bien
que davídico. El
había estado con
Dios, había visto a
Dios, y trajo sus
palabras al pueblo.

La aceptación del segundo grupo
catalizó el desarrollo de una
cristología alta, de la pre-existencia, que condujo a debates con los
judíos, los cuales consideraban que
la comunidad juánica estaba aban-
donando el monoteísmo judaico
haciendo de Jesús un segundo
Dios. Ultimamente, los jefes de
esos judíos expulsaron a los cristianos juánicos de las sinagogas. Estos últimos, alienados de los suyos,
consideraron a «los judíos» como
hijos del diablo. Ponían de relieve
una realización de las promesas escatológicas en Jesús para compen-
sarse de lo que habían perdido en
el judaísmo. El discípulo hizo esta
transición y ayudó a que otros la
hicieran, convirtiéndose así en el
discípulo amado.

CONVERTIDOS
GENTILES

SEGUNDA FASE:
EL EVANGELIO
(Aprox. año 90)

Desde el momento en que «los
judíos» estaban ciegos, la llegada
de los griegos constituía el plan
de Dios para el cumplimiento y la
plenitud. La comunidad pudo haberse desplazado de Palestina a la
diáspora para enseñar a los griegos. Este contacto aportó posibilidades universalistas al pensamiento juánico. Sin embargo, la repulsa por otros y la persecución por
parte de «los judíos» convenció a
los cristianos juánicos de que

CUADRO PRIMERO (CONTINUACION)

el mundo era opuesto a Jesús y de que ellos no debían pertenecer a este mundo que se hallaba bajo el poder de Satanás. La repulsa de la alta cristología juánica por parte de los judíos cristianos fue considerada como falta de fe y condujo a la ruptura de la comunión *(koinonía)*. Se iniciaron y abrieron las comunicaciones con los cristianos apostólicos (véase cuadro segundo) con esperanzas de lograr la unidad, a pesar de las diferencias de cristología y de estructura eclesial.

La concentración defensiva en una cristología contra «los judíos» y los cristianos judíos condujo a una escisión dentro de la comunidad juánica.

TERCERA FASE: LAS CARTAS (Aprox. año 100)

LOS ADICTOS AL AUTOR DE LAS CARTAS: Para ser hijo de Dios, uno debe confesar que Jesús vino en la carne y debe asimismo guardar los mandamientos. Los secesionistas son los hijos del diablo y los anticristos. La unción con el Espíritu sale al paso de la necesidad de maestros humanos: probad a cuantos pretenden poseer el Espíritu.

LOS SECESIONISTAS: El que vino de arriba es tan divino que no es plenamente humano; no pertenece al mundo. Ni su vida sobre la tierra ni la del creyente poseen importancia salvífica. El conocimiento de que el hijo de Dios vino a la tierra es lo único que importa de verdad y los que creen en esto están ya salvados.

CUARTA FASE: DESPUES DE LAS CARTAS (Siglo segundo)

LA UNION CON LA GRAN IGLESIA: Incapaces de combatir a los secesionistas apelando simplemente a la tradición, y habiendo perdido a sus oponentes, algunos de los adictos al autor aceptaron la necesidad de unos maestros oficiales provistos de autoridad (los presbíteros-obispos). Al mismo tiempo, «la iglesia católica» se mostró abierta a la alta cristología juánica. Se dio una gradual asimilación en la gran iglesia, la cual, sin embargo, tardó en aceptar el cuarto evangelio, puesto que había sido mal utilizado por los gnósticos.

ORIENTACION HACIA EL GNOSTICISMO: La mayor parte de la comunidad juánica parece que aceptó la teología de los secesionistas, la cual, habiéndose separado de los moderados por el cisma, se orientó hacia un auténtico docetismo (de un Jesús no humano a una mera apariencia de humanidad), hacia el gnosticismo (de un Jesús preexistente a unos creyentes también preexistentes que procedían asimismo de regiones celestiales) y hacia el montanismo (de poseer el Paráclito a la encarnación del Paráclito). Ellos se llevaron consigo el cuarto evangelio y fue aceptado antes que por nadie por los gnósticos que lo comentaron.

CUADRO SEGUNDO

## DIFERENTES GRUPOS RELIGIOSOS FUERA DE LA COMUNIDAD JUANICA TAL COMO SE ADVIERTEN A TRAVES DE LAS PAGINAS DEL CUARTO EVANGELIO

A) LOS QUE NO CREEN EN JESÚS

### 1. *El mundo*

Los que prefieren las tinieblas a la luz de Jesús porque sus obras son malas. Por esa elección, ellos están ya condenados; ellos se hallan bajo el poder de Satanás, «príncipe de este mundo» y odian a Jesús y a sus discípulos que no son de este mundo. Jesús se niega a orar por este mundo; más bien él ha vencido al mundo. «El mundo» es una concepción más amplia que «los judíos» (II), pero los incluye. Esta oposición dio a la comunidad juánica un sentido alienado de ser extraños al mundo.

### 2. *Los judíos*

Los que están dentro de las sinagogas y no creen en Jesús y decidieron que todo el que reconocía a Jesús como Mesías debería ser arrojado de la sinagoga. Los puntos principales en su disputa con los cristianos juánicos incluían: a) pretensión de unidad de Jesús con el Padre; el Jesús juánico «hablaba de Dios como de su propio Padre, haciéndose así igual a Dios»; b) pretensión de concebir a Jesús como la presencia de Dios en la tierra privando al templo y a las fiestas judías de su significado. Ellos exponían a los cristianos juánicos a la muerte por persecución y pensaban que así prestaban un servicio a Dios. Según la concepción juánica, ellos eran hijos del diablo.

### 3. *Los adictos a Juan el Bautista*

Aunque algunos de los seguidores de JBap se adhirieron a Jesús o se hicieron cristianos (incluyendo a cristianos juánicos), otros se negaron a hacerlo, proclamando que JBap y no Jesús era el primer emisario de Dios. El cuarto evangelio niega perfectamente que JBap sea el Mesías, Elías, el profeta, la luz, o el novio. Insiste en que JBap debe decrecer, mientras que Jesús debe crecer. Sin embargo, a los adictos a JBap se les describe como personas que entienden mal a Jesús, aunque no le odian. Parece que existe una esperanza de su conversión.

CUADRO SEGUNDO (CONTINUACION)

## B) LOS QUE (PRETENDÍAN) CREER EN JESÚS

4. *Los cripto-cristianos*

Cristianos judíos que habían permanecido dentro de las sinagogas negándose a admitir públicamente que creían en Jesús. «Preferían la buena opinión de los hombres a la gloria de Dios». Presumiblemente, pensaban que podían mantener su fe privada en Jesús sin romper con su patrimonio judío. Pero a los ojos de los cristianos juánicos, preferían ser conocidos como discípulos de Moisés más que como discípulos de Jesús. Para efectos prácticos, ellos podían ser considerados en gran parte como «los judíos» (II), aunque Juan trataba de persuadirles todavía a que confesaran públicamente su fe.

5. *Los cristianos judíos*

Cristianos que habían abandonado las sinagogas, pero cuya fe en Jesús era inadecuada según las normas juánicas. Pudieron considerarse a sí mismos como herederos de una cristiandad que había existido en Jerusalén bajo Santiago, el hermano del Señor. Presumiblemente, su cristología baja, basada en signos milagrosos, estaba en parte entre la de los grupos IV y VI. Ellos no aceptaban la divinidad de Jesús. Ni entendían la eucaristía como la verdadera carne y sangre de Jesús. Según la concepción juánica, habían dejado de ser verdaderos creyentes.

6. *Cristianos de iglesias apostólicas*

Completamente separados de las sinagogas. Formaban comunidades mixtas de judíos y de gentiles y se consideraban a sí mismos como herederos de la cristiandad de Pedro y de los doce. Poseían una cristología moderadamente alta, confesando a Jesús como el Mesías nacido en Belén de la raza de David y siendo así hijo de Dios desde su concepción, pero sin una clara concepción acerca de su procedencia o venida de arriba en términos de pre-existencia antes de la creación. En su eclesiología, Jesús pudo haber sido considerado como el padre que fundó e instituyó los sacramentos; pero la iglesia tenía ya vida propia con pastores que se encargaban de la enseñanza y del cuidado apostólicos. En la concepción juánica, no entendían plenamente a Jesús o la función docente del Paráclito, pero los cristianos juánicos oraban por la unión con ellos.

# Apéndice I

Apéndice 1

# RECONSTRUCCIONES RECIENTES
# DE LA HISTORIA
# DE LA COMUNIDAD JUÁNICA

Ya advertía yo al lector en el prólogo de que mi reconstrucción de la historia de la comunidad juánica a lo sumo trataba de lograr la probabilidad. Por eso, pienso que es elegante y a la vez útil resumir algunas otras reconstrucciones con el fin de familiarizar al lector con las opiniones de los expertos en este tema. En la introducción a mi comentario sobre Juan, al estudiar diversas teorías sobre la composición, el autor y los destinatarios de las obras juánicas, siempre tuve en cuenta los enfoques clásicos de los relatos juánicos [1]; y por eso me limito ahora a las reconstrucciones que han aparecido a partir de 1970, cuando quedó terminado mi comentario.

## J. LOUIS MARTYN

Durante años, Martyn ha desplegado una gran actividad desarrollando su tesis de que el cuarto evangelio debe ser leído en varios niveles, de forma que no sólo veamos lo que nos dice acerca de Jesús, sino también lo que nos refiere acerca de las luchas de la comunidad juánica. Es significativo que ahora ha intentado realizar una elaborada reconstrucción de los orígenes de la iglesia juánica [2], basada en el siguiente principio: «la historia literaria que se halla tras el cuarto evangelio refleja en gran medida la historia de una comunidad particular que mantuvo durante un período de cierta duración su particular y en parte peculiar identidad». Martyn distingue tres períodos de la historia de la comunidad juánica: el primitivo, el medio y el último.

1. Esto se ha completado convenientemente en los escritos de R. Kysar, *The fourth evangelist* y en *Community and gospel. Vectors in fourth gospel criticism*: Int 31 (1977) 355-366.
2. *Glimpses into the history of the johannine community*, en *L'évangile de Jean*, 149-175. Esta se publicó de nuevo en *The gospel of John in christian history*, New York 1979.

I. *El período primitivo* (Desde antes de la rebelión judía hasta cierto momento de los años 80). La formación preevangélica comenzó con unas homilías separadas, por ejemplo, una homilía que subyace en Jn 1, 35-49, donde un predicador trataba de persuadir a sus hermanos judíos con expectativas mesiánicas correctas, para que *acudieran* a Jesús y que *vieran* en él al Mesías. Los milagros de Jesús habrían sido narrados como signos de que él era el Mesías. El éxito en las conversiones al principio produjo una separación relativamente pequeña del patrimonio judío, es decir, apenas hubo polémica acerca de la validez de la *torá* ni acerca de la misión a los gentiles. El grupo juánico resultante constaba de *judíos cristianos* que se hallaban «en una corriente relativamente poco perturbada de continuidad sociológica y teológica precisamente dentro de la sinagoga». Uno de los predicadores en ese grupo mesiánico dentro de la sinagoga reunió las tradiciones y las homilías acerca de Jesús en un evangelio rudimentariamente escrito, en parte semejante al evangelio de los signos o la fuente de los signos que defienden algunos expertos. «La posibilidad de que el discípulo amado fuera una persona histórica que desempeñó un papel en el período primitivo no puede desarrollarse en el presente ensayo».

II. *El período medio* (Presumiblemente, en los tardíos años 80). Sospechando de este grupo mesiánico que se había desarrollado con tanta rapidez, algunos de la sinagoga exigieron pruebas exegéticas acerca de lo que el grupo proclamaba acerca de Jesús. Esto condujo a unos debates midráshicos y a grados de alineamiento dentro de la sinagoga en pro o en contra de ese grupo. Dos traumas precipitaron nuevos desarrollos. El primer trauma se dio pronto en el período medio, cuando las autoridades de la sinagoga introdujeron el modificado *Birkat ha-Minîm* (maldiciones contra los que se desviaban) en el servicio litúrgico con el fin de poder identificar y arrojar a los que confesaban a Jesús como el Mesías. Algunos del grupo mesiánico (y otros que se sentían atraídos por él) retrocedieron para permanecer seguros dentro de la comunidad de la sinagoga. Los que continuaron en el grupo se convirtieron ahora en *cristianos judíos* (no judíos cristianos), separados y alienados de la sinagoga. El segundo trauma tuvo lugar cuando las autoridades de la sinagoga, con el fin de prevenir ulteriores defecciones hacia el grupo de cristianos judíos, juzgó y ejecutó a algunos de los evangelistas de la comunidad juánica bajo la acusación de que desviaban a los judíos «hacia el culto de un segundo dios junto a Adonai» (cf. Jn 5, 18; 10, 33; 16, 2).

La expulsión y la persecución indujeron a la comunidad juánica a nuevas formulaciones cristológicas; y en lugar de una simple continuidad *heilsgeschichtlich* con las expectaciones judías, apareció un dualismo de arriba/abajo. Jesús era presentado ahora como un Extraño que había venido de arriba (3, 31) y que había sido rechazado por «su propio pueblo» (1, 11). Los que le aceptan son odiados por el mundo y no son de este mundo (17, 14.16); no son ya «judíos», pero se han convertido en «verdaderos israelitas» (1, 47) elegidos por el Extraño desde arriba (15, 16). Por el juicio de la misma sinagoga, no son ya discípulos de Moisés, sino discípulos de Jesús (9, 28).

III. *El período posterior* (No fechado con precisión por J. L. M.). Este complejo período comprendía la creciente auto-identificación de la comunidad juánica en relación a otros grupos cristianos (y no sólo en relación con la sinagoga). *Primero*, una relación con los cripto-cristianos que permanecían dentro de la sinagoga. El grupo juánico argüía que uno es de arriba o de abajo y que no cabía nadar entre dos aguas. Los judíos cristianos en la sinagoga eran considerados incapaces de mantener una actitud dualista; ellos se equiparaban a los odiados judíos y eran «discípulos de Moisés no de Jesús». Además, los cripto-cristianos parecía que habían ayudado a las autoridades de la sinagoga en su persecución contra los cristianos judíos juánicos, dando informes sobre ellos. *Segundo*, una relación con otros cristianos judíos que habían abandonado la sinagoga y habían sido dispersados por la persecución. Estos eran las «otras ovejas» de 10, 16, que tenían que ser reunidas por fin con la comunidad juánica en un rebaño bajo un solo pastor.

Cuando se escribió el evangelio, al menos existía una situación cuadrilateral:

1. La sinagoga de «los judíos».
2. Los cripto-cristianos (judíos cristianos) dentro de la sinagoga.
3. Otras comunidades de cristianos judíos que habían sido expulsados de la sinagoga.
4. La comunidad juánica de cristianos judíos.

Por vía de breve comentario, debe quedar bien claro para el lector de este libro que yo estoy de acuerdo con muchos puntos que propone Martyn, cuya obra respeto grandemente. Pero permítaseme anotar con brevedad aquello en lo que no estoy de acuerdo. En primer lugar, él no llega a captar la función del discípulo amado, una figura que difícilmente puede dejarse en suspenso, si uno pretende ser fiel al propio sentido de la historia que ofrece el evangelio. En segundo lugar, no explica por qué los judíos cristianos del período más antiguo desarrollaron una cristología que condujo a su expulsión de la sinagoga y les impulsó a convertirse en cristianos judíos. ¿Cuál fue la causa o, al menos, el catalizador de esto? En tercer lugar, él fecha el período medio demasiado tarde. Admitiendo que la fecha más probable para la introducción de los *Birkat ha-Minîm* fuera más o menos el 85 d.C., una oposición entre la comunidad y la sinagoga debió haberse ido desarrollando en un período considerablemente anterior a eso. Los tardíos años 80 serían una fecha mejor para este período *último*. En cuarto lugar, Martyn necesita prestar mayor atención al componente gentil, no sólo en la comunidad juánica (puesto que incluso muchos términos sencillos judíos se explican en el evangelio), sino también en lo que él denomina «otras comunidades de cristianos judíos». Hacia finales de siglo, las principales iglesias estaban mezcladas.

### GEORG RICHTER

G. Richter [3], propuso una reconstrucción de la historia juánica cuyo principio conductor es, *prima facie,* diametralmente opuesto al principio conductor de continuidad dentro de la misma comunidad. Richter no traza la historia de una comunidad adaptándola a las circunstancias cambiantes; porque él encuentra en el cuarto evangelio huellas de concepciones teológicas de cuatro diferentes comunidades, todas las cuales operaban *con* y *sobre* un primitivo escrito juánico básico *(Grundschrift):*

I. *Cristianos con carácter profético-mosaico.* Rechazando la idea de un mesías davídico, un grupo de judíos, parecidos a los ebionitas, proclamaban a Jesús como un profeta semejante a Moisés. Expulsados de las sinagogas de la diáspora en el área del norte de Palestina, de Siria y de Transjordania, este grupo elaboró un *Grundschrift,* es decir, un escrito, parecido a un evangelio, fundacional, al margen · de las tradiciones a las que se tenía acceso (incluyendo una fuente de signos y una relación no sinóptica de la pasión).

---

3. *Präsentische und futurische Eschatologie in 4. Evangelium,* en *Gegenwart und kommendes Reich (A. Vögtle Schülergabe),* Stuttgart 1975, 117-152. Sumario inglés por A. J. Mattill, *Johannine communities behind the fourth gospel. Georg Richter's analysis:* TS 38 (1977) 294-315. Existen ciertas semejanzas con el enfoque de Richter en los artículos y tesis de J. Becker.

II. *Cristianos del hijo de Dios.* Parte de esta comunidad judeo-cristiana desarrolló una cristología más alta de Jesús como preexistente, hijo divino de Dios, y una figura que descendió de los cielos dando comienzo a la salvación. Esta cristología provocó conflicto con otros miembros de la comunidad que mantenían la primitiva cristología del grupo. Los cristianos del hijo de Dios se separaron de los cristianos con carácter profético-mosaico y volvieron a escribir el *Grundschrift* como un medio de su cristología más alta. Por ejemplo, ellos añadieron el himno al *Logos* de 1, 1-13 y las afirmaciones sobre la preexistencia del Jesús juánico. El que reescribió todo esto puede denominarse el evangelista.

III. *Cristianos docetistas.* Algunos de los cristianos del Hijo de Dios interpretaron la alta cristología del evangelista de un modo doceta: los orígenes divinos de Jesús fueron destacados de tal manera que se convirtió en un ser totalmente divino cuya aparición terrena fue solamente una ilusión. Los cristianos docetistas juánicos se apartaron de las comunidades del grupo II, tal como se atestigua en 1 Jn 2, 19, pero continuaron ejerciendo una actividad misionera que provocaba contiendas. El evangelio, tal como fue revisado por el evangelista, sirvió a los docetistas juánicos como su evangelio y no se hizo ninguna nueva revisión docetista, sino únicamente una interpretación docetista.

IV. *Cristianos revisionistas.* Un redactor que era decididamente antidoceta re-escribió el *Grundschrift,* haciendo algunas adiciones (1, 14-18; 19, 34-35) y compuso 1 Jn como una defensa apologética de una teología de Jesús como el hijo de Dios que vino en la carne. El resultado fue que él y su congregación permanecieron en parte como un grupo entre los cristianos del grupo I y del grupo II; porque al rechazar el docetismo del grupo III, él retrocedió a una posición que era menos aventurera que la del evangelista del grupo II.

Al igual que Martyn, Richter piensa que la comunidad juánica surgió en medio de judíos que creían que Jesús había cumplido las bien conocidas expectaciones judías, y en un estadio posterior ellos desarrollaron dentro de la comunidad juánica una cristología más alta que fue más allá de las expectaciones judías. Permítaseme exponer brevemente mi desacuerdo con Richter. En primer lugar, basándose en 1, 35-51, Martyn tiene razón, contra Richter, al considerar las expectativas del grupo originario como expectativas davídicas más corrientes. Yo opinaría que la sustitución de las expectativas mosaicas vino más tarde, después de que se produjo el contacto con los samaritanos. En segundo lugar, Richter probablemente está equivocado al defender dos comunidades totalmente diferentes (I y II). Como yo señalaba al estudiar el capítulo 4 de Juan, los discípulos de Jesús aceptaron a los nuevos convertidos samaritanos sin acrimonia. Tal vez la posición correcta se halla entre Martyn y Richter: un grupo básico fue desarrollándose (así se da la continuidad); pero parte del desarrollo se atribuye a la entrada de y a una mezcla con un segundo grupo que catalizó la cristología más alta. En tercer lugar, mientras que Richter presta un servicio al llevar el desarrollo más allá del estadio II (donde Martyn se detuvo por motivos prácticos), no tiene razón al hablar de la lucha entre cristianos docetistas y cristianos revisionistas en el evangelio. Esta lucha se halla documentada en el período de las cartas (después del evangelio). En cuarto lugar, las designaciones de «doceta o docetista» y «revisionista» no hacen justicia a la sutileza de los temas que se hallaban implicados en la lucha entre el autor de las cartas y los que se separaron.

## Oscar Cullmann

Durante más de treinta años y en artículos dispersos, Cullmann ha estudiado aspectos de la historia de la comunidad juánica, pero sólo recientemente nos ofreció un cuadro general y detallado del desarrollo tal como él lo ve. En un párrafo [4], resume su tesis acerca de un círculo juánico que abarca a varios escritores (al menos al evangelista y al redactor) y una comunidad con una tradición especial: «así llegamos a la línea siguiente, retrocediendo en el tiempo: la comunidad juánica —un grupo helenístico especial en la primitiva comunidad de Jerusalén— un círculo juánico de discípulos —discípulos del Bautista— un judaísmo marginal heterodoxo». Estos no pueden dividirse netamente en I, II, etc., como ocurre con las reconstrucciones anteriores; pero permítaseme describir la dirección de la reconstrucción de Cullmann.

En el origen o fuente de la vida juánica existe una fuerte pero distintiva tradición histórica y una relación directa con Jesús. El cuarto evangelio, que puede denominarse una vida de Jesús, fue obra del discípulo amado (que es por tanto, el autor o el evangelista), un testigo visual del ministerio de Jesús. El original (estadio sin redacción) de Juan fue compuesto «al menos tan pronto como los

---

4.  *The johannine circle*. Philadelphia 1976, 87. Cf. las recensiones mencionadas en la nota 28 del capítulo de los orígenes.

evangelios sinópticos y probablemente antes que los más antiguos de ellos». Las diferencias entre Juan y los sinópticos son explicables, al menos en parte, por el hecho de que Jesús utilizó dos diferentes estilos de enseñanza.

El movimiento juánico tuvo sus seguidores en personas judías «heterodoxas», incluyendo a los que fueron seguidores de JBap y luego de Jesús, y aquellos que estuvieron muy estrechamente relacionados o eran idénticos con los helenistas de Hech 6. La comunidad que emergió no fue un pequeño grupo que polemizara contra una iglesia más amplia sino un grupo con distintos orígenes que tenía sus componentes peculiares.

Obviamente, en mi propia reconstrucción estoy cerca de Cullmann en numerosos puntos bien significativos: la importancia del discípulo amado; los orígenes en medio de los discípulos de JBap; la importancia de los samaritanos y de los judíos *semejante* a la de los helenistas; una tradición histórica sustancial detrás del evangelio. Sin embargo, Cullmann, simplifica excesivamente la situación, de forma que puedo señalar los siguientes puntos en los que no estoy de acuerdo con él. En primer lugar, es algo fundamentalmente inadecuado el explicar las diferencias entre Juan y los sinópticos sobre la base de diferentes estilos de hablar procedentes de Jesús; estas diferencias son el producto del desarrollo editorial y teológico. En segundo lugar, precisamente esas diferencias hacen más improbable (e incluso imposible) que el cuarto evangelio fuese escrito por un testigo ocular del ministerio de Jesús; la función del discípulo amado no fue, por ello, la del evangelista. En tercer lugar, el término «judíos heterodoxos» es más bien un término-sombrilla que abarca bajo la misma cobertura a movimientos que eran muy distintos. Asimismo es impreciso históricamente desde el momento en que implica la ortodoxia judía en la época de Jesús [5]. En cuarto lugar, es preciso decir más cosas acerca de la configuración del pensamiento juánico por las luchas con otros cristianos y por la división interna.

### MARIE-EMILE BOISMARD

Los honores de la reconstrucción más elaborada y detallada de la historia literaria juánica corresponden a Boismard, cuyo volumen

---

5. Si se acepta el testimonio de Josefo *(Vida* 10), en el judaísmo anterior al año 70 d.C., los fariseos, los saduceos y los esenios eran todos sectas judías, de manera que no existía un judaísmo-modelo hasta que los fariseos echaron fuera a los demás y su teología se convirtió en ortodoxia.

acerca de Juan es realmente un comentario sobre cuatro hipotéticos estadios de composición [6]. Cada estadio se halla intrincadamente envuelto con la vida de la comunidad juánica:

I. *Documento C*. Este era un evangelio completo que comprendía desde JBap hasta la resurrección de Jesús, escrito en arameo en Palestina alrededor del año 50. Dicho evangelio pudo ser compuesto por el discípulo amado (bien fuera Juan el hijo del Zebedeo o Lázaro). Su cristología era primitiva, con un Jesús al que se describe como a un profeta semejante a Moisés o al Hijo del hombre del que habla Daniel. No mantenía ningún tipo de actitud peyorativa hacia los judíos. El orden del material en el documento estaba muy próximo al de los evangelios sinópticos, aunque era más arcaico que Marcos.

II. *Juan II A*. Otro escritor (Juan el presbítero, mencionado por Papías) posteriormente hizo dos ediciones del documento C (y escribió las cartas). El era un judío que escribió esta primera edición en Palestina alrededor de los años 60-65. En ella añadió nuevo material a C y comenzó a hablar peyorativamente del mundo, y asimismo a mostrar cierta oposición a los judíos, reflejos del cambio de situación de vida de la comunidad.

II. *Juan II B*. Su segunda edición, realizada alrededor del 90 d.C., cambió drásticamente el orden del original estableciendo el orden del evangelio en gran parte tal como lo conocemos. Conocía en aquel momento los tres evangelios sinópticos y algunas cartas paulinas, y así tuvo contacto con otros grupos cristianos. El escritor se dirigió a Efeso desde Palestina y su edición se escribió en griego. La persecución dejó sus huellas en una fuerte aversión hacia «los judíos» y Jesús era presentado ahora como una figura preexistente, claramente superior a Moisés. También aparecían los sacramentos.

IV. *Juan III*. Un nuevo escritor todavía, un desconocido cristiano judío de la escuela juánica de Efeso, fue el redactor final al principio del siglo II.

Aunque la reconstrucción de Boismard de unos estadios literarios tan exactos probablemente no gozará de una amplia aceptación, existen aspectos de importancia real en esta teoría. Al admitir tres escritores juánicos, refleja muy bien la complejidad de la escuela juánica. Señala acertadamente un desplazamiento de un fondo original judío y de una cristología más primitiva a un ambiente

---

6. *L'évangile de Jean*, en *Synopse des quatres évangiles* III, Paris 1977 (han aparecido dos volúmenes en castellano en Desclée de Brouwer, Bilbao).

gentil y a una cristología más alta; y puede muy bien tener razón al relacionar esto con un desplazamiento geográfico (de Palestina a Efeso) por parte del principal escritor y, presumiblemente, por parte de algunos de la comunidad [7].

## WOLFGANG LANGBRANDTNER

Otro tipo de reconstrucción, representado por este joven especialista [8], introduce el gnosticismo en el corazón del desarrollo juánico. Distingue tres estadios de la comunidad:

I. *El Grundschrift* (Escrito fundamental). Existió una composición básica primitiva juánica que organizó el material acerca de Jesús de un modo temático: Jn 1, 1-13 era una afirmación de cristología y soteriología; Jn 3 trató de antropología; Jn 4 y 6 trató de la necesidad de la fe, etc. Jesús es presentado en el mundo, pero no conocido por el mundo, y los signos se consideran como algo irrelevante y sin importancia para la fe. El autor del *Grundschrift* tenía una perspectiva gnóstica y dualística, de manera que las tentativas de los expertos modernos para interpretar el cuarto evangelio como gnóstico hacen más justicia a esta obra básica que al evangelio final. No fue escrito antes del 80 d.C. y la comunidad juánica que dio expresión a su pensamiento en él no se remonta (como una unidad social) más atrás de la guerra judía de los tardíos años 60.

II. *Redacción*. Una completa reelaboración del *Grundschrift,* tanto en el material como en el orden, nos dio el evangelio tal como lo conocemos ahora, con los viajes a Jerusalén y el calendario de fiestas que aparecen en los capítulos 5-10. Aunque el redactor no fue el discípulo amado, él apela al discípulo amado (un hombre entrado en años de gran ascendencia y portavoz viviente del Paráclito), como al garantizador de la tradición. El redactor necesitaba de este apoyo precisamente porque reinterpretaba el *Grundschrift* de un modo anti-gnóstico y anti-docetista; y una polémica

7. Smalley, *John,* 119-120 presenta una reconstrucción con algunos puntos de semejanza con Boismard: *Estadio I.* Juan hijo del Zebedeo (el discípulo amado) se trasladó de Palestina a Efeso donde él transmitió oralmente a los discípulos algunos relatos de los hechos y dichos de Jesús, incluyendo un relato de la muerte y la resurrección. *Estadio II.* Un discípulo o discípulos pusieron por escrito un primer boceto de estas tradiciones. *Estadio III.* Después de la muerte del discípulo amado en Efeso, se hizo una edición final con adiciones.

8. *Weltferner Gott oder Gott der Liebe. Die Ketzerstreit in der johanneischen Kirche,* Frankfurt 1977.

mayor se iba desarrollando dentro de la comunidad. Esta redacción que se realizó alrededor del año 100 d.C. subrayó la existencia carnal y la resurrección corporal de Jesús, la ética, los sacramentos y la escatología futura.

III. *Cartas.* Estas fueron escritas en el orden siguiente: II Juan, III Juan y I Juan. El redactor había reunido a un grupo en torno suyo, incluyendo al presbítero de 2-3 Jn; y ese «nosotros» les presentaba como los maestros de la comunidad, mientras que los que se oponían al evangelio redactado se habían separado ahora. Aunque habían pasado relativamente pocos años desde que el evangelio había sido redactado, la comunidad del redactor se movía en la dirección del «catolicismo primitivo». Algunos, sin embargo, como Diotrefes de 3 Jn, pensaban que la situación era todavía demasiado ambigua y pedían más orden en la iglesia.

En mi opinión, en el análisis de Langbrandtner, existen algunas valiosas observaciones, especialmente en cuanto a la dirección final de la historia juánica. Sin embargo, yo estaría en desacuerdo en los siguientes puntos. Primero, no hace justicia a la situación preevangélica y a los lazos que existían entre Jesús y los orígenes primitivos juánicos y la tradición, ni a la lucha con «los judíos». Segundo, su teoría depende de su capacidad de reconstruir versículo por versículo el *Grundschrift* y las añadiduras del redactor. Ninguna teoría firme puede construirse sobre una base tan discutible, porque cada experto podrá ofrecer una diferente asignación de versículos al supuesto *Grundschrift*. Tercero, él ha puesto como núcleo del evangelio una disputa intrajuánica que se ve atestiguada claramente sólo en las cartas, y de esa manera descuidó la polémica mayor del evangelio con los de fuera, ya fueran judíos ya cristianos. Cuarto, ha destacado exageradamente las orientaciones gnósticas del cuarto evangelio que él atribuye a su estrato más antiguo.

La fascinación de los estudiosos alemanes por la orientación gnóstica de Juan produce ciertos resultados contradictorios en términos de adjudicar el gnosticismo a diferentes estadios de composición. Bultmann lo atribuía a la fuente del discurso revelatorio (cosa que pocos estudiosos aceptan hoy); Langbrandtner lo atribuye al *Grundschrift;* y ambos coinciden en que el principal escritor del evangelio trataba de corregir las tendencias gnósticas del material anterior que había llegado a él [9]. Otros estudiosos alemanes pien-

---

9.   U. B. Müller, *Die Geschichte der Christologie in johanneischen Gemeinde,* 1975 piensa que Jn 1, 14.16 pertenecía a un estadio primitivo de la cristología juánica, con un énfasis unilateral sobre la gloria que el principal escritor juánico modificó introduciendo la noción de la muerte de Jesús.

san que el principal escritor juánico era la fuente gnóstica, de manera que él introducía ideas gnósticas en el material que le había llegado; para Käsemann, él era un «docetista ingenuo»; para Luise Schottroff, era más bien un gnóstico evolucionado [10]. Yo defendería que, mientras que el evangelio podía ser leído de un modo gnóstico, fueron los secesionistas juánicos mencionados en 1 Jn los que primero comenzaron a seguir el camino hacia el gnosticismo y que, en ningún período documentado ni en el evangelio ni en las cartas, se puede hablar de un gnosticismo juánico real.

10.   *Der Glaubende und die feindliche Welt,* Neukirchen 1970; asimismo M. Lattke, *Einheit im Wort,* München 1975, 44-53.

Apéndice II

# FUNCION DE LAS MUJERES
# EN EL CUARTO EVANGELIO

Este apéndice apareció originariamente como un artículo en
Theological Studies 36 (1975) 688-699, y estoy muy agradecido al
editor de esta revista por haberme permitido publicarlo aquí de
nuevo. Como se verá por los párrafos introductorios y por la nota 4
de este capítulo, originariamente había sido escrito y planeado como una contribución a la discusión y al estudio del ministerio de
las mujeres en la iglesia católica romana de hoy. Sin embargo,
puesto que la actitud juánica respecto a las mujeres era totalmente
diferente de la atestiguada en otras iglesias cristianas del siglo I,
pienso que es importante incluir este estudio como parte del
cuadro de la comunidad del discípulo amado. El lugar prominente
otorgado a las mujeres en el cuarto evangelio refleja la historia, la
teología y los valores de la comunidad juánica.

Existen muchas maneras de enfocar la evidencia bíblica correspondiente al debate contemporáneo acerca del papel de las mujeres
en la iglesia y acerca de la posibilidad de ordenar a mujeres en el
sacerdocio. Un enfoque puede ser un estudio general de la
eclesiología del siglo I, tanto en sí misma como en sus implicaciones hermenéuticas para el presente. ¿Cómo lee uno la evidencia
del nuevo testamento acerca de la fundación de la iglesia y la institución de los sacramentos, y hasta qué punto se halla esta evidencia
condicionada culturalmente? Siguiendo la doctrina del concilio de
Trento, los católicos han hablado de la institución del sacerdocio en
la última cena. ¿Pero significa esto que, en la última cena, Jesús
pensó conscientemente en los sacerdotes? [1]. Si de hecho él no pensó

---

1. En esta cuestión hay que tener cuidado al interpretar a Trento: «si alguno
dijere que con las palabras: haced esto en memoria mía, Cristo no *instituyó sacerdotes a sus apóstoles... sea anatema» (DS 1752). Los padres de Trento no distinguen
entre el Jesús del ministerio histórico y la imagen cristológica de Jesús ya desarrollada que se presentaba en los relatos evangélicos del ministerio escritos treinta o se-

en ello y si la clara conceptualización del sacerdocio vino solamente hacia el siglo II, el hecho de que sólo los hombres sean ordenados, ¿refleja una dispensación divina? ¿O nos encontramos ante un fenómeno cultural que puede cambiarse?

En otras palabras, ¿operamos con una eclesiología fotocopia, donde Jesús o el Espíritu santo nos han dado una fotocopia de la estructura de la iglesia en la que virtualmente no pueden hacerse cambios? Mientras que yo considero el estudio de estas cuestiones como de grandísima importancia, he escrito sobre ellas en otras partes y no tengo que repetir mis observaciones aquí [2].

Una segunda aproximación a la evidencia bíblica es el estudiar los textos explícitos que se refieren respectivamente a la igualdad y a la subordinación de las mujeres en la sociedad y en el culto. No estoy convencido de la utilidad de tal estudio, puesto que en cualquier texto que apunta en una dirección, existe de ordinario un texto contrario. Si Ef 5, 24 afirma que las mujeres deben estar sujetas en todo a sus maridos, Ef 5, 21 introduce esta sección recomendando «estar sujetos los unos a los otros». Si 1 Cor 11, 7 dice que el hombre o varón *(anér)* es la imagen y la gloria de Dios mientras que la mujer es la gloria del varón, Gén 1, 27 afirma que, tanto el

senta años más tarde; así ellos no hablaron simplemente de Jesús, sino de Cristo. Hoy, siendo leales a la afirmación de 1964 de la Comisión bíblica pontificia sobre la historicidad de los evangelios (JBC. art 72, § 35), los católicos tendrían que reconocer que la divinidad de Jesús fue reconocida *después* de la resurrección y que, eventualmente, fue esta apreciación más plena de Jesús como el Cristo, el hijo de Dios, lo que se constituyó como parte de los relatos evangélicos del ministerio. Por eso, la institución de sacerdotes por *Cristo,* tal como se enseñó en Trento, que cita palabras que refieren Lucas y Pablo (pero no Marcos y Mateo), implica más de lo que aparecía en la última cena histórica.

2. Una de mis conferencias Hoover, dadas en la universidad de Chicago en enero de 1975, trataban de este tema; ahora se halla publicada en *Biblical reflections on crises facing the church,* New York 1975. A lo que dije allí debo añadir únicamente algo, para ser más preciso. Se hace a veces la afirmación de que no había mujeres sacerdotes en la época del nuevo testamento. Pero puesto que, en el mismo nuevo testamento, el término «sacerdote» se aplica a los cristianos *solamente* en el sentido amplio del sacerdocio del pueblo (1 Pe 2, 5; Ap 5, 10, es decir, un sacerdocio del ofrecimiento espiritual de la propia vida según las exigencias del evangelio), parecería garantizado el afirmar que el término «sacerdote» era, por ello, tan aplicable a las mujeres como a los hombres en tiempos del nuevo testamento. Si se defiende con más precisión que las mujeres no celebraban la eucaristía en tiempos del nuevo testamento, hay que decir sencillamente que no existen pruebas de esto, *aunque se puede dudar de que lo hicieran.* Conocemos muy poco sobre quién presidía la eucaristía en la época del nuevo testamento. Sin embargo, existe cierta evidencia de que los profetas la presidían, puesto que se dice de ellos que estaban implicados en la liturgia *(leitourgein* en Hech 13, 2) y que daban gracias *(eujaristein* en *Didajé* 10, 7); y no se puede negar que ciertamente había mujeres que profetizaban (1 Cor 11, 5; Hech 21, 9).

hombre como la mujer, son la imagen de Dios. Si 1 Cor 14, 34 manda que las mujeres deben guardar silencio en las iglesias [3], 1 Cor 11, 5 reconoce la costumbre de que las mujeres oren y profeticen y la profecía se halla en el rango de los carismas en el segundo lugar después del apostolado (1 Cor 12, 28), hasta el punto de que Ef 2, 20 supone que la iglesia, la casa de Dios, se halla establecida y fundada sobre apóstoles y profetas. Podría continuar enumerando voces contrarias, pero entonces deberíamos plantearnos la cuestión de cómo evaluar las opiniones que subrayan la subordinación. Una vez más, tendríamos que preguntarnos: ¿es todo eso una cuestión puramente cultural o se trata de revelación divina? Prefiero seguir aquí un tercer enfoque y considerar el cuadro general de las mujeres en una sola obra del nuevo testamento, en el cuarto evangelio, y en una sola comunidad, a saber, la comunidad juánica [4]. He elegido el cuarto evangelio debido al correctivo que se advierte que ofrece el evangelista a algunas actitudes eclesiales de su tiempo: la suya debería ser una voz que se oyera y sobre la que se reflexionara cuando discutimos las nuevas funciones para las mujeres en la iglesia de hoy. Por mi parte, presupongo [5] que el evangelista era un cristiano desconocido que vivía a finales del siglo I en una comunidad, para la que el discípulo amado, ya muerto, había sido una gran autoridad. No pienso que el evangelista fuera ni antisacramental (en un sentido bultmanniano) ni antieclesial. El sabía que otras iglesias de aquella época destacaban tanto la estructura como los sacramentos; sin embargo, él fue en contra de algunas de las tendencias inherentes a la situación, escribiendo un evangelio en el cual él trataba de enraizar sólidamente a los cristianos de su comunidad en Jesús. Ellos pueden ser miembros de la iglesia, pero la iglesia no proporciona la vida de Dios, mientras que Jesús, sí. Y por ello, con el fin de tener vida, deben vivir unidos a Jesús (Jn 15, 1-

---

3. Se arguye frecuentemente que 1 Cor 14, 34b-36 no es genuinamente paulino. H. Conzelmann, *I Corinthians*, Philadelphia 1975, 246, afirma: «se está de acuerdo en que hay que considerar esta sección como una interpolación».

4. Este trabajo es un desarrollo de las observaciones preparadas para la sesión de la Pontificia comisión bíblica en abril de 1975. Al tratar del evangelio, mientras que se defiende que el evangelista tiene una tradición acerca del ministerio de Jesús, yo doy por supuesto que él refiere esa tradición a través de la óptica de su propio tiempo, de forma que nos dice algo acerca de la función de las mujeres en su propia comunidad. Yo utilizaré el nombre de «Juan» para el evangelista, aunque pienso que no era Juan el hijo del Zebedeo. Todas las narraciones del evangelio que hablan de mujeres serán estudiadas, excepto el relato de la adúltera en 7, 53-8, 11, que es posterior y una inserción no juánica en el evangelio.

5. La evidencia de estas presuposiciones puede encontrarse en mi comentario al evangelio de Juan (Madrid 1979); cf. la sección sobre la eclesiología juánica.

8). Los sacramentos no son simplemente acciones eclesiales mandadas o instituidas por Jesús; son la continuación del poder que Jesús exhibió en signos cuando abrió los ojos del ciego (el bautismo como iluminación) y alimentó a los hambrientos (la eucaristía como alimento). A finales del siglo I, cuando el recuerdo de los apóstoles (frecuentemente identificados ya con los doce) era cada vez más objeto de veneración, el cuarto evangelio glorifica al discípulo y nunca utiliza el término «apóstol» en el sentido técnico [6], algo así como si el evangelista pretendiera recordar a los cristianos que lo que es primario y fundamental no es el haber tenido un especial carisma eclesial por parte de Dios, sino el haber seguido a Jesús, obedeciendo a su palabra. En resumen, es un evangelio que trata de dejar bien claro que, en la estructuración de la iglesia, no se han perdido los valores radicales cristianos. Pero ¿qué información nos proporciona ese perceptivo evangelista sobre el papel de las mujeres?

## 1. Varias mujeres en el evangelio

No existe mucha información acerca de los oficios eclesiales en el cuarto evangelio [7] y, a *fortiori,* acerca de las mujeres en estos oficios. Tal vez el único texto que puede reflejar algo directamente a este respecto es 12, 2, donde se nos dice que Marta servía a la mesa *(diákonein).* En el nivel histórico del ministerio de Jesús, esto puede parecer significativo; pero el evangelista escribe hacia el año 90, cuando el oficio de *diákonos* ya existía en las iglesias pospaulinas (véanse las cartas pastorales) y cuando la tarea de servir a las mesas era una función específica para la cual la comunidad o sus jefes señalaban algunos individuos imponiéndoles las manos (Hech 6, 1-6) [8]. En la comunidad juánica, una mujer podía ser presentada como ejerciendo una función que en otras iglesias era función de una persona «ordenada». Pero, excepto para este pasaje, nuestra discusión debe centrarse más bien en el puesto *general* que tenían las mujeres en la comunidad juánica.

6.	*Apostéllein,* «enviar», aparece para designar el envío a una misión, pero también la mujer puede verse implicada en una misión. Cf. nota 9, *infra.*
7.	Aunque Juan sabe de la existencia de los doce como un grupo en el tiempo del ministerio de Jesús (6, 70), sus hombres no se dan, ni existe una descripción de su llamamiento como grupo.
8.	Originariamente esta escena se refería a la selección de jefes para la comunidad cristiana helenista. Aunque nosotros no conocemos si los títulos eran usados en este período primitivo, el paralelo más próximo en la titularidad utilizado en la estructura de la iglesia posterior sería el de «obispo». Lucas retrocede a la escena de los años 80 y puede haber pensado que su labor era comparable a la realizada por los diáconos de su tiempo, especialmente si comenzó a pensar en los apóstoles como obispos.

Comencemos con el relato de la samaritana. En la secuencia de las reacciones respecto a Jesús que se encuentran en los diálogos de los capítulos 2, 3 y 4, parece que se advierte un movimiento desde falta de fe, pasando por una fe inadecuada hasta llegar a una fe más adecuada. Los «judíos» en la escena del templo se muestran abiertamente escépticos acerca de los signos de Jesús (2, 18-20); Nicodemo es uno de los moradores de Jerusalén que cree a causa de los signos de Jesús, pero que no posee una concepción adecuada de Jesús (2, 23 s); la samaritana está a punto de percibir que Jesús es el Cristo (Mesías: 4, 25-26.29) y lo comunica a otros. De hecho, los de aquel pueblo samaritano creen debido a la palabra de la mujer (4, 39.42: *dià tòn lògon [laliàn] pisteúein*). Esta expresión es significativa porque aparece de nuevo en la oración «sacerdotal» de Jesús por sus discípulos: «pero no ruego sólo por éstos, sino por cuantos crean en mí por su palabra» (17, 20: *dià toû lógou pisteúein*). Es decir, el evangelista puede describir tanto a una mujer como a discípulos (presumiblemente varones) en la última cena como personas que dan testimonio de Jesús por la predicación y atrayendo así a la gente a creer en él por la fuerza de su palabra.

Se puede objetar que, en el cap. 4, los samaritanos llegaron en último término a la fe basándose en la propia palabra de Jesús y que, por ello, no dependen de la palabra de una mujer (4, 42). Sin embargo, esto no se debe a la inferioridad que podía haber tenido como mujer; es más bien la inferioridad de cualquier testimonio humano comparado con el encuentro con Jesús mismo. Una actitud similar podemos encontrarla en el cap. 17, donde Jesús ruega para que los que crean en él por la palabra de sus discípulos puedan estar con él para ver y contemplar su gloria (17, 24).

El que la samaritana tuviera una función misionera real se ve claro por el diálogo entre Jesús y sus discípulos varones que precede al pasaje que estamos examinando. En 4, 38, nos encontramos con uno de los más importantes usos del verbo *apostéllein* en Juan [9]. Jesús acaba de hablar de los campos que están maduros para la siega,

---

9.  Cf. la nota 6, *supra*. Otro uso de *apostéllein* lo encontramos en 17, 18 «como tú (Padre) me enviaste al mundo, así los envío yo al mundo», que precede a la oración «por los que creen en mí por su palabra» (17, 20), aunque *apostéllein*, en 4, 38, precede a las referencias en 4, 39.42 a los que creen en Jesús por la palabra de la mujer. Un tercer uso significativo de «enviar» (*apostéllein* y *pempein*) se encuentra en la aparición posresurreccional de Jesús a los discípulos: «como el Padre me envió, así os envío a vosotros» (20, 21). En el próximo párrafo de este apéndice, estudiaré la prioridad que Juan atribuye a la aparición de Jesús resucitado a una mujer discípula suya.

una referencia a los samaritanos que vienen del pueblo para encontrarse con él, debido a lo que la mujer les ha dicho (4, 35, siguiendo a 4, 30). Este es un lenguaje misionero, como podemos observarlo si nos atenemos al paralelo de Mt 9, 37-38: «la mies es mucha pero los obreros pocos. Rogad, pues, al dueño de la mies que envíe obreros a su mies». Pero, curiosamente, la cosecha o mies de los samaritanos verifica aquel refrán: «uno es el que siembra y otro el que recoge la cosecha» (Jn 4, 37). Jesús explica esto a sus discípulos varones: «yo os envío *(apostéllein)* a segar lo que no trabajasteis; otros lo trabajaron y vosotros os aprovecháis de su trabajo». Sea lo que fuere lo que esto pueda significar con relación a la historia de la iglesia samaritana, en este relato significa que la mujer ha sembrado la semilla y así ha preparado el campo para la cosecha apostólica. Se puede argüir que únicamente los discípulos varones son enviados a la siega, pero el papel de la mujer es un componente esencial en la misión total. Hasta cierto punto ella sirve para modificar la tesis de que los discípulos varones fueron las únicas figuras importantes en la fundación de la iglesia.

El fenómeno de otorgar una función cuasi-apostólica a una mujer aparece todavía más claramente en el cap. 20. En la mente de Pablo, esenciales para el apostolado eran dos componentes, a saber, el haber visto al Jesús resucitado y el haber sido enviado para proclamarle; ésta es la lógica implícita en 1 Cor 9, 1-2; 15, 8-11; Gál 1, 11-16. Una clave de la importancia de Pedro en el apostolado fue la tradición de que él había sido el primero que vio a Jesús resucitado (1 Cor 15, 5; Lc 24, 34). Más que cualquier otro evangelio, Juan revisa esta tradición acerca de Pedro. Mt 28, 9-10 recuerda que las mujeres que abandonaron el sepulcro vacío fueron las primeras en encontrarse con Jesús resucitado, pero en Mateo ellas no se ponen en contraposición a Pedro. En Jn 20, 2-10, Simón Pedro y el discípulo amado acuden al sepulcro vacío y *no* ven a Jesús (asimismo Lc 24, 12-24); de hecho, únicamente el discípulo amado percibe el significado de las ropas del sepulcro y llega a creer. Es a una mujer, a María Magdalena, a quien Jesús se aparece primero, instruyéndola para que vaya e instruya a sus «hermanos» (los discípulos: 20, 17 y 18) acerca de su ascensión al Padre [10]. En los relatos de un ángel o de ángeles junto al sepulcro vacío, a las mujeres se les da un mensaje para los discípulos; pero en Juan (y en Mateo), María Magdalena es enviada por el mismo Señor resucitado, y lo que ella proclama es el anuncio apostólico de la resurrec-

---

10. Una instrucción semejante de ir y anunciar a los «hermanos» de Jesús se encuentra en la aparición paralela a las mujeres en Mt 28, 10.

ción: «he visto al Señor». En realidad, ésta no es una misión para
todo el mundo; pero María Magdalena está muy cerca de cumplir
las exigencias básicas paulinas del apóstol; y es ella, y no Pedro, la
que es la primera en ver a Jesús resucitado [11]. No es de extrañar que
en algunos ambientes gnósticos, María Magdalena, más bien que
Pedro, se convirtiera en el testigo más destacado de la enseñanza
del Señor resucitado. Y, en la tradición de la iglesia occidental, ella
recibió el honor de ser la única mujer (aparte de la madre de
Dios), en cuya fiesta se recitaba el credo, precisamente porque era
considerada como un apóstol, la *«apóstol* de los apóstoles» (*apostola apostolorum*) [12].

El atribuir a una mujer una función tradicionalmente asociada
con Pedro puede muy bien ser un énfasis deliberado por parte de
Juan, porque la atribución se encuentra asimismo en otro ejemplo:
en el relato de Lázaro, María y Marta.

El más importante incidente en el que figura Pedro durante el
ministerio de Jesús (además del primado y el ser testigo de la primera
aparición del Jesús resucitado) es la confesión que hizo en Cesarea
de Filipo, especialmente en la forma que nos presenta Mateo
(16, 16): «tú eres el Cristo, el hijo de Dios vivo». Ya los discípulos,
confesaron generalmente a Jesús como un «hijo de Dios» (no existe
el artículo determinado en Mt 14, 33), pero fue la confesión más
solemne de Pedro la que se granjeó la alabanza de Jesús, como que
había sido una afirmación que reflejaba la revelación divina. El paralelo
más próximo y semejante a esta confesión en el cuarto evangelio
se encuentra en Jn 11, 27: «tú eres el Cristo, el hijo de
Dios» [13] y aparece en boca de una mujer, Marta, la hermana de

---

11.    La tradición de que Jesús se apareció primeramente a María Magdalena
tiene gran probabilidad de ser histórica; él recordaría en primer lugar a esta representante
de las mujeres que no le habían abandonado durante la pasión. La prioridad
dada a Pedro en Pablo y en Lucas, es una prioridad entre los que llegaron a ser
testigos oficiales de la resurrección. El lugar secundario atribuido a la tradición de
una aparición a una mujer probablemente refleja el hecho de que las mujeres no
servían al principio como predicadoras oficiales de la iglesia.

12.    J. A. Jungmann, *The mass of the roman rite,* New York 1950, 470, n. 55
(ed. cast.: *El sacrificio de la misa,* Madrid ⁴1963). El uso de «apóstol» a propósito de
Magdalena es frecuente en la famosa vida del siglo IX escrita por Rábano Mauro:
Jesús hizo de ella la apóstol de los apóstoles (PL 112.1474B) y ella no tardó en ejercitar
el ministerio del apostolado con el que había sido honrada (1475A); evangelizó
a sus compañeros apóstoles con la buena nueva de la resurrección del Mesías
(1475B); fue elevada al honor del apostolado e instituida evangelista de la resurrección
(1479C).

13.    En mi comentario al evangelio de Juan, muestro cómo los elementos del
relato de Mateo sobre la confesión de Pedro en Cesarea de Filipo se encuentran diseminados
en Juan: por ejemplo, Andrés, hermano de Simón Pedro, confiesa que

María y de Lázaro. (Y aparece en el contexto de una revelación mayor de Jesús a Marta; ¡es a una mujer a la que se revela el misterio de Jesús como resurrección y vida!). Así, si otras comunidades cristianas pensaban acerca de Pedro como del que había hecho una suprema confesión de Jesús como el Hijo de Dios y de aquél a quien se apareció primero Jesús resucitado, la comunidad juánica asociaba tales recuerdos con heroínas tales como Marta y María Magdalena. Esta sustitución, si es que fue deliberada, no significa que se trata de denigrar a Pedro o que se le niegue una función de autoridad eclesiástica, así como tampoco la introducción del discípulo amado junto a Pedro en escenas cruciales tiene este propósito. Si yo interpreto a Juan correctamente, en la época en que los doce apóstoles (casi, por lo general, personificados en Pedro, como ocurre en Hechos) se hicieron figuras dominantes en el recuerdo del ministerio de Jesús y de los orígenes de la iglesia, Juan presenta a Simón Pedro sólo como uno de un número de héroes y heroínas, y así sugiere que la autoridad eclesial no es el único criterio para juzgar sobre la importancia en el seguimiento de Jesús [14].

La importancia de las mujeres en la comunidad juánica se advierte, no sólo comparándolas con las figuras masculinas de la tradición sinóptica, sino también estudiando su lugar dentro de los modelos peculiares juánicos. El seguimiento (ser discípulos) es una categoría cristiana primaria para Juan, y el discípulo por excelencia es el discípulo al que amaba Jesús. Pero Juan nos dice en 11, 5: «Jesús amaba a Marta, y a su hermana y a Lázaro».

El hecho de que Lázaro sea el único varón en el evangelio al que se menciona como objeto del amor de Jesús [15] —nada semejante se dice de los doce— ha inducido a algunos estudiosos a identificarlo con el discípulo amado [16]. Y así es digno de advertir que Juan

Jesús es el Mesías cuando Andrés llama a Pedro a seguir a Jesús, y, en esa ocasión, Jesús cambia el nombre de Simón en Cefas (1, 40-42); Simón Pedro, como el portavoz de los doce, confiesa que Jesús es «el santo de Dios» (6, 69); la autoridad eclesial se otorga a Simón Pedro en 21, 15-17.

14. Tal actitud puede detectarse asimismo en la tradición sinóptica. Mateo es el evangelista que otorga a Pedro la función más importante al concederle las llaves del reino de los cielos (16, 19), pero Mateo nunca haría a Pedro el primero en el reino. Esta es una primacía denegada específicamente, incluso a los miembros de los doce (Mt 20, 20-26). El criterio para la primacía en el reino, como distinto de la iglesia, no es la autoridad eclesial o el poder, sino la total dependencia de Dios, cuyo modelo es el niño pequeño (18, 1-4).

15. Cf. asimismo Jn 11, 3.11.36, donde *phileîn* y *phílos* se aplican a Lázaro. El significado no es diferente del uso de *agápan* en 11, 5; ambos verbos se utilizan a propósito del discípulo amado (*phileîn* en 20, 2; y, en otras partes, *agápan*).

16. Cf. la discusión en mi comentario al evangelio de Juan.

referiría que Jesús amaba a Marta y a María, las cuales parece que eran más conocidas que Lázaro [17]. Otra prueba de que las mujeres podían ser discípulas íntimas de Jesús se encuentra en el cap. 20. En la parábola alegórica del buen pastor, Juan compara a los discípulos de Jesús con ovejas que conocen la voz de su pastor cuando les llama por su nombre (10, 3-5). Esta descripción se halla realizada en la aparición del Jesús resucitado a María Magdalena cuando ella le reconoce al llamarla por su nombre: «María» (20, 16). El hecho de que María Magdalena puede pertenecer al rebaño de Jesús es mucho más importante desde el momento en que, en 10, 3, el rebaño es identificado por dos veces como el «suyo», expresión casi técnica utilizada al principio de la última cena: «habiendo amado a los suyos que estaban en el mundo, les amó hasta el extremo» (13, 1). Es claro que Juan no duda ni un momento en situar a una mujer en la misma categoría de relación respecto a Jesús que los doce, que son incluidos entre los «suyos».

## 2. *La madre de Jesús*

Es como una continuación de esta idea lo que ahora atribuyo al trato que da Juan a la madre de Jesús, que aparece en el cuarto evangelio en el primer milagro de Caná y al pie de la cruz. Hay muchos simbolismos que Juan pudo haber pretendido que el lector asociara con la madre de Jesús; en mi comentario de Juan sobre estas dos escenas, expliqué ampliamente algunos de ellos. Pero aquí sólo quiero fijarme en el seguimiento y en la importancia relativa de hombres y mujeres en la comunidad juánica. Tengo que ser conciso puesto que deseo que este apéndice no sea más que una nota, y ya presenté en otro lugar argumentos detallados [18].

Empecemos por las bodas de Caná. Algunos teorizan que aquí se halla una forma pre-juánica del relato. Una modalidad de esta teoría sugiere que Juan sacó el relato básico del milagro de Caná de una tradición de la etapa *pre-ministerial* de Jesús, una tradición

17. Adviértase el orden de los nombres en 11, 5. Además, en 11, 1-2, Lázaro es identificado por su relación con María y Marta. La razón para esto puede ser que las dos mujeres eran conocidas en la tradición más extendida del evangelio (Lc 10, 38-42), mientras que Lázaro es un carácter peculiar juánico (al menos como una figura histórica; cf. Lc 16, 19-31), que es introducido en el evangelio por una relación familiar con María y Marta. Esto no es distinto de la introducción del discípulo amado en escenas bien conocidas, situándolo en relación con Pedro.

18. En la última de las conferencias Hoover (la que trata de una concepción ecuménica de María) mencionada en la nota 2, *supra*, y publicada en la misma colección; allí yo enfoco la evidencia juánica respecto a María desde otro ángulo: una investigación de la María histórica.

donde la cristología del ministerio se hallaba anticipada describiendo a Jesús como dotado de poder y de conocimiento divinos durante su juventud, cuando vivía con su familia [19]. En esta tradición Jesús hablaba libremente de su misión divina y hacía milagros para ayudar a su familia y a sus amigos. De ello se da testimonio en los evangelios apócrifos del siglo II (por ejemplo, *El evangelio de la infancia de Tomás*) y en otro lugar de los evangelios canónicos, concretamente, en la escena de Lc 2, 41-50, donde Jesús, siendo todavía joven, muestra un conocimiento extraordinario y se refiere al templo como a la casa de su Padre. Este trasfondo explicaría muchos rasgos peculiares en el relato del agua convertida en vino en Caná: Jesús se halla todavía en las mesetas de Galilea (donde él no hace milagros en la tradición sinóptica); no había abandonado todavía su patria y se dirigía a Cafarnaún, que sería el centro de su ministerio público (2, 12); se halla en el círculo familiar de su madre y sus hermanos (2, 12); su madre espera que él use de su milagroso poder para solucionar la escasez de vino en la boda (2, 3); el milagro que realiza es particularmente exuberante (aproximadamente 400 litros de vino de las seis vasijas de piedra mencionadas en 2, 6).

19. Este es un desarrollo de la tesis propuesta por B. Lindars, *The gospel of John,* London 1972, 126-127. Supone la legitimidad de varias actitudes en la investigación moderna del evangelio. En primer lugar, en el curso de la predicación primitiva cristiana, la cristología se desarrolló «hacia atrás»: la función de Jesús como el Mesías, el hijo de Dios, se entendía primeramente en relación al futuro (parusía), luego en relación al presente (la resurrección) y, finalmente, en relación al pasado (el ministerio o vida pública). Como parte de una reflexión sobre lo que Jesús era antes de la resurrección, la cristología se hizo remontar a su juventud y a su concepción-nacimiento. Así, Marcos, el evangelio más antiguo, no contiene relato de la infancia, sino que se concentra en Jesús como hijo de Dios durante el ministerio; los evangelios posteriores, Mateo y Lucas, contienen relatos de la infancia que tomaron su forma final después de que se predicó el relato del ministerio de Jesús. En Lc 2, 41-50, un relato en otro tiempo independiente de Jesús como joven, se añadió a la historia de la concepción/nacimiento de Jesús, dejándonos la delicada secuencia donde María, a quien se le dijo que es el hijo de Dios, no entiende nada cuando él habla de su Padre (2, 50). *En segundo lugar,* el exegeta moderno católico-romano, siguiendo las directrices de Pío XII, reconoce la existencia de diferentes tipos de literatura en la Biblia, incluyendo las historias de ficción y los relatos populares, que pueden ser inspirados por Dios, lo mismo que la historia. Y por eso no es nada contrario a la doctrina de la iglesia católica el suponer que un evangelista, en raras ocasiones tomara relatos de (indefinible historicidad) de las tradiciones populares acerca de Jesús y, ciertamente esto ocurrió en ambas narraciones de la infancia. La inerrancia entra en juego no en referencia al origen o historicidad de un relato como el de Caná, sino en referencia a su enseñanza «poniendo por escrito todo y sólo lo que Dios quería para nuestra salvación» (Vaticano II, *Dei Verbum,* 11). Como veremos, Juan adapta la historia para hacerla conforme al genuino cuadro evangélico de la relación de Jesús respecto a su familia. Todo esto se trata con detalle en la lectura o conferencia a la que se refiere la nota precedente.

Ya he descrito una modalidad de la teoría que afirma que, en la narración presente de Caná, subyace un relato pre-juánico. Existen otras formas de esta teoría, pero casi todas proponen que no hubo respuesta de Jesús tal como aparece ahora en 2, 4, una respuesta que hace el relato muy difícil de entender. Parece que es una repulsa; y, sin embargo, la madre de Jesús sigue adelante como si no se le hubiera dado la negativa, y Jesús hace lo que ella había pedido. El núcleo del relato pre-juánico puede haberse desarrollado así [20]:

> Había una boda en Caná de Galilea y la madre de Jesús estaba allí. El mismo Jesús y sus discípulos habían sido invitados a la celebración de la boda. Pero no tenían vino, porque el vino previsto para la boda se había gastado ya. La madre de Jesús dijo a los sirvientes: «haced lo que él os diga». Había allí a mano seis vasijas de piedra que cada una de las cuales podía contener 55 litros. «Llenad esas vasijas de agua» mandó Jesús...

Tal descripción popular de la capacidad de María como madre para intervenir en las actividades de Jesús y pedir un milagro para sus amigos y conseguirlo no corresponde a la tradición más antigua del evangelio acerca de la actitud de Jesús respecto a su familia. En Mc 3, 31-35, encontramos que Jesús rechaza duramente la intervención de su madre y de sus hermanos en favor de la obediencia a la voluntad de Dios. Y así, cuando Juan introdujo el relato de ese milagro en el evangelio, lo modificó introduciendo 2, 4 [21], donde Jesús se separa claramente de los intereses de su madre («mujer, ¿qué nos va a ti y a mí?»), y concede la prioridad a la hora señalada por su Padre celestial («todavía no ha llegado mi hora») [22]. Así el cuarto evangelio coincide con los otros tres evangelios en que María no

20. La mejor reconstrucción del material sobre milagros pre-juánico se encuentra en R. T. Fortna, *Gospel of signs* y yo ofrezco aquí una traducción de la primera parte de su reconstrucción griega del relato pre-juánico del milagro de Caná. Yo (y otros) no estoy de acuerdo con Fortna de que todo el evangelio pre-juánico pueda ser reconstruido, pero todos admiten que la mejor evidencia para una colección de milagros pre-juánica se halla en los dos milagros de Caná que el mismo Juan enumera por orden (2, 11; 4, 54).

21. Fortna señala que este versículo, aparte de crear dificultades lógicas, está escrito en la prosa característica del evangelista, cosa que no es verdad acerca del relato pre-juánico que Fortna ha reconstruido: merece destacarse que, en Lc 2, 49, aparezca una modificación semejante de las pretensiones de sus padres: ¿por qué me buscabais? ¿No sabíais que debo estar en la casa (en los asuntos) de mi Padre?».

22. La «hora» pertenece al campo de incumbencia del Padre celestial: «ha llegado para Jesús la hora de pasar de este mundo al Padre» (13, 1).

tiene ninguna función que desempeñar en el ministerio en cuanto que es la madre física de Jesús. El Jesús que pide a sus discípulos que no den ninguna prioridad a la familia (Mc 10, 29-30; Mt 10, 37; Lc 14, 26), no iba a dar, por su parte, prioridad a su propia familia. Esta interpretación de Jn 2, 4 es válida, cualquiera que sea la teoría que uno acepte acerca de los orígenes sobre el relato de Caná.

Si se tuviera sólo Mc 3, 31-35, la única escena común a la de los sinópticos en la que la madre y los hermanos de Jesús desempeñan una función, se podría concluir que Jesús rechazaba completamente que le siguieran. Según Marcos, cuando le dijeron a Jesús que su madre y sus hermanos estaban fuera preguntando por él, replicó: «*¿quién es mi madre y mis hermanos? Y echando una mirada sobre los que estaban sentados en derredor suyo, dijo: he aquí mi madre y mis hermanos*» y entonces afirmó que «quien hiciere la voluntad de Dios ése es mi hermano, mi hermana y mi madre», es decir, sus discípulos ocupan el lugar de su familia. Pero no era ésa la manera de entender la intención de Jesús por parte de Lucas. Su versión de la escena (8, 19-21) omite las palabras que he subrayado hace un momento y dice así:

> Vino su madre con sus hermanos y no lograron acercarse a él a causa de la muchedumbre y le comunicaron: tu madre y tus hermanos están ahí fuera y desean verte. El contestó diciéndoles: mi madre y mis hermanos son los que oyen la palabra de Dios y la ponen por obra.

Para Lucas, los que escuchan la palabra de Dios no *sustituyen* a la madre y a los hermanos de Jesús como su verdadera familia; porque su madre y sus hermanos escuchan la palabra de Dios y la cumplen y así son parte de la verdadera familia de los discípulos. Lucas conserva la insistencia de Jesús en que el escuchar la palabra de Dios y el llevarla a la práctica es lo que constituye su familia, pero Lucas piensa que la madre y los hermanos de Jesús participan de este criterio. Que ésta es una interpretación corregida lo confirma Hech 1, 14 [23] donde, entre los «120 hermanos» que constituyen

---

23. Otra confirmación se halla en Lc 1, 38, que dramatiza la reacción de María a la proclamación cristológica acerca de la filiación divina de Jesús (anteriormente adscrita al bautismo de Jesús, pero ahora a su concepción). Su respuesta se saca de la comprensión positiva por parte de Lucas de la escena de Marcos, concretamente, que ella era una de las que había escuchado la palabra de Dios y la había llevado a la práctica: «hágase según tu palabra». Cf. R. E. Brown, *Luke's method in the anunciation narratives of chapter one*, en *No famine in the land. Studies in honor of John L. McKenzie*, Missoula 1975.

la comunidad creyente después de la resurrección-ascensión, Lucas incluye a «María la madre de Jesús y a sus hermanos».

Esta es asimismo la concepción de Juan de la función de la madre de Jesús en relación al discipulado, tal como lo vemos a partir de la otra escena en la que aparece ella (19, 25-27). Al pie de la cruz se sitúan juntas las dos grandes figuras simbólicas del cuarto evangelio cuyos nombres personales nunca menciona el evangelista: la madre de Jesús y el discípulo al que Jesús amaba[24]. Ambos eran personajes históricos, pero no son mencionados por Juan desde el momento en que su importancia primaria (no única) está en su simbolismo del discipulado, más que en sus trayectorias históricas. Durante el ministerio, como vimos en la forma final juánica del relato de Caná (especialmente 2, 4), a la madre de Jesús se le niega intervención como su madre física en favor del adelantamiento de la «hora» dictada por el Padre de Jesús; pero ahora que ha llegado la hora para Jesús de pasar de este mundo al Padre (13, 1), Jesús trata de concederle una función que le corresponderá no ya como *su* madre, sino como la madre del discípulo amado. Es decir, Juan coincide con Lucas en que la repulsa por parte de Jesús de la intervención de María no significa que su familia natural no pudiera convertirse en su verdadera familia a través del seguimiento.

Al subrayar no sólo que su madre se ha convertido en la madre del discípulo amado, sino también que este discípulo se ha convertido en su hijo, el Jesús juánico proclama lógicamente que el discípulo es su verdadero hermano. Así, pues, en el cuarto evangelio, así como en la escena de los sinópticos, Jesús reinterpretó quiénes son su madre y sus hermanos y, por tanto, los reinterpretó en términos del seguimiento[25]. Si en Hech 1, 14, Lucas reintrodujo a la madre y a los hermanos de Jesús como discípulos después de la

---

24. El hecho de que Juan no utilice el nombre personal de la madre de Jesús es sorprendente, puesto que Juan no esquiva este nombre. «María» aparece unas 15 veces en el cuarto evangelio: para María la hermana de Marta, para María Magdalena, para María la mujer de Cleofás. Su insistencia en el título de «madre de Jesús» o «su madre» se debe probablemente a que Juan interpreta una tradición acerca de lo que constituía su verdadera maternidad.

25. Repito aquí lo que afirmé al principio del estudio acerca de la madre de Jesús: éste no es el único simbolismo. Debe advertirse asimismo que María no se convierte simplemente en una discípula entre tantos otros discípulos; ella tiene preferencia como la madre del discípulo amado ideal. Mientras que Juan y Lucas se mueven aquí en la misma dirección general teológica, Lucas reinterpreta la función de los «hermanos» físicos de Jesús, es decir, de sus parientes. Juan (7, 5) trata a los hermanos físicos como no creyentes, y así él prefiere tratar de la fraternidad del discípulo amado, que no es un pariente físico de Jesús.

ascensión, Juan eligió la hora en la que fue «elevado» (12, 32) para introducir en escena a la madre de Jesús, que se convierte así en la madre del discípulo amado, ahora el hermano de Jesús.

Ya señalé anteriormente que el seguimiento es la categoría juánica primaria y que Juan incluyó a las mujeres como discípulos de primera clase, diciéndonos que Jesús amaba a Marta y a María y que María Magdalena era una de «sus propias» ovejas a la que él llamó por su nombre. La visión de Juan de la madre de Jesús es un paso adelante en esta dirección. Si el discípulo amado era el ideal del seguimiento, íntimamente comprometida con ese discípulo, en un plano igual como parte de la verdadera familia de Jesús, estaba una mujer. Una mujer y un hombre estaban al pie de la cruz como modelos de los «propios» de Jesús, su verdadera familia de discípulos.

Ya hablé anteriormente de la samaritana a la que Jesús se le reveló como la fuente de la vida y el Mesías, una mujer que, en una función misionera, atrajo a muchos hombres con la fuerza de su palabra. En la escena de 4, 27, se nos dice que cuando los discípulos varones de Jesús le vieron hablando con ella, se quedaron sorprendidos de que tratara de un modo tan abierto con una mujer. Al investigar la evidencia del cuarto evangelio, uno se ve sorprendido al comprobar hasta qué punto en la comunidad juánica los hombres y las mujeres se hallaban en un nivel igual en el rebaño de Dios. Esta parece haber sido una comunidad en la que, en lo referente al seguimiento de Cristo, no existía diferencia entre varones y hembras, un sueño paulino (Gál 3, 28) que no se consiguió plenamente en las comunidades paulinas [26]. Pero incluso el mismo Juan nos dejó una curiosa nota sin completar: los discípulos, sorprendidos por la relación abierta de Jesús con una mujer, se atreven a preguntarle todavía: ¿qué deseas de una mujer?» (4, 27). Esta puede muy bien ser la pregunta cuyo momento ha llegado a la iglesia de Jesucristo.

---

26. La norma de que una mujer debe guardar silencio en las iglesias, si es que era auténticamente paulina (cf. nota 3, *supra*) tuvo escaso efecto en la comunidad juánica, en cuya galería de héroes encontramos a la mujer samaritana que llevó a muchos hombres a la fe mediante su palabra y a María Magdalena que proclamó la buena noticia de que Jesús había resucitado.

# BIBLIOGRAFIA RECIENTE SOBRE JUAN

Barrett, C. K.: *The gospel according to saint John*, London ([1]1955/1976) [2]1978.

Becker, J.: *Das Evangelium nach Johannes* I-II, Gütersloh 1979/1981.

Bergmeier, R.: *Glaube als Gabe nach Johannes*, Stuttgart 1980.

Blank, J.: *El evangelio según san Juan*, Barcelona 1979/1980.

Bogard, J.: *Orthodox and heretical perfectionism in johannine community as evident in the first epistle of John*, Missoula 1977.

Brown, R. E.: *El evangelio según Juan* I-II, Madrid 1979.

Clark, K. S. L.: *The gospel according to saint John*, London 1978.

Haenchen, E.: *Das Johannesevangelium*, Tübingen 1980.

Heekerens, H. P.: *Die Zeichen-Quelle der johanneischen Redaktion*, Heidelberg 1979.

Käsemann, E.: *El testamento de Jesús*, Salamanca 1983.

Kittlaus, L. R.: *The fourth gospel and Mark*, Chicago 1978.

Kühlewind, G.: *Das Gewahrwerden des Logos*, Stuttgart 1979.

Leidig, E.: *Jesu Gespräch mit der Samaritanerin und weitere Gespräche im Johannesevangelium*, Basel 1979.

Martyn, J. L.: *The gospel of John in christian history*, New York 1978.

Mateos, J.-Barreto, J.: *El evangelio de Juan*, Madrid 1979.

Mollat, D.: *Etudes johanniques*, Paris 1979.

Neirynck, Fr.: *Jean et les synoptiques*, Leuven 1979.

Pagels, E. H.: *The johannine gospel in gnostic exegesis*, Nashville 1973.

Schnackenburg, R.: *El evangelio según san Juan* I-III, Barcelona 1980.

Smalley, S. S.: *John, evangelist and interpreter*, Exeter 1978.

Timm, H.: *Geist der Liebe*, Gütersloh 1978.

# INDICE DE AUTORES

# INDICE DE MATERIAS

# INDICE GENERAL